AF557700

—— Meine Lehrmeister die Pferde

ALOIS PODHAJSKY

Meine Lehrmeister die Pferde

Erinnerungen an ein großes Reiterleben

KOSMOS

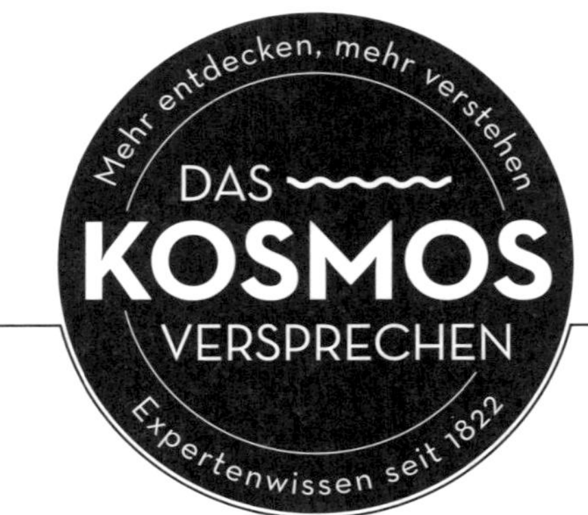

Welches Thema dich auch begeistert – auf unsere Expertise kannst du dich verlassen. Und das schon seit über 200 Jahren.

Unser Anspruch ist es, dich mit wertvollem Rat zu begleiten, dich zu inspirieren und deinen Horizont zu erweitern.

BEGEISTERUNG DURCH KOMPETENZ

Unsere Autorinnen und Autoren vereinen professionelles Know-how mit großer Leidenschaft für ihre Themen.

WISSEN, DAS DICH WEITERBRINGT

Leicht verständlich, lebensnah und informativ für dich auf den Punkt gebracht.

SACHVERSTAND, DEN MAN SEHEN KANN

Mit aussagestarken Fotos, Zeichnungen und Grafiken werden Inhalte besonders anschaulich aufbereitet.

QUALITÄT FÜR HEUTE UND MORGEN

Dafür sorgen langlebige Verarbeitung und ressourcenschonende Produktion.

Inhalt

Vorwort

Gerne komme ich dem Wunsch meines Freundes Berthold Spangenberg nach, eine Reitlehre ganz eigener Art zu schreiben. Sie ist leicht faßlich und, guten Willen vorausgesetzt, auch zu befolgen. Gewiß ist sie weder akademisch noch streng systematisch, denn diejenigen, welche sie vortragen würden, wenn sie nur sprechen könnten, legen auf diese Eigenschaften wenig Wert. Mit anderen Worten: Ich will, aus meinen Erfahrungen schöpfend, berichten, welche Reitlehren mir meine Pferde erteilten, und diese meine treuesten »Reitlehrer« den Lesern vorstellen.

Mit Freuden sehe ich immer wieder, daß trotz fortschreitender Mechanisierung unseres Lebens der Sinn der Menschen für die Schönheit der Natur und ihrer Lebewesen erhalten geblieben ist, ja sich vielleicht noch geschärft hat.

Nie wurde mir diese Tatsache deutlicher bewußt als bei den wiederholten Vorführungen der Spanischen Hofreitschule in New York. In dieser gigantischen Weltstadt, in der alles, einschließlich der ewigen Hast, überdimensional erscheint, konnten die Menschen still sitzen, die Bewegungen der weißen Pferde bewundern und ihr Wesen studieren. Ein alter Stammgast des Madison Square Garden sagte mir anschließend: »In Ihren Lipizzanern habe ich hier das erste Mal glückliche Pferde gesehen!«

Auch die Liebe zum Tier ist in unserer oft nüchtern erscheinenden Zeit viel inniger geworden. Besonders in den Großstädten läßt sich dies täglich beobachten. Nicht minder weist die Ausbreitung des Reitsports darauf hin.

Diese Beobachtungen erleichtern mir den Versuch, dem Menschen das Pferd näherzubringen, ihm den Blick in die Tierpsyche freizumachen und vor allem aber die Unbefangenheit zu fördern, mit der wir der Tierwelt entgegentreten sollten.

Dieses Buch wünscht also nicht, Begebenheiten meines Lebens festzuhalten, die schon in meiner Autobiographie »Ein Leben für die Lipizzaner« zu lesen sind, oder gar eine neue Reitlehre aufzubauen. Eine Reitlehre habe ich bereits in dem Werk »Die klassische Reitkunst« niedergelegt. Das vorliegende Buch will in einer Geschichte meiner Pferde das Verhältnis von Mensch und Pferd beleuchten. Diese Betrachtungen aus ungewohntem Blickwinkel und die in eigenen Erfahrungen gesammelten Ratschläge mögen dem Leser von Nutzen sein, der in dem ihm anvertrauten Pferd nicht nur den Mitarbeiter, sondern auch den Freund finden will.

KAPITEL 1

Mensch und Pferd

Im Leben jedes einzelnen von uns spielen die Lehrer eine große Rolle. Wie groß sie ist, kann ich ermessen, denn ich habe meine Jugend in der weitläufigen und vielsprachigen österreichisch-ungarischen Monarchie verbracht, und ich mußte mich durch die vielen dienstlichen Versetzungen meines Vaters mit Lehrern der verschiedensten Nationalitäten vertraut machen. Es gibt gute Lehrer, die einem bis ins hohe Alter als nachahmenswerte Vorbilder erscheinen, und schlechte, derer man sich nur ungern erinnert. Tatsächlich kann man aber von beiden lernen. Vom schlechten Lehrer, wie man nicht vorgehen darf, wenn man das Vertrauen seiner Schüler gewinnen will, und von den guten, wie man mit Einfühlung und Liebe eine überlieferte Lehre an den Schüler weitergeben und für kommende Generationen erhalten kann.

Nicht von jenen Lehrern will ich berichten, die mir in Galizien ein schlechtes Deutsch beibrachten, für das mich dann in Wien, der ersten deutschsprachigen Garnison meines Vaters, die Mittelschulprofessoren rügten und mich vor meinen Klassenkameraden lächerlich machten, sondern von den vierbeinigen Lehrmeistern, die ich dank meiner Liebe zum Reitsport kennen, verstehen und achten lernen sollte.

Damit soll keineswegs behauptet werden, daß alle Pferde in die Gruppe der guten Lehrer einzureihen sind. Ich denke da besonders an jene Angehörige des Furiosostammes, einer in der ersten Republik Österreich gezüchteten Halbblutrasse, die zu Beginn der Arbeit voll des Temperaments und Übermuts waren, jede Gelegenheit wahrnahmen, sich ihrer Reiter zu entledigen, sodaß diese nur damit beschäftigt waren, ein Abgeworfenwerden nach Möglichkeit zu verhindern. Nach der ersten Viertelstunde beruhigten sie sich dann, waren aber gleichzeitig so abgekämpft, daß alle Bewegungen an Glanz verloren und sie einen ganz müden Eindruck machten. Sie also lehrten höchstens, wie man am besten dem Abwerfen vorbeugen kann, etwas zu wenig seitens eines Geschöpfs, in dem man gern den Lehrmeister sehen möchte.

Aber ich hatte auch zweibeinige Reitlehrer, die nicht zu den guten zählten, weil sie vom Schüler mehr verlangten, als sie selber zu leisten imstande waren. Als erstes muß der Reitlehrer durch sein Können zum Vorbild seines Schülers werden, dann wird dieser auch willig und vorbehaltlos allen Anordnungen Folge leisten. Andererseits wird ein Lehrer, der all das, was er lehrt, auch beherrscht, nie mehr von seinem Schüler verlangen, als dieser zu leisten vermag. Es ist menschlich, daß der Schüler immer eine Entschuldigung oder Erklärung für mangelndes Können sucht. Ist der Lehrer nicht imstande, selbst vorzuzeigen, was er verlangt, dann werden alle Beanstandungen an dem Gedanken abprallen: »Du kannst es ja selber nicht!« Am schlimmsten ist es aber, wenn ein Lehrer, der selbst dauernd zu grober Behandlung des Pferdes neigt, den Schüler wegen eines gleichartigen Vorgangs rügt oder gar anschreit. Der Angeschrieene denkt dann wohl an das

Sprüchlein vom Wasser predigen und Wein trinken und wird dem Lehrer keine Achtung entgegenbringen.

Wenn über die Intelligenz unserer Haustiere, insbesondere von Hund und Pferd, gesprochen wird, begegnet man verschiedenen Ansichten darüber, welches der beiden Tiere dem Menschen enger verbunden ist. Es wird oft behauptet, daß der Hund dem Pferd an Intelligenz und Verständnis überlegen sei. Ich bin der Meinung, daß dieser Vergleich nicht gerecht ist, denn der Hund nimmt in unserem Leben einen viel breiteren Raum ein, er ist immer um uns, und wir beschäftigen uns viel mehr mit ihm und vor allem, ohne ständig Forderungen an ihn zu stellen. Das Pferd hingegen kann unser tägliches Leben nicht in dieser Weise teilen, es wird nur für wenige Stunden aus dem Stall geholt, um ein festgelegtes Arbeitsprogramm zu absolvieren und danach wieder sich selbst überlassen zu bleiben. Doch wenn sich der Reiter bemüht, in seinem Pferd nicht nur ein Sportgerät zu erblicken, sondern sich in sein Wesen hineinzudenken und auf seine Eigenarten einzugehen, dann wird ihn das Tier durch unbedingte Ergebenheit und freudige Mitarbeit belohnen. Ganz wie der Hund – oder auch das Kind –, mit dem man sich intensiv beschäftigt, wird das Pferd seine eigentlichen Werte erst richtig entwickeln, es wird sich – wenn der Ausdruck einmal für ein Tier erlaubt ist – zur Persönlichkeit entfalten.

Diese Erkenntnis gründet auf den Erfahrungen, die ich mit beiden Tieren, Pferd und Hund, als Begleiter langer Jahre machen konnte: den Pferden als Wegbegleitern meines reiterlichen Lebens und den Hunden, besonders meinen liebenswerten und gescheiten Dackeln, die mir als treue Freunde in Leid und Glück nur dann Kummer bereiteten, wenn sie mich für immer verließen.

Aber wie lernen wir unsere Gefährten wirklich kennen! Beim Reiten und beim Ausbilden von Pferden habe ich versucht, mich in die Lage des Tieres zu versetzen, schon um nicht mehr von ihm zu fordern, als es erfüllen konnte. Und wenn ich jetzt zurückdenke, sehe ich in dem ständigen Bemühen, die mir anvertrauten Lebewesen zu verstehen, den eigentlichen Grund, warum ich, der ich ihr Ausbilder gewesen bin, mich heute als ihr Schüler fühle. Warum ich meine, von der stillen Kreatur mehr gelernt zu haben als von vielen Menschen, und warum ich mich aufgefordert fühle, aufzuzeichnen, was ich mit meinen Pferden erlebt habe. Dies soll kommenden Generationen von Pferden und Reitern zum Nutzen gereichen.

Von frühester Kindheit an war Reiten meine größte Sehnsucht gewesen. So wie Rainer Maria Rilkes Komet war ich von diesem Gedanken Tag und Nacht erfüllt.

Reiten, um das so viel besungene höchste Glück dieser Erde auf dem Rücken der Pferde zu erleben, Reiten, um den vierbeinigen Partner zur Entfaltung der ganzen Schönheit seiner Bewegungen zu bringen und Reiten, um von dem stummen Lebewesen aus kleinsten Anzeichen zu erfühlen, nein zu erlernen, wie man sich mit ihm verständigen und es verstehen kann, um so eine Sprache zwischen Pferd und Reiter aufzubauen, die immer klar, gleich bleibend und eindeutig sein muß. Diese Einstellung soll auch zum Denken aus der Perspektive des Pferdes erziehen. Der Reiter muß wissen, was das Pferd innerlich bewegt, was ihm Freude macht, welche Schwierigkeiten es zu überwinden hat und wie sehr es sich durch Stimmungen beeinflussen läßt.

Aber es war ein langer Weg des Lernens. Zurückblickend kann ich nur feststellen, daß man niemals auslernt und die Lehrzeit bestenfalls in drei Stufen einteilen kann!

Zuerst muß der Reiter lernen, sich in allen Bewegungen am Rücken des Pferdes auszubalancieren und »oben zu bleiben«. Mancher ist damit schon zufrieden, und mancher glaubt auch dann schon, ein großer Reiter zu sein.

Bald muß man aber erkennen, daß das Reiten sich nicht in diesen einfachen Ergebnissen erschöpft, sondern daß es vor allem gilt, dem Pferd den Weg zu weisen, es zu gymnastizieren und zur Entfaltung seiner Anlagen zu bringen. Damit beginnt die zweite Stufe, die oft Phasen aufweist, in denen der Reiter daran zweifelt, jemals diese Kunst zu erlernen.

Ist es gelungen, in die Sphäre der höheren Reitkunst einzudringen und ein Pferd bis zur Hohen Schule zu fördern, dann ist wohl die zweite Stufe überwunden, der Weg des Lernens aber noch nicht zu Ende. Denn ein einziges bis zu diesem Grad ausgebildetes Pferd macht noch keinen perfekten Reiter. Es gibt aber viele, die sich mit diesem einen Erfolg begnügen. So mancher »Reiter« läuft gestiefelt und gespornt herum, der sich seine Pferde von anderen ausbilden läßt und sie nur zu Turnieren besteigt, der noch nie ein Pferd selbst ausgebildet hat und deshalb auch nie verstehen wird, daß er es ist, der von den Pferden lernen muß, wenn er die letzte Stufe der Reiterei erklimmen will.

Als Sohn eines K.-u.-k.-Offiziers wuchs ich im lebhaften Getriebe der Kasernen auf. Bevor ich noch richtig sprechen gelernt hatte, konnte ich die Regimenter beim Namen nennen, und vom Fenster meines Kinderzimmers aus beobachtete ich die Dragoner beim Dienst. »Schimmi«, das gescheckte Schaukelpferd, war mein liebstes Spielzeug, ich pflegte und wartete es, wie ich es den Pferdeburschen im Hof abschaute, und wenn ich ihn zu einem kühnen Ritt durchs Kinderzimmer bestieg, dann gehörte mir die Welt. »Schimmi« leitete die lange Reihe meiner Pferde ein – bis ihm die früh erwachte Leidenschaft meines jüngeren Bruders zur Medizin den Garaus machte.

In meiner Erinnerung nehmen viele Namen – einfache und wohlklingende – Gestalt an, und wenn ich die Augen schließe, dann stehen meine Pferde lebendig vor mir …

So tritt aus dem grauen Nebel der Vergangenheit die brave »Olga« hervor, jene gutmütige und etwas zur Fülle neigende Fuchsstute, die mein Vater in Neu-Zuzzka, einer Garnison an der östlichsten Peripherie der Donaumonarchie, als Dienstpferd verwendete. Schon Jahre vorher hatten mich die Burschen meines Vaters heimlich auf seine Pferde gehoben, bevor sie in den Stall zurückgeführt wurden; nun sollte ich mit »Olga« auch einige Runden um den Kasernenhof – natürlich nur im Schritt – reiten dürfen, was den siebenjährigen Knaben unendlich glücklich machte. Ja, mit diesem vor meinem Vater wohlgehüteten Geheimnis erhielt der Tag erst seinen Inhalt und Höhepunkt, dem ich aufgeregt entgegensah. Es gelang mir, diese Reitversuche zu wiederholen. So wurde »Olga« zu meinem ersten Lehrmeister. Durch ihre Gutmütigkeit und Geduld lernte ich, mich auf ihrem Rücken zurechtzufinden, Vertrauen zu bekommen und sogar die Möglichkeit des Herunterfallens zu vergessen. Sie gewöhnte mich daran, die Umgebung von einer »höheren Warte« aus zu betrachten, und lehrte mich – unbewußt, aber für alle Zukunft –, wie sehr das Vertrauen zum Pferd und zu der eigenen Geschicklichkeit von den ersten Eindrücken abhängt und wie wichtig es daher ist, daß der junge Reiter am Anfang seiner Ausbildung nach Möglichkeit nicht vom Pferd fällt.

Als »Olga« später als Wagenpferd verwendet wurde, trat das zweite Reitpferd meines Vaters, ein schnittiger Kohlfuchs voll Temperament, an ihre Stelle. »Salome« bemühte sich, ihrem Namen alle Ehre zu erweisen, und machte mir auch sofort klar, daß es keineswegs zu den Privilegien des Reiters gehört, sich nur nach seinem eigenen Willen von dem vierbeinigen Partner zu trennen. Sie beförderte mich gleich das erste Mal unsanft und im großen Bogen auf die Erde. Ein Vorgang, der sich mehrmals wiederholte und zu einer neuen Erkenntnis führte: Ich fand bald heraus, daß das Herunterfallen gar nicht so schrecklich ist und am harmlosesten verläuft, je unverhoffter es dazu kommt. Eine Erfahrung, die ich dann später dahingehend erweitern konnte, daß dem Reiter, der im Schritt herunterfällt, oft mehr passieren kann als im Galopp. Dabei findet er nämlich keine Zeit, sich in Abwehr zu versteifen, was leicht zu Zerrungen und Knochenbrüchen führt.

In diesen Lektionen bescheidenster Art lernte ich aber noch etwas anderes: aus gewissen Anzeichen rechtzeitig zu erkennen, wann die gute »Salome« vor einer Explosion ihres überschäumenden Temperaments stand, und Mittel zu finden, mich trotz heftiger Bewegungen auf ihrem Rücken zu halten. Spitzte sie die Ohren unbeweglich und bei leicht erhobenem Kopf nach vorne, so wurde ich darauf aufmerksam, daß irgend etwas ihr Mißtrauen erweckt hatte und leicht zu einem plötzlichen Seitensprung führen konnte, was mich veranlaßte, mich rechtzeitig stärker am Sattel festzuhalten. Plötzliches Stehenbleiben, dabei keiner Aufforderung des Stallburschen Folge leistend, erkannte ich bald als sicheres Anzeichen dafür, daß sie mir durch Steigen einen höheren Aussichtspunkt, aber auch einen sehr rutschigen Sitz anbieten würde, eine recht unbequeme Situation, der ich durch Vorbeugen des Oberkörpers und Umarmen des Pferdehalses gerecht zu werden versuchte, eine Abwehrbewegung, von deren falscher Wirkung mich ein späterer vierbeiniger Lehrmeister überzeugte. Ganz drohend wurde die Sache aber, wenn »Salome« sich in kurzen Tritten und mit schwingendem Rücken vom Boden abzustoßen begann und sich nur mühsam vom Pferdepfleger am Davoneilen hindern ließ, um sich dann zornig in die Höhe zu schnellen und mir zu demonstrieren, mit welch geballter Kraft sie mich zu Boden befördern konnte. Die ersten Male verging mir dabei Hören und Sehen, bis ich dann herausfand, daß ich mit Einziehen des Bauches und Einrollen des Oberkörpers ihr nur das Gelingen erleichterte und daß ich mit zurückgenommenem Oberkörper viel mehr Sitzfestigkeit hatte: eine Erkenntnis, die ich in meiner späteren reiterlichen Laufbahn noch oft bestätigt finden sollte.

Aber auch ein psychologisches Studium, dessen Sinn ich erst viel später erfassen sollte, vermittelte mir »Salome«. Sie besaß nicht nur

Temperament, sondern auch eine virtuose Schlagfertigkeit der Hinterbeine, womit sie jede Annäherung eindeutig ablehnte und oft ihren Wärter zwang, beim Putzen und Satteln zur Seite zu springen. Eines Tages jedoch konnte ich beobachten, wie mein jüngster, etwa zweijähriger Bruder sich ihr in einem unbewachten Augenblick auf der Koppel näherte, die beiden Hinterbeine mit den Händchen erfaßte und zwischen ihnen hindurchkroch. Unter ihrem Bauch angelangt, drehte er sich um und turnte wieder munter nach hinten zwischen den Pferdebeinen durch, ein Spielchen, das er einige Male wiederholte. Meine Mutter, ebenfalls Zeuge dieser Gymnastik ihres jüngsten Sohnes, erstarrte vor Schreck und wagte nicht zu rufen, um »Salome« nicht aus ihrer Versunkenheit zu wecken. Schließlich stellte mein Bruder zu unser aller Erleichterung seine Turnübungen ein und kam wackelnd auf uns zu. »Salome« aber blickte verstehend dem jungen Erdenbürger nach, bevor sie sich wieder dem ungestörten Grasen widmete. Die Episode verhalf mir zu der noch unbewußten Erkenntnis, daß Pferde im Grunde ihres Wesens gutmütig sind und daß die Erscheinungen, die wir für Bösartigkeit halten, nur eine Abwehr darstellen, die aus Furcht geboren ist oder aus der Erinnerung schlechter Erlebnisse. Pferde sind im Grunde ihres Wesens ängstliche Geschöpfe, die immer die Tendenz haben, zu fliehen. Ist keine Fluchtmöglichkeit gegeben, dann setzen sie, je nach Intelligenz und Geschicklichkeit, Abwehrmaßnahmen ein, die sie fälschlich in den Ruf der Bösartigkeit bringen, was wiederum den Menschen dazu bewegt, sich ihnen zaghaft zu nähern, um damit jedoch erst recht ihr Mißtrauen zu wecken.

Jahre später fand ich diese Ansicht bei meinem Springpferd »Karwip« bestätigt, das mir im ersten Jahrgang am Militär-Reitlehrerinstitut zugeteilt wurde. Dieses Institut hatte die Aufgabe, den Offizieren der berittenen Truppen, ähnlich den Kavallerieschulen in anderen Ländern, eine höhere Reitausbildung angedeihen zu lassen. Im ersten Jahrgang wurden Reitlehrer für die Truppe, im zweiten und dritten Jahrgang solche für das Militär-Reitlehrerinstitut ausgebildet und eine Turnier-Equipe aufgestellt. Die erste Pferdezuteilung war immer eine sehr aufregende Prozedur, denn jedes Schulpferd hatte seinen Ruf, den uns die Pferdewärter beim Aufsitzen flüsternd ankündigten. Wir waren erwartungsvoll in Reih und Glied angetreten, der Reitlehrer, Oberst Päumen, schritt die Front der aufgestellten Pferde ab, sah von den Pferden zu uns herüber – wir fühlten uns wie Delinquenten kurz vor der Hinrichtung – und betrachtete wiederum die Pferde. Mir wurde »Karwip« zugeteilt, ich begann mir die Bügellänge zu richten, wobei mir der Pferdepfleger zuflüsterte: »Vorsicht, die Pferde sind heut voller Bummelwitz!« Kein Wunder, hatten sie doch während der zweimonatigen Ferien so gut wie nichts gearbeitet!

Diese erste Reitstunde hatte viel Ähnlichkeit mit einem amerikanischen Cowboy-Rodeo – das ich allerdings erst 25 Jahre später kennenlernen sollte – und endete nur allzuoft damit, daß der Reiter herunterfiel und das Pferd mühsam wieder eingefangen werden mußte. Auch »Karwip« nützte die Gelegenheit weidlich aus, doch hatte ich Glück und mußte nicht das Los der abgeworfenen Reiter teilen. Aus Freude darüber besuchte ich mein Pferd am Nachmittag im Stall, und als ich den Hals der Stute streichelte, stürzte der Pferdepfleger herbei und bedeutete mir aufgeregt, daß »Karwip« bisher immer mit den Hinterbeinen ausgeschlagen hatte, sobald jemand ihren Stand betreten wollte. Ich war aber so unbefangen und bestimmt zu ihr gekommen, daß sie gar nicht daran gedacht hatte, mich abzuwehren. Selbstverständlich hatte ich sie vorher angesprochen und war ihr über die Hinterhand gefahren, um sie nicht zu erschrecken. Je furchtsamer das Pferd ist, desto bestimmter muß der Reiter auftreten.

KAPITEL 2

Aller Anfang ist schwer

Als ich 12 Jahre alt wurde, erlaubte mir mein Vater endlich geregelten Reitunterricht, mit dem er einen Dragonerwachtmeister beauftragte. Gabriel war mittelgroß und untersetzt, hatte einen Backenbart wie Kaiser Franz Joseph und eine gewaltige Stimme, mit der er eine Schwadron hätte einexerzieren können. Seine neue Aufgabe nahm er verteufelt ernst. Nach einer kurzen Begrüßung wurde ein gesatteltes Pferd ohne Bügel und Zügel auf den Reitplatz vor der Kaserne in Wels gebracht, ein recht friedlich aussehendes Tier, dessen Ausbindezügel von den Trensenringen zum Sattelgurt führten. Ich mußte aufspringen, durfte mich aber am Sattel anhalten, während das Pferd sich an einer langen Leine – Longe genannt, da sie im 17. Jahrhundert zuerst in Frankreich verwendet worden war – im Kreis um den im Mittelpunkt stehenden Gabriel bewegte. Durch seine gleichmäßigen Bewegungen sollte es mich nun lehren, wie ich mich am besten auf seinem Rücken zurechtfinden könne, was im Schritt leicht, im Galopp aber sehr schwierig war.

Natürlich muß das Reiten nicht unbedingt an der Longe beginnen, vor allem dann nicht, wenn es an geeigneten Pferden und Lehrern fehlt. In meiner langjährigen Tätigkeit als Lehrer wurde mir jedoch immer wieder bestätigt, daß der langwierig scheinende Ausbildungsweg über das Longieren den Reiter die Beherrschung seines Körpers in schöner Form und höchster Geschmeidigkeit lehrt, sodaß er das Gleichgewicht seines vierbeinigen Partners nicht stört und schließlich mit ihm zu einer Einheit verwachsen kann. Ein Ziel, das für mich in jenen Tagen noch in weiter Ferne lag, denn es galt doch zunächst nur, sich in den verschiedensten Bewegungen im Sattel zu halten.

Mein erstes Longepferd war also ein braves Dienstpferd, das so manchen Dragoner gelehrt hatte, auf seinem Rücken dem Vaterland zu dienen, und das mich nun in eine Welt einführte, von der ich von frühester Kindheit an geträumt hatte. »Sigi« war ein brauner Wallach ohne Abzeichen und mittelgroß – bei der heutigen Vorliebe für große Pferde würde man ihn als klein bezeichnen. Der schmale Kopf mit den ruhigen, etwas resignierenden Augen wandte sich vor dem Aufspringen neugierig nach mir um, und hätte »Sigi« sprechen können, würde er mir vermutlich zugeflüstert haben: »Es wird schon nicht so arg werden!« Ich hatte auch gleich Vertrauen zu ihm und war bemüht, mich seiner freundlichen Teilnahme würdig zu erweisen. Bügellos auf dem harten Kommiss-Sattel sitzend, leistete ich den Aufforderungen meines Lehrers gewissenhaft Folge und versuchte, wenn er es verlangte, mich weniger fest mit den Händen am Sattel anzuhalten. Ich sah, wie mein vierbeiniger Partner den leisesten Weisungen mit abgeklärter Ruhe folgte, und nahm ihn mir zum Vorbild, was den Gehorsam betraf. Seine willige Hingabe beeindruckte mich derart, daß ich auch keine Miene verzog, als es am Knie, Oberschenkel und Gesäß verdächtig zu brennen begann. Später stellte sich heraus, daß die zarte Haut den Härten des Reitens und besonders des Kommiss-Sattels noch nicht gewachsen war und sich ganze Flächen eines klassischen Aufrittes abzuzeichnen begannen. Natürlich behielt ich dieses Geheimnis für mich, um den Reitunterricht nicht zu unterbrechen, und brachte damit dem Reitsport ein erstes, aber noch lange nicht das letzte Opfer dar.

Vielmehr hatte ich in meiner Verbissenheit bereits nach wenigen Tagen wieder Gelegenheit, meiner Passion zum zweiten Mal zu opfern. In der Meinung, ich sei ein Wunderkind, und ermutigt durch mein Behaupten auf dem Pferderücken in Trab und Galopp – nur ein Verdienst von »Sigis« Gutmütigkeit und seinen weichen Bewegungen – stellte mir Wachtmeister Gabriel bereits am dritten Tag die Frage, ob ich Lust hätte, über eine auf der Reitbahn stehende Hürde zu springen. Ich betrachtete zweifelnd diese einsam auf weiter Flur stehende, ungefähr 90 Zentimeter hohe und sehr schmale Hürde und antwortete wahrheitsgetreu »Nein«, was mein gestrenger Lehrer nicht gelten lassen wollte. »Für einen richtigen Reiter gibt es kein Hindemis, er wirft sein Herz hinüber und springt dann mit dem Pferd hinterdrein!« Er führte mein Pferd mit der Longe an das Hindernis heran, knallte mit der Peitsche und »Sigi« setzte über die Hürde. Ob ich mein Herz vorausgeworfen hatte oder ob es mir in die Hosen fiel, kann ich nicht mit Bestimmtheit sagen. Tatsächlich landete ich in großem Bogen auf der Erde und brauchte einige Augenblicke, um mich von der Erschütterung zu erholen. Als ich den Kopf hob, begegnete ich den mitleidigen Augen meines »Sigi«, der mir zu sagen schien: »Ich kann nichts dafür, ich habe mein Bestes getan.« Es blieb mir aber nicht viel Zeit zur stummen Zwiesprache mit meinem mitfühlenden Partner, denn schon brüllte der Wachtmeister: »Also vorwärts, gleich aufspringen und den Sprung wiederholen!« Gesagt, getan, und wieder lag ich am Boden, über und über mit Staub bedeckt. Aber auch durch diesen zweiten mißlungenen Versuch ließ sich mein Erzengel nicht beirren und wiederholte das grausame Spiel in gleicher Weise mit dem gleichen Ergebnis, bis ich schließlich nach dem fünften oder sechsten Versuch krampfhaft irgendwie am Sattel angeklammert oben blieb. Gabriel war riesig stolz auf den Erfolg, ich spürte alle meine Glieder, und das Pferd war froh, daß die Hupferei mit dem blutigen Anfänger ein Ende hatte. Die Ansicht über den Erfolg teilte ich aber keinesfalls mit meinem Lehrer, und mein vierbeiniger Leidensgenosse hätte mir sicher zugestimmt; mein Vertrauen war nämlich erschüttert, und es dauerte Jahre, bis ich das flaue Gefühl in der Magengegend beim Springen überwunden hatte.

Über das Ziel der Ausbildung an der Longe sprach ich schon. Näher kommen konnte ich ihm aber erst allmählich, und erreicht habe ich es erst nach einer langen Reihe von Jahren mit Hilfe meiner vielen Longepferde. Ihre Namen – bei meiner ersten militärischen Ausbildung, bei meiner Fortbildung am Militär-Reitlehrerinstitut und dann an der Spanischen Hofreitschule – sind mir entfallen, aber das, was sie mich lehrten, versuchte ich zu behalten und durch dauernde Korrekturen an mir selbst noch zu verbessern. Jene Longepferde, die den Buben auf ihrem Rücken duldeten, sich mit dem jungen Soldaten plagten und die dann dem Schüler der Spanischen Hofreitschule die Wichtigkeit des richtigen Sitzes bewiesen, waren meine geduldigsten Lehrmeister.

Sie lehrten mich auch, die Welt der Pferde mit anderen Augen zu betrachten, zu versuchen, in den Gedankengang unserer treuen Weggenossen einzudringen und das Geheimnis ihres Verhaltens zu erschließen. Die Erfahrungen und Erkenntnisse, die ich auf ihrem Rücken sammeln durfte, konnte ich gut verwerten, als ich später selbst die Longe für meine Schüler und zur Ausbildung der Pferde führte.

Als erstes lehrten sie mich die Wichtigkeit des gegenseitigen Vertrauens, das die Basis ist, auf der auch sie zu freudigen Mitarbeitern heranreifen können. Gerade das Longepferd, das dem jungen Reiter das Gefühl der Sicherheit geben soll, ist als brutal unterworfene Kreatur undenkbar.

Das Longieren, bei dem das Pferd an der Leine im Kreise um den im Mittelpunkt stehenden Ausbilder läuft, ist von großer Wichtigkeit für die Ausbildung. Das bügellose Reiten festigt den Sitz und lehrt die korrekte Haltung. Später lernte ich auch, welch ein wertvolles Mittel das Longieren bei der Ausbildung des Pferdes selbst ist. Die Arbeit an der Longe kräftigt das junge Pferd, macht es geschmeidig und gehorsam und bereitet es auf die Arbeit unter dem Reiter vor. Für Pferd, Reiter und Lehrer gilt ähnliches: Das Pferd muß in gleichmäßigem Gang den Reiter tragen, Selbstbeherrschung muß der Reiter üben, um seinen Körper in der Haltung des schönen und zweckmäßigen Sitzes zu gymnastizieren, und Selbstbeherrschung soll den Lehrer auszeichnen, auch wenn seine Anweisungen nicht immer gleich Erfolg haben. Geduld müssen Lehrer und Schüler aufbringen, um das Ziel zu erreichen, und Mäßigung in allen Anforderungen ist oberstes Gesetz. Der Reiter muß wissen, daß der Weg zum Erfolg lang ist, und darf nicht aus Eitelkeit oder Geltungstrieb sein Pferd überfordern. Der Lehrer muß sich im klaren sein, was Mensch und Tier zumutbar ist, um nicht beide zu ermüden oder verzagt zu machen.

Selbstbeherrschung als Reiter an der Longe lehrte mich besonders anschaulich ein Furiosohengst an der Spanischen Hofreitschule, der zur Entlastung der Lipizzaner zum Unterricht verwendet wurde und den ich während meiner Kommandierung in den Jahren 1933 und 1934 manchmal reiten mußte. Den kleinsten Sitzfehler, der sein Gleichgewicht störte, quittierte er mit einem mächtigen Bocker und setzte so manchen Reiter in den Sand des festlichsten Reitsaals der Welt, was nicht nur peinlich war, sondern auch eine Buße von fünf Kilogramm Zucker kostete. Wenn Zuckermangel für die Lipizzaner drohte, wurde einfach ein schwächerer Reiter auf diesen Hengst gesetzt, der den Beinamen »Zuckerlieferant« erhielt. Es gab aber auch Reiter, die es vorzogen, sich durch freiwillige Spenden von dem unbequemen Lehrmeister loszukaufen.

Beim Longieren junger Pferde – der besten Vorbereitung für jedes Reitpferd – kann man durch Beobachtung eine Menge von den uns anvertrauten Geschöpfen lernen. Bei meinem letzten Amerikaaufenthalt wurde ich gebeten, einer passionierten jungen Reiterin beim Longieren ihres jungen Hengstes zu helfen, der wegen einer ausgeheilten Verletzung nur sehr schonend gearbeitet werden durfte. Er war noch niemals longiert worden und nach sechs Wochen Krankenarrest dementsprechend bummelwitzig. Er stürmte an der Longe zunächst wild davon. Ich führte »Trumpeter« nun im Schritt und beschwichtigend auf ihn einsprechend auf dem Kreis herum, den er dann allein gehen sollte. Nach einer Weile entfernte ich mich langsam von ihm und hielt ihn durch vorsichtige Peitschenhilfe in Bewegung. Versuchte er wieder davonzustürmen, nahm ich ihn ruhig mit der Longe zu mir herein und wiederholte die gleiche Prozedur, mit dem Erfolg, daß er mich nach kürzester Zeit verstand und gelassen im Schritt und später auch im Trab auf dem Zirkel ging und gar nicht mehr daran dachte, wegzueilen. Mit Geduld konnte ich auch die Schwierigkeit, die sich später beim Handwechsel ergab, auf die gleiche Weise überwinden.

Ein Pferd ist im allgemeinen daran gewöhnt, von dem links neben ihm gehenden Menschen an dessen rechter Hand geführt zu werden, und bevorzugt daher meistens auch an der Longe die »linke Hand« – also die linke Seite dem Mittelpunkt des Kreises zugewandt. Soll es dann rechtsherum gehen, muß es sich erst daran gewöhnen, daß sich der Mensch jetzt auf der anderen Seite befindet. Daher ist es eine empfehlenswerte Vorbereitung, das junge Pferd vom Stall oder auf der Reitbahn manchmal mit der linken Hand – also rechts vom Pferd gehend – zu führen. Dieser Umstand war mir bei den Vollblütern in England besonders deutlich aufgefallen, denn dort muß auch auf der Rennbahn das Pferd immer einen Kurs mit Wendung nach links absolvieren und kann sich deshalb noch schwerer daran gewöhnen, auch rechtsherum zu gehen. Am Anfang versucht es bei jeder Gelegenheit, wieder auf die linke Hand zu kommen, was für den Reiter recht unangenehm sein kann. Davon kann meine arme Frau ein Lied singen, seit ich ihr einen langgehegten Wunsch erfüllte. Schon seit frühester Kindheit wollte sie reiten lernen, doch – so seltsam es klingt – es fand sich erst vor kurzem bei unserem Englandaufenthalt dazu Gelegenheit. Allerdings stand zum Longieren nur ein pensionierter Vollblüter zur Verfügung, der in echter Rennpferdmanier einfach nicht auf der rechten Hand bleiben wollte. Nach links ging es wunderbar, doch nach einer halben Runde auf der rechten Hand machte »Black Thunder« eine scharfe Wendung und schoß quer durch den Zirkel wieder auf die ihm vertraute linke Hand zurück. Aber auch bei diesem Pferd gelang uns durch Geduld und konsequente Wiederholung, es an die rechte Hand zu gewöhnen.

Von Longepferden kann man am besten lernen, wie wichtig das langsame Gewöhnen des vierbeinigen Partners an die richtigen Hilfen ist. Als ich infolge einer Herzerkrankung für zwei Jahre Reitverbot erhielt, wollte ich auch in der Verbotszeit mit meinen Pferden zusammensein und war glücklich, meine beiden bis dahin so erfolgreichen Dressurpferde »Nero« und »Teja« wenigstens noch an der Longe arbeiten zu können. Dabei schärften meine beiden Getreuen den Blick ihres Herren mehr, als es die bisherigen Longepferde getan hatten. Sie lehrten mich etwa die richtige Handhabung der Peitsche, weil sie bei ihrem hohen Ausbildungsgrad auf die geringsten Fehler reagierten. Gilt es doch gerade an der Longe, dem Pferd die Peitsche als »Hilfe« begreiflich zu machen. Es darf keine Abneigung gegen dieses Hilfsmittel aufkommen. Das Pferd muß die Peitsche respektieren, darf sie aber nicht fürchten. Einmal sah ich das Pferd eines bekannten Dressurreiters in den äußersten Winkel der Reitbahn flüchten, als sein Herr die Peitsche erhob. Ein schlechteres Zeugnis kann es für einen Reiter wohl nicht geben.

Eine wichtige Hilfe ist auch die Stimme. Sie kann je nach Tonfall beruhigend oder ermahnend wirken. Es muß aber genau beachtet werden, daß Worte und Klang für jede der Forderungen immer die gleichen bleiben. Denn Pferde haben ein außerordentlich gutes Gehör und merken sich die Worte für die bestimmten Übungen. So wichtig das für die Ausbildung des Pferdes an der Longe ist, so störend kann es beim Unterricht des Reiters sein. Wenn ich eine Abteilung meiner Schüler kommandierte, wechselten nach kurzer Zeit die Pferde bereits auf mein Kommando »Trab« oder »Galopp« die Gangart, ohne auf die Hilfen ihrer Reiter zu warten, was natürlich nicht dem Sinn des Unterrichts entspricht. Man muß dann andere Kommandos vereinbaren und sie nach einigen Tagen wiederum ändern, um den Pferden nicht die Aufmerksamkeit auf die Hilfen ihrer Reiter zu nehmen.

So wie die Peitsche beim Longieren gleichsam die Schenkelhilfe ersetzt, so soll die Longe auf die späteren Zügelhilfen des Reiters vorbereiten. Schon deshalb darf das Longieren niemals zu einem Tauziehen zwischen Ausbilder und Pferd ausarten, bei dem das Pferd schon rein gewichtsmäßig überlegen sein würde. Durch wiederholtes Anziehen und Nachgeben, wie bei den Zügelhilfen, wird die federnde Verbindung und Führung geschaffen, die das Pferd »am«, aber nicht mit dem Zügel hält. Dies lehrte mich besonders der Gestütshengst »Gidran«, den ich im Militär-Reitlehrerinstitut vier Wochen lang zu longieren hatte. Ihm paßte das Laufen im Kreise gar nicht, und er stürmte mir davon. Er war ja schließlich stärker als ich. Diese größere Kraft konnte nur durch Geschicklichkeit wettgemacht werden. Also gab ich zuerst mit der Longe nach, um ihm durch erneutes kurzes Anziehen meinen Willen kundzutun, und siehe da, sehr bald entschloß sich der »Bulle«, doch die Richtung einzuschlagen, die ich von ihm verlangte. Dieser Erfolg verwies mich auf die Wichtigkeit des nachgebenden Zügels, von dem schon Xenophon vor 2500 Jahren sprach.

Auch lernte ich, daß ein eigenwilliges Stehenbleiben des Longepferdes und ein Kopfschlagen etwas zu bedeuten hat. Dafür fand ich erst vor kurzem in Kanada eine greifbare Bestätigung. Freunde stellten mir den Vollblüter »Blue Bird« zum Reitunterricht an der Longe zur Verfügung. Es ging um die ersten Reitstunden für meine Frau; deshalb wollte ich den vierbeinigen Lehrer erst genau kennenlernen und nahm die Stute zunächst ohne Reiter an die Longe. Es zeigte sich sofort, wie richtig diese Taktik war, denn »Blue Bird« war sehr verhalten, das heißt, sie wollte nicht vorwärts gehen, und als ich sie mit der Peitsche ermahnte, schlug sie mit den Hinterbeinen aus. Diese Abwehr kann dem Ausbilder und seinem Schüler viel zu schaffen machen, wenn sie nicht rechtzeitig bekämpft wird. Denn der Sinn der Longearbeit ist nicht nur die Festigung des Sitzes, sondern mehr noch die Erhöhung des Vertrauens. In diesem Fall mahnte gleichzeitiges Kopfschlagen zu noch größerer Vorsicht. Nachdem ich die Zäumung kontrolliert und die Ausbindezügel verlängert hatte, führte ich »Blue Bird« wieder auf den Zirkel und gebrauchte bei neuerlichem Auftreten dieser Unart die Peitsche, worauf sie sich nun kerzengerade auf die Hinterbeine erhob, um mir damit noch deutlicher die Widersetzlichkeit vor Augen zu führen, die auf dem Nährboden der Verhaltenheit entstanden war. Ein Zuschauer, der das Pferd kannte, sagte achselzuckend zu mir: »Ja, sie steigt immer an der Longe, da kann man nichts machen.« Da es aber keine von Grund auf schlechten, sondern nur verdorbene Pferde gibt und dieses ganz offensichtlich auch Angst vor der Peitsche hatte, zeigte ich sie »Blue Bird« und klopfte sie dabei ab, um ihr zu beweisen, daß es nichts zu fürchten gab. Dann führte ich sie wieder auf den Zirkel und verlangte nun, daß sie ordentlich vorwärts ging – »vorwärts« ist beim Reiten bekanntlich das Allheilmittel –, wobei ich beschwichtigend auf sie einsprach. Nachdem sie ein paar Runden brav gegangen war, belohnte ich sie reichlich und wiederholte die ganze Prozedur. »Blue Bird« erkannte sehr bald, daß sie keine Angst zu haben brauchte, und verstand nun, was von ihr verlangt wurde. Sie versuchte nie wieder, zu steigen, und wurde ein ausgezeichnetes Longepferd. Durch die konsequente und in den Forderungen stets gleichbleibende Arbeit wurde ihr Gang ganz wesentlich verbessert, ihre anfangs sehr harten Bewegungen wurden weich und geschmeidig, sodaß meine Frau auch einen starken Trab bügellos aussitzen konnte.

Ich möchte das wichtige Kapitel des Longierens – so oft bagatellisiert, vernachlässigt oder unsachgemäß gehandhabt – mit dem Hinweis auf einen leider häufiger werdenden Mißbrauch abschließen. Statt die Longe in den Kappzaum einzuschnallen, wird sie am inneren Trensenring befestigt, was nicht nur falsch, sondern auch ausgesprochen schädlich ist. Das von Natur aus zarte Maul des Pferdes wird durch die dem Zügel gegenüber schärfere Einwirkung der Longe hart und unempfindlich. Damit geht der Sinn des Longierens, das Pferd auch zu einer leichten und gleichmäßigen Anlehnung zu erziehen, vollkommen verloren. Ein derartiges Longieren ist ebenso brutal wie sinnlos. Die Methode, die unsere Vorfahren gewissenhaft erforscht und mit Erfolg angewandt haben, ist auch hier die richtige, nicht die aus Bequemlichkeit und Rücksichtslosigkeit gegenüber dem Tier geübte »Schnellausbildung«.

In der österreichisch-ungarischen Armee und auch beim österreichischen Bundesheer wurden alle jungen Pferde zu Beginn der Ausbildung longiert, bevor sie unter den Sattel kamen. Sie wurden dadurch schonender gearbeitet, als es unter dem Reiter möglich ist, und ihre Leistungsfähigkeit und Lebensdauer gesteigert. Außerdem verbesserten sich ihre Gänge und ihr Gleichgewicht, sodaß sie auch zu angenehmeren Reitpferden wurden.

Es wurden auch alle Soldaten der Kavallerie-Regimenter für ungefähr vier Wochen an der Longe unterrichtet, bevor man sie auf die Umwelt losließ. Sie lernten dadurch rascher, sich im Sattel zurechtzufinden und sich den Bewegungen des Pferdes anzupassen. Daß es dabei auch manchmal recht rauh zugehen konnte, war eben Soldatenmanier, und Wachtmeister Gabriel machte darin keine Ausnahme. Pferd und Reiter wurden nicht immer mit den feinsten Ausdrücken angetrieben, die Korrekturen beschränkten sich auf die primitivsten Details und wurden mir hauptsächlich in brüllender Lautstärke vermittelt. »Sigi«, mein Longepferd, war derlei gewöhnt und folgte den Kommandos mit stoischer Ruhe. So folgte ich seinem Beispiel und betrachtete den etwas rauhen Unterricht als einen Tribut, den ich meiner Reitleidenschaft zu zollen hatte.

Nach einigen Wochen Ausbildung an der Longe mit zahlreichen lösenden Gelenkübungen fühlte ich mich auf dem Pferderücken fast wie zu Hause, und Wachtmeister Gabriel hielt den Zeitpunkt für gekommen, mich allein reiten zu lassen. Ich bekam ein anderes Pferd, durfte die Bügel benützen und sollte die Zügel ergreifen, um meinem braunen Wallach den Weg auf der offenen Reitbahn zu weisen. Ich hatte nicht gedacht, daß diese Art des Reitens so viele Änderungen für mich bringen würde.

Aber scheinbar ging es meinem vierbeinigen Leidensgefährten nicht viel besser, denn anfangs regte ihn alles furchtbar auf. Während ihn ein Dragoner gesattelt auf die Reitbahn brachte, geriet er völlig aus der Fassung, wenn ein Spatz aufflog oder sonst irgendein ungewohntes Objekt seine Aufmerksamkeit erregte, und tänzelte nach allen Seiten. Es wurde noch komischer, als er mit beiden Hinterbeinen gleichzeitig ausschlug, als wollte er den zweiten Teil einer Kapriole demonstrieren. Der Mann konnte ihn nur mit Mühe halten und blickte ängstlich abwechselnd auf den Wachtmeister und auf das sich wie wild gebärdende Pferd. Scheinbar nicht zu Unrecht, denn im nächsten Augenblick folgte wieder ein Sprung, durch den der Dragoner den Boden unter den Füßen verlor und schließlich die Zügel ausließ. Der freigewordene Wallach begann auf der Reitbahn herumzurasen. Seine erste Richtung war natürlich das Eingangstor. Doch dort versperrte ihm eine Barriere den Weg zum Stall, und zum Springen fehlte ihm die Schneid oder aber er war zu klug, um auf den harten und glatten Boden der Straße zu springen, die zum Kasernenhof führte. Nachdem sich das Donnerwetter unseres gestrengen Reitlehrers auf das Haupt des zerknirschten Dragoners entladen hatte, begannen wir drei, den Ausbrecher in einer Ecke der mit dicken Balken eingezäunten Reitbahn einzukreisen, und fingen ihn schließlich ein. Alle vier waren wir außer Atem gekommen und konnten nun endlich mit der Arbeit beginnen. Der Wachtmeister brummte noch immer über den »dalkerten Kerl«, der Dragoner bemühte sich, die ziemlich verschobene Ausrüstung in Ordnung zu bringen, ich selbst versuchte, mich etwas kleinlaut für das zu wappnen, was mir aller Voraussicht nach noch bevorstand. Und »Maxl« schüttelte den Kopf, weil er anscheinend noch immer nicht begreifen konnte, warum ausgerechnet er am Nachmittag auf die Reitbahn kommen mußte und noch dazu ganz allein, ohne seine »Spezis«, mit denen er sich wenigstens in seiner Sprache hätte unterhalten können, um die langweilige Reitschularbeit zu würzen. Und noch dazu mußte dies alles zu einer Zeit vor sich gehen, da die anderen ungestört im Stall träumen konnten!

Als ich endlich aufsitzen konnte, mußte ich mich nun selber um die Führung kümmern, die bisher die Longe besorgt hatte. Außerdem mußte ich meinen »Maxl« dauernd zum Vorwärtsgehen auffordern, denn die Peitsche war weit weg, und jetzt, nachdem er sich einmal ausgetobt hatte, wollte er es sich so bequem wie möglich machen. Aber Peitschenknall und das Gebrüll unseres Lehrers schreckten uns beide auf. Diese Taktik führte nun wieder zu heftigeren Bewegungen meines Pferdes, ich verlor die noch ungewohnten Bügel, angelte nach ihnen und brachte dadurch meinen doch noch nicht so festen Sitz ziemlich in Unordnung. Aber das Schlimmste war, daß Gabriel die

Peitsche in den Sand warf, wütend und unmißverständlich die Hände über dem Kopf zusammenschlug und damit den letzten Rest meines Selbstvertrauens auslöschte.

Wenn ich später selbst als Reitlehrer in der Bahn stand, hatte ich für diese Zusammenhänge Verständnis, ließ dem Schüler Zeit, sich in der neuen Lage zurechtzufinden, und machte ihn nicht durch meine Ungeduld noch nervöser. Ich wußte aus eigener Erfahrung zur Genüge, daß ein Pferdewechsel für den jungen Reiter viel schwerer wiegt als für den erfahrenen. Der Reiter muß sich erst an die anderen Bewegungen und Eigenheiten des neuen Gefährten gewöhnen, und beide müssen sich zuerst gleichsam beschnuppern. Auch wußte ich später von dem Unterschied, den es für ein Pferd bedeutet, im Kreis unter unmittelbarer Kontrolle oder aber unabhängig auf langen Linien außerhalb der Reichweite des Lehrers zu gehen.

Immerhin leuchtete es meinem Wachtmeister bald ein, daß es schwerer ist, ein Truppenpferd, das gewöhnlich in einer Gruppe gearbeitet wird, allein auf der großen Reitbahn mit all den dort möglichen Ablenkungen zu reiten, noch dazu nachmittags statt in der üblichen Morgenzeit des Reitunterrichts. So ließ er mich denn während meiner Schulferien an der Reitstunde seines Zuges teilnehmen, und ich wurde gemeinsam mit den Dragonern herumkommandiert. Diese Lösung war auch für ihn bequemer. Mir aber machte es ungemein Freude, in der militärischen Abteilung in vorgeschriebener Ordnung mitzureiten und die verschiedenen Übungen und Figuren auszuführen. Es erfüllte mich mit Stolz, daß ich den Dragonern im Können nicht nachstand und sogar das eine oder andere Mal besonders gelobt wurde. Damals war ich nahe daran, mich für einen perfekten Reiter zu halten. Doch mein hartgesottenes Kommißpferd belehrte mich sehr bald wieder eines Besseren.

In einer Reitstunde nach zwei Weihnachtsfeiertagen verließ »Maxl« eigenmächtig die Einteilung und ging im gestreckten Galopp regelrecht durch. Es war mein Glück, daß sich dieser Vorfall in der gedeckten Reitbahn ereignete und nicht auf einem der weitläufigen, offenen Reitplätze. Allerdings hatte ich hier jeden Augenblick eine Ecke zu passieren, in der »Maxl« auf dem weichen Sägespänebelag bedenklich rutschte. Gabriel brüllte mich an, das Pferd zu halten, aber je mehr ich die Zügel anzog, um so schneller wurde es, bis ich schließlich in hohem Bogen in einer Ecke landete und das wildgewordene Dienstpferd sich plötzlich wieder ganz friedlich einfangen ließ. »Maxl« war über den errungenen Erfolg sehr zufrieden, mir aber hatte er gezeigt, daß meine Reiterei doch noch gar nicht so großartig war. Damit war die aufkommende Eitelkeit im Keime erstickt. Den Dragonern wiederum hatte er im grauen Alltag des Dienstes eine willkommene Abwechslung verschafft. Sie bogen sich vor Lachen über den komischen Anblick und freuten sich sichtlich, daß nicht immer nur sie angeschrien wurden. Ich aber hatte erkannt, daß Reiten weit mehr bedeutet, als auf einem ruhig gehenden Pferd sitzen zu bleiben.

Mit durchgehenden Pferden hatte es in meinem reiterlichen Leben so seine eigene Bewandtnis, und später wußte ich aus Erfahrung, daß nicht der Zügelanzug allein den stürmischen Drang nach vorwärts vermindern oder gar beenden kann. Wenn Reiter und Pferd an dem gleichen Zügel ziehen, so ist nach physikalischem Gesetz der Gewichtigere der Erfolgreichere, also das Pferd. Nur ein kurzer Zügelanzug, dem ein Nachgeben folgt, bevor er wiederholt wird, kann den notwendigen Ausgleich schaffen und das stärkere Lebewesen unter Kontrolle bringen. Mit dem Zuruf des Lehrers »Stell die Zügel fest an!« oder »Laß ihn nicht aus!« ist dem bedrängten Reiter genausowenig geholfen wie mit Anschreien und Apostrophieren mit den verschiedensten, selten sehr feinen Namen – fälschlich »Reiterlatein« genannt. Wichtig hingegen ist zu wissen, daß die wiederholten Zügelanzüge einen unabhängigen Sitz erfordern, und das ist letzten Endes der Hauptzweck der Arbeit an der Longe.

In meinem siebzehnten Lebensjahr sollte dann endlich der Sehnsuchtstraum meiner Jugendjahre seine Verwirklichung finden. Als Einjährig-Freiwilliger rückte ich im Mai 1916 zum Dragoner-Regiment Kaiser Ferdinand No. 4 in Wels ein, im vollen Glauben an die alte Kavallerieromantik, die mich mit glühender Begeisterung erfüllte. Dieser Glaube sollte auch zunächst nicht erschüttert werden.

Ich bekam einen regelrechten Reitunterricht, wie er in der österreichisch-ungarischen Armee der Tradition entsprach, zuerst beim Ersatzkader in Wels und dann in der Offiziersschule. Für mich war es ein eigentümliches Gefühl, wenn ich nun als Soldat auf der gleichen Reitbahn den fast gleichen Unterricht wie als Bub erhielt, nur daß ich ihn jetzt mehr genießen konnte, weil ich doch in den vergangenen Jahren schon vieles gelernt hatte. Außerdem saß ich jetzt auf meinem ersten eigenen Pferd, das ich zum Militärdienst hatte mitbringen müssen. »Neger« war ein braver Kerl, wenn er auch häufig versuchte, durchzugehen oder mich abzuwerfen.

Nach der kurzen Einführung beim Kader kamen wir beide für sechs Monate in die Offiziersschule nach Stockerau, wo einige 100 Offiziersanwärter versammelt waren. Die in drei Schwadronen eingeteilten Angehörigen von Dragoner-, Ulanen- und Husaren-Regimentern ergaben ein buntes Bild. Vielleicht war es das letzte lebende Reitergemälde in der bedenklich in allen Fugen ächzenden Monarchie. Wir begeisterten jungen Krieger merkten natürlich nichts von dem Knistern im Gebälk und waren voll Ehrgeiz, möglichst viel zu lernen – dabei spielte das Reiten für mich natürlich die erste Rolle.

Aber schon von Anfang an mußten wir erfahren, daß die 14 Tage der Ausbildung in Wels nur eine »Einleitung« zu dem rauheren Soldatenleben gewesen waren. Als ich mit zwei Kameraden am Bahnhof in Stockerau ankam, einer kleinen Provinzstadt in der Nähe Wiens, nahmen wir uns einen Fiaker, um in die Kaseme zu fahren. Wir kamen uns im Fond des Wagens in der schmucken Dragoner-Uniform – rote

Hosen, blauer Rock mit silbernen Knöpfen und grünen Aufschlägen und rotes Käppi – sehr erwachsen vor und bildeten uns ein, daß die Blicke aller in den Straßen spazierenden sonntäglich aufgeputzten Mädchen nur uns galten, und waren sehr lustig und fröhlich. Gleich meldeten wir unser Eintreffen und sollten sofort unsere erste Abreibung erhalten. »Ah, ihr seid die drei Helden, die am hellichten Tag lachend und scherzend in die Kaserne gefahren kommen. Ja, kommt ihr denn vom Heurigen? (Damit war eine Weinschenke gemeint, wie es in Wien Dutzende gibt.) Ich werde euch schon beibringen, was es heißt, Soldat zu sein! Und wer von euch dreien hat die Idee gehabt, sich eine Feder an die Mütze zu stecken? usw. usw. …« – So empfing uns Rittmeister Schildenfeld. Was die Fröhlichkeit betraf, hatte er ja recht – eigentlich aber hätte es ihm eine Genugtuung bereiten sollen, daß wir mit so viel Freude in die Offiziersschule kamen. Das mit der Feder konnte sich aber nur um eine Täuschung handeln, der Rittmeister wollte unsere Erklärung aber nicht glauben, daß einer von uns seinen Reitstock mit der Lederlasche aufgestellt hatte, was aus der Entfernung leicht wie eine Feder an der Mütze aussehen konnte. Rittmeister Schildenfeld hatte überhaupt wenig Humor und eine überstrenge Dienstauffassung, wie wir bald bei anderen Gelegenheiten merken sollten.

Als die Neuangekommenen am nächsten Tag antraten, um die Einteilung zu den Schwadronen zu erfahren, stellte er die Frage, wie viele von uns schon reiten könnten. Ich war einer der wenigen, die vortraten; der Großteil zog es vor, in der Reihe zu bleiben. »So, Ihr könnt also reiten? Na, das werden wir ja gleich sehen!« war die Antwort. Wir mußten in die Reitbahn gehen, auf die Pferde warten, die er bestellte, und aufsitzen. Unser Häuflein lichtete sich sehr rasch, denn die Pferde waren frisch und entledigten sich bald ihrer Reiter, bis wir zum Schluß auf drei zusammengeschmolzen waren. Jetzt wurde eine Hürde hereingebracht, über die wir springen mußten, und im Nu waren es nur mehr zwei, die über die Hindernisse gejagt wurden. Der Rittmeister trieb nun unsere Pferde mit der Peitsche noch mehr an und schrie: – »Fallt herunter, fallt herunter, ihr könnt ja gar nicht reiten, ihr müßt ja herunterfallen …« Wir schickten Stoßgebete gen Himmel, denn das Herunterfallen auf Befehl ist gar nicht so leicht, aber schließlich erbarmten sich die Pferde unser und feuerten einen nach dem anderen herunter, womit dieser rauhe Test – so würde man heute sagen – seinen Abschluß fand.

Ich erhielt meine Einteilung zur dritten Schwadron unter Rittmeister Graf Teleki, worüber ich bald sehr glücklich sein sollte. Dieser wunderbare Lehrer wurde uns allen zum Vorbild. Für ihn wären wir durchs Feuer gegangen.

Unsere Tage waren ausgefüllt bis zur letzten Minute. Vormittags Reitstunde, Reitübungen und Exerzieren zu Pferd, nachmittags Exerzieren zu Fuß, Taktik und theoretischer Unterricht. In den Reitstunden war wieder einmal das »durchgehende« Pferd mein größtes Schreckgespenst. Mein »Neger« bewies mir wiederholt, was für ein Stümper ich eigentlich noch war. Wie oft trug mich dieser feurige und eigenwillige Rappe auf dem Exerzierplatz davon, obwohl ich ihn auf der Reitschule einigermaßen zu meistern verstanden hatte, und wieviel Tadel und Zurechtweisung mußte ich – innerlich zutiefst zermürbt – von meinen Vorgesetzten seinetwegen einstecken! Aber da alle negativen Erscheinungen im Leben auch ihre positive Seite haben, überzeugte mich »Neger« mehr als jeder Reitlehrer, daß mein Sitz noch nicht die erforderliche Unabhängigkeit erlangt hatte. In Momenten der Bedrängnis gebrauchte ich die Zügel nicht ausschließlich zur Führung, sondern auch zur Wiederherstellung meines Gleichgewichtes und war daher außerstande, die Zügel nachzugeben, um ihren Anzug zu wiederholen.

Durch seine Eskapaden lenkte »Neger« aber auch die Aufmerksamkeit des Rittmeisters Graf Teleki auf mich – nicht immer nur auf positive Weise –, einmal besonders, als ich, bei einem Sprung abgeworfen, im Bügel hängenblieb und über die halbe Reitbahn geschleift wurde. Aber gerade diese Schwierigkeiten lehrten mich mehr, als ein untertänig dienendes Tier zuwege gebracht hätte. So hat »Neger« meine bescheidenen Kenntnisse um wertvolle Erfahrungen bereichert. Eine der wichtigsten war, daß man ein durchgehendes Pferd niemals ständig am Zügel ziehen darf, sondern immer wieder nachgeben muß, bis das Pferd schließlich gehorcht. Später, im Feld, retteten mir »Negers« mächtige Galoppsprünge das Leben. Er war durch einen Granatsplitter tödlich verletzt worden und erfüllte doch seinen Dienst bis zum letzten Atemzug. Ich schäme mich nicht zu sagen, daß mir die Tränen kamen, als ich in die brechenden Augen des schwerverwundeten Tiers blicken mußte. Ich hatte einen treuen Kameraden und guten Lehrer verloren.

Die erste militärische Reitausbildung mit vielen Feldübungen zu Pferd, in denen die Bedeutung dieses Tieres als Kriegskamerad unterstrichen werden sollte, war von verhältnismäßig kurzer Dauer und wurde auch zu meiner letzten in der alten Donaumonarchie. Denn als ich an die russische Front kam, mußte ich feststellen, daß die Pferde nur mehr gelegentlich bei kleineren Patrouillen und für Meldereiter ihre Verwendung fanden, wir Kavalleristen uns aber völlig auf den Kampf zu Fuß umzustellen hatten. Noch bitterer wurde die Lage, als wir Mitte 1917 die Pferde überhaupt abgeben mußten, weil sie als Bespannungen für die Artillerie dringend benötigt wurden. Wie sehr unterschied sich die Wirklichkeit von den romantischen Träumen meiner Jugend, und wie schwer fiel mir die Umstellung!

Im Oktober 1917 wurde ich durch einen Halsschuß schwer verwundet und kehrte über verschiedene Feldlazarette in die Heimat zurück. Sie erschien mir ebenfalls völlig verändert. Nach meiner Genesung wurde ich im Juli 1918 als Leutnant zur Alarmschwadron nach Wien kommandiert. Diese schon in den ersten Kriegsjahren aufgestellte Einheit diente zur Aufrechterhaltung der Ordnung und zum Schutz des Kaisers. Aus je einem Zug von den Dragoner-Regimentern No. 3, 4 und 11 sowie dem Ulanen-Regiment No. 5 wurde diese Alarmschwadron formiert, und ich übernahm das Kommando des Viererdragonerzuges. Trotz der Freude, wieder bei einer berittenen Truppe dienen zu dürfen, kam der Enthusiasmus meiner Jugendjahre nicht mehr auf, zu tief lag der Schatten des vorausgeahnten Kriegsendes und der bevorstehenden Niederlage über unserem ganzen Dasein. Nur wenn ich meinen Zug auf der Reitbahn ausbildete und sehen konnte, mit welchem Interesse sich die Dragoner – die alle schon einige Jahre an der Front gestanden hatten – bemühten, den Anordnungen des jungen Leutnants Folge zu leisten, konnte ich alles vergessen, was tagtäglich auf mich einstürmte. Dieses vorbildliche Verhalten der Chargen und Dragoner in den schon revolutionsschwangeren Monaten zeigte mir deutlich die erzieherische Bedeutung des Reitens und bewies, daß das Pferd wie in vergangenen Jahrhunderten auch in der Neuzeit noch Lehrmeister für gute Sitten sein kann. Diese Beobachtung fand ich besonders bestätigt, als wenige Monate später auf demselben Platz, auf dem ich noch einmal die Freuden der Arbeit mit Pferden – unter anderen mit meinem damaligen Dienstpferd, der braven Rappstute »Medea« – erleben konnte, die erste Soldatenversammlung stattfand. Die Schwadron war zu Fuß angetreten, ich stand vor der Mitte meines Zuges, wie so oft bei militärischen Übungen, und beobachtete voll Mißbehagen den desolaten Haufen, den die übrigen in der Kaserne untergebrachten Soldaten – im krassen Gegensatz zu unserer Schwadron – bildeten. Irgendein Politiker sprach zu uns, und mein Unbehagen wurde größer, als es bald nach seinen ersten Worten zu Angriffen auf die Offiziere kam und Schmährufe und Schimpfworte laut wurden.

In dieser Situation hörte ich den Mittelmann mir leise zurufen, wie er es beim Exerzieren zur kleinen Korrektur meiner Position oft getan hatte: »Herr Leutnant, keine Sorge, wir stehen wie immer hinter Ihnen, was auch kommen mag …« Das war wohl der schönste Beweis des Reitergeistes, dem ich später noch oft in meinem Leben begegnet bin und der über alle Grenzen hinweg die Reiter verbindet.

Diese Soldatenversammlung war aber nur eines von vielen unbegreiflichen Ereignissen, und das schmerzlichste von allen war wohl der Abschied von den Pferden. Trotz Futterknappheit und anderen Kriegserschwernissen hatten wir sie in tadelloser Kondition erhalten, weil wir alle, ob Offizier oder Mann, an unseren Tieren hingen. Und nun schlichen verschiedene Gestalten wie Hyänen durch die Stallungen, um sich über die Qualität der nach aller Wahrscheinlichkeit zur Abgabe bestimmten Pferde schon jetzt ein Urteil zu bilden. Ich benützte jede Gelegenheit, um meiner »Medea«, die in ihrer Vertrauensseligkeit nicht ahnte, welche Veränderungen ihr bevorstanden, zärtlich den Hals zu streicheln und ihr das vom Munde abgesparte Stückchen Maisbrot zu reichen. Wie glücklich war ich dann, als der Befehl kam, 50 Pferde an die berittene Polizei in Wien abzugeben, und ich dem Abholkommando meine »Medea« empfehlen konnte. Das war ein kleiner Lichtstrahl in der düsteren und aussichtslos erscheinenden Finsternis jener Tage. Mir traten die Tränen in die Augen, als die kleine Handpferdkolonne mit wohlvertrautem Hufeklappern die Kaserne verließ, meine »Medea« unter ihrem neuen Reiter an der Spitze. Ich sollte sie in den folgenden Jahren noch manchmal im Straßendienst sehen und ihr den Hals streicheln können.

Der schmerzliche Abschied von den Pferden leitete die trübste Periode meines Lebens ein und setzte meiner Reitpassion ein vorläufiges Ende.

KAPITEL 3

Meine Jagd- und Springpferde

Erst vier Jahre später kam ich nach verschiedenen Verwendungen im österreichischen Bundesheer der ersten Republik wieder mit Pferden in Berührung, als ich Offizier für Reit- und Fahrwesen beim Infanterie-Regiment No. 5 in Wien wurde und die Aufgabe erhielt, für die Berittenmachung der Offiziere, die Ausbildung der Meldereiter und die Bespannung der Fahrzeuge zu sorgen. Beim Anblick der Pferde flammte meine ganze Leidenschaft für das Reiten wieder hell auf, und meine Phantasie zur Verwirklichung meiner Wunschträume kannte keine Grenze. So spannte ich einen großen, kräftigen Fuchs, dessen Temperament und Gehlust mir aufgefallen war, aus der Fahrküche aus und begann, ihn regelmäßig zu reiten. »Napoleon« war sein Name, völlig unbekannt seine Abstammung – die Revolution hatte doch alle Lebewesen gleich gemacht –, doch seine Karriere gestaltete sich seines großen Namensvorbildes ebenbürtig. Trotz meiner bescheidenen Reitkenntnisse fanden wir uns bald zusammen, ich entdeckte sein

Talent zum Springen, und mit ihm nahm ich an den wenigen Reitturnieren der zwanziger Jahre erfolgreich teil.

»Napoleon« erweckte in mir den vorwärtsgreifenden Elan, den er selbst besaß, und die Gleichstimmung von Pferd und Reiter, beide beseelt vom Drang nach vorn und empfänglich für das aneifernde Mitgehen der Zuschauer, erweiterte meine Erfahrung und führte uns zum Erfolg.

Meine Position beim Regiment verbesserte sich dadurch ganz wesentlich, denn der Regimentskommandant, selbst ein passionierter Reiter, war stolz, daß ein Offizier seines Regiments, noch dazu eines Infanterie-Regimentes, zu den damals erfolgreichsten Springreitern gehörte. Mein Leben erhielt wieder Freude und Inhalt, die Erfolge mit »Napoleon« verliehen mir Schwung und beflügelten meinen Diensteifer, bis mich eines Tages mein Oberst fragte, warum ich eigentlich nicht auch an Dressurprüfungen teilnähme. Meine Begründung, daß mir dieser Zweig des Reitsports zu schwierig sei, wollte er nicht gelten lassen, und so blieb mir nichts anderes übrig, als mich darauf einzurichten. Der Wunsch des Obersten mußte für den Oberleutnant Befehl sein.

Und dieser Oberleutnant stand nun vor einer Aufgabe, für die er nicht vorbereitet war und für deren Lösung ihm außer »Napoleon« keine Hilfe zur Verfügung stand. Aber »Napoleon« hatte selbst ein sprühendes Temperament, dem die strengen Formen einer Dressurprüfung zunächst nicht behagten. Er konnte gar nicht verstehen, warum nun plötzlich der Reiter den Fuß bestimmen wollte, auf dem er zu galoppieren hatte, und daß er dieses dezidierte Angaloppieren nicht nur aus dem Trab und Schritt, sondern auch vom Platz weg und aus dem Rückwärtstreten verlangte. Doch da uns herzliche Zuneigung verband, fanden wir uns bald zurecht und begannen ein richtiges »Teamwork«, wie man das heute wohl nennen würde.

Vor allem galt es nun, die Gänge meines braven »Napoleon« zu kultivieren. Er selbst erwies sich dank seiner Sensibilität aber auch als hervorragender Lehrmeister; er reagierte sofort, wenn ich aus dem Gleichgewicht kam oder die Hilfen nicht immer in genau derselben Weise gab, und erleichterte mir dadurch, meine Fehler im Keim zu entdecken und auszumerzen. Wochenlang lernten wir gewissenhaft die einfachen Übungen, die die Grundlage der Dressur sind: Tempowechsel, Antraben und Angaloppieren, große und kleine Touren, nicht zuletzt das Geradegehen, eine der unscheinbarsten und gleichzeitig schwersten Übungen. »Napoleon« begann, sich taktmäßig und im Gleichgewicht zu bewegen, er wurde aufmerksam und gehorsam. Bis auf einige notwendige Übungen verzichtete ich in dieser Zeit auf das Springen, um das innere Gleichgewicht des Pferdes, das ich in dieser geduldigen Arbeit aufbaute, nicht zu erschüttem. Und seltsamerweise, obwohl mich die Dressur anfangs wenig interessiert hatte, übte sie allmählich eine große Anziehungskraft auf mich aus. Anstatt mich bei dieser mühseligen und wenig aufsehenerregenden Kleinarbeit zu langweilen, wurde mir die Zeit immer zu kurz. Ich konnte den nächsten Arbeitstag kaum erwarten, so viel war noch zu verbessern, was ich vorher beim reinen Springtraining nie so empfunden hatte.

Als ich dann endlich die Dressurprüfung der Klasse L hinter mir hatte und mich sogar in der Spitzengruppe hatte plazieren können, war der Wunsch meines Obersten erfüllt, und ich nahm mit doppelter Freude auch wieder an den Springprüfungen der verschiedenen Turniere teil. In diesem Jahr erzielte ich meine größten Erfolge auf diesem Gebiet des Reitsports, denn es gelang mir nicht nur, alle Kavallerieoffiziere und die Frequentanten des Militär-Reitlehrerinstituts in Schloßhof, denen viel besseres Pferdematerial zur Verfügung stand, hinter mir zu lassen, sondern auch als erfolgreichster Springreiter das Jahr 1926 abzuschließen.

Damals erkannte ich zum ersten Mal den großen Wert der dressurmäßigen Ausbildung des Pferdes für das Springen und Jagdreiten wie schließlich auch für jede andere Art des Reitens, vom Spazierenreiten angefangen. Wieviel schöner und erfreulicher ist es doch, auf einem Pferd zu sitzen, das den leisesten Hilfen des Reiters folgt, als sich gegen den Willen des Pferdes kämpfend den Weg über den Parcours zu bahnen.

Den Vorteil der dressurmäßigen Ausbildung eines Springpferdes sollte ich noch vielfach dann erkennen, wenn bei fehlerlosen Ritten der Konkurrenten meine kürzere Zeit den Sieg entschied. »Napoleon« wurde durch die Dressurarbeit kräftiger, geschmeidiger und wendiger, er lernte, sein Gleichgewicht zu wahren und sein lebhaftes Temperament zu beherrschen. Statt wild draufloszustürmen, ließ er sich jetzt von mir an die Hindernisse heranführen, seine Geschmeidigkeit erlaubte mir, scharfe Wendungen und verkürzte Wege zu reiten. Oft empfanden die Zuschauer meinen Ritt langsamer als den meiner Konkurrenten, doch hatte ich durch die abgekürzte Wegstrecke wertvolle Sekunden gewonnen.

Außer diesem positiven reiterlichen Resultat hatte mein Dressurintermezzo eine noch viel weitergreifende Folge für mein Leben. Der Kavallerie-Inspektor veranlaßte meine Rückversetzung zur Stammwaffe, der Kavallerie. Diese Veränderung war für mich von großer Bedeutung, denn ich sollte nun eine dreijährige Fortbildung beim Militär-Reitlehrerinstitut in Schloßhof in der Nähe Wiens, einer der deutschen Kavallerieschule in Hannover entsprechenden Schule, bekommen. Dort würden mir also qualifizierte Reitlehrer und bessere Pferde zur Verfügung stehen. Das beste Pferdematerial des Heeres – das aber wegen des niederen Einkaufspreises, den die Heeresverwaltung zahlen konnte, noch immer nicht dem Vergleich mit den in Zivilbesitz befindlichen Turnierpferden standhielt – kam an dieses Institut, das nächstbeste an die Kavallerie- und Artillerieeinheiten und der Rest an die Infanterie. Auch wurden damals viele Ausmusterer der Kavallerie an die Infanterie weitergegeben: Von dort war auch »Erna« gekommen, mein zweites Springpferd im Infanterie-Regiment neben »Napoleon« –, mit der ich ebenfalls schon zahlreiche Springen gewonnen hatte.

Nun bekam ich systematischen und umfassenden Reitunterricht, von der Longe angefangen über das Remonten- und Jagdreiten bis zu den Erfordernissen einer Dressurprüfung. Ich hatte täglich fünf bis sechs Pferde zu arbeiten. Aber für viele meiner Kameraden, die nicht so fanatische Anhänger des Reitsports waren wie ich, stellte die Kommandierung an das Institut ein wenig erfreuliches Kapitel dar. Das lag zum Teil daran, daß sich die Lehrer zu wenig Mühe gaben, um das notwendige Vertrauen zwischen Lehrer und Schüler und zwischen Reiter und Pferd auszubauen. Besonders die Remonten, zum großen Teil Gestütspferde, die einige Monate zur Erprobung an die Reitschule kamen, reichlich gefüttert und wenig gearbeitet wurden, stellten für manchen schwachen Reiter den reinsten Chor der Rache dar. Unter ihnen gab es aber auch geradezu perfekte Virtuosen im Abwerfen des Reiters, und selbst den Geschicktesten ist dieses Schicksal nicht erspart geblieben. Einer von den Tigern, denen der Ruf als »Reiterschreck« weit voraus eilte, war »Juro«, ein brauner Furiososohn. Durch ihn steht der Beginn meiner Kommandierung in Schloßhof noch heute in lebhaftester Erinnerung vor mir. Nach dem Aufsitzen der ersten Remontenabteilung brach bei geringstem Anlaß ein hektisches Durcheinander aus, einzelne Reiter saßen mehr oder weniger bequem auf dem Boden; ihre Pferde tobten aus Freude über die errungene Freiheit herum und eiferten ihre vierbeinigen Artgenossen zu gleichem Tun an. »Juro« machte seine Sache besonders gründlich, denn er setzte seinen Reiter mit einer solchen Vehemenz ab, daß dieser nur mehr auf einer Tragbahre den Kampfplatz verlassen konnte und das siegreiche Pferd in den Stall geführt werden mußte. Am nächsten Tag hatte der Reitlehrer einen neuen Bändiger für »Juro« zu suchen, weil sein Reiter für einige Zeit außer Gefecht gesetzt war.

Doch nach wenigen Minuten wiederholte sich das gleiche Schauspiel, und der reiterlos gewordene »Juro« wurde wieder in den Stall geführt; sichtbar befriedigt empfand er das als Belohnung für seine Tat, die ihm jede weitere Arbeit für den Tag ersparte.

Da Pferde ein sehr gutes Gedächtnis haben, werden sie nach Erfahrungen dieser Art, nach denen sie sich dann auch noch durch Schonung belohnt finden, immer wieder versuchen, ihren Reiter abzusetzen. Diese bittere Lehre mußten auch kürzlich die Kinder kanadischer Freunde erfahren, die auf einem ziemlich ungerittenen Pony reiten lernen sollten. Die Woche über weidete »Bobby« friedlich auf der Koppel, fraß viel und bewegte sich wenig. Natürlich fand der schlaue kleine Kerl bald heraus, daß er am Wochenende nur ein paar kräftige Bocker zu machen brauchte, um wieder seine Ruhe zu haben, während die heulenden Mädchen von der verärgerten Mama abtransportiert werden mußten. Durch regelmäßige Arbeit und richtiges Longieren trieb ich ihm rasch seine Unart aus, und mit dem zunehmenden Vertrauen aus dem Gefühl der Sicherheit heraus fanden die Kinder erst die rechte Freude am Reitunterricht.

Doch zurück nach Schloßhof! Nach einigen Tagen fiel die Wahl des Reitlehrers auf mich als Ersatz für »Juros« kampfunfähig gewordenen Reiter. Unsere Klasse war mittlerweile durch diese Ausfälle schon auf die Hälfte zusammengeschrumpft. Ich hatte nun schon genügend Gelegenheit gehabt, »Juros« Taktik zu beobachten. Nach einer scharfen Wendung pflegte er den Kopf zwischen die Vorderbeine zu nehmen und so lange zu buckeln, bis er seinen Reiter abgesetzt hatte. In der ersten Stunde gelang es mir, durch Zurücknehmen des Oberkörpers seine Bocksprünge erfolgreich abzufangen. Damals erkannte ich zum ersten Mal, wie sehr der Reiter das Pferd mit seinen Gewichtshilfen beeinflussen kann. Durch den zurückgenommenen Oberkörper werden die vortreibenden Sitz- und Schenkelhilfen verstärkt und die Hinterhand des Pferdes mehr belastet. Dadurch wird ihm das Bocken erschwert. Außerdem muß ein energisch angetriebenes Pferd seine Kraft zum Vorwärtsgehen verwenden und findet keine Zeit zum Bocken.

Ich lernte aber noch etwas anderes: die große Bedeutung des Selbstvertrauens. In diesen Tagen hielt ich mich tatsächlich für den Mann, der mit dem wilden Tier fertig werden könnte. Aber »Juro« bewies auch mir, daß er der Stärkere war. Trotzdem errang ich einen bescheidenen Erfolg: Obwohl er mich mit ziemlicher Wucht in den Sand gesetzt hatte, mußte ich nicht aus der Reitbahn getragen werden, sondern saß gleich wieder auf. Das war eine neue Lehre für »Juro«. Bisher wurde er nach seinen Untaten in den Stall zurückgeführt, was einer Belohnung gleichkam, doch nun wurde er von mir fest in die Arbeit genommen, um ihm alle dummen Gedanken auszutreiben.

Die Ursache dieser Bockerei war klar. Es war seine Verhaltenheit gepaart mit Langeweile. Ganz sicher war es für ihn viel amüsanter, sich statt zu arbeiten durch einen Bocksprung Luft zu machen und es obendrein zu genießen, wie sich alle bemühten, ihn durch Anlockungen aller Art wieder einzufangen.

Darum war es mein Bestreben, »Juro« möglichst energisch nach vorwärts zu reiten und seine Aufmerksamkeit durch Reiten von Wendungen, Touren und anderen Figuren so in Anspruch zu nehmen, daß ihm für seine Späße nicht viel Zeit übrigblieb. Obwohl es ihm noch einige Male gelang, mich unsanft abzusetzen, wuchs meine Geschicklichkeit, seine Bocksprünge auszusitzen, in gleichem Maße, wie ihm das Überraschungsmoment mißlang, bis er seine Ungezogenheit schließlich aufgab. Mit der Zeit wurde er so manierlich, daß ich ihn sogar längere Zeit bügellos in der Reitabteilung ritt und mit ihm an Jagden teilnehmen konnte.

Bei meiner Versetzung zur Kavallerie hatte ich »Erna« und »Napoleon« beim Infanterie-Regiment zurücklassen müssen, weil wir Offiziere des österreichischen Bundesheeres keine eigenen Pferde halten durften. Im ersten Jahrzehnt des Bestehens dieses Heeres gab es auch noch keine Chargepferde; das waren Dienstpferde, die in den Besitz des Offiziers übergingen, der sie sechs Jahre lang ununterbrochen verwendet hatte. Der Abschied von »Napoleon« war mir recht schwer gefallen, doch war er unserer Zusammenarbeit würdig: Wir gewannen zum Abschluß beim großen Concours Hippique in Wien im Jahre 1927 gegen starke internationale Beteiligung das »Abschiedsspringen«.

Im Militär-Reitlehrerinstitut standen mir in den Schulpferden gute Dressurpferde zur Verfügung, die mich lehren sollten, was diese Sparte des Reitsportes erfordert. Aber ich hatte auch wieder Springpferde, mit denen ich nicht nur die Jagden hinter Hunden reiten, sondern auch den Kontakt zum Turniersport erfolgreich pflegen konnte. Unzählig sind die Namen dieser Pferde, die mich vor einem anteilnehmenden und anfeuernden Publikum über die Hindernisse trugen. Sie alle haben zu meiner reiterlichen Fortbildung beigetragen, aber nur wenige haben sich bis zu einem Format entwickelt, daß ich ihnen den Titel eines Lehrmeisters geben möchte, und von diesen wenigen soll hier die Rede sein.

»Harry«, ein bildschöner Gidranhengst, war nach »Juro« der erste Lehrmeister, der mich ganz gehörig hernahm. Meine Freude über diesen gängigen und gut springenden Fuchs wurde schon bei der ersten Arbeit auf der Reitbahn etwas gedämpft. Seine Anlehnung war viel zu fest, das heißt, er legte sich auf den Zügel und verhinderte eine korrekte Führung. War er in der Reitschule schon schwierig zu reiten, so wurde er im Gelände noch viel schlimmer. Sobald sich das Jagdfeld im Galopp in Bewegung setzte, war er nicht mehr zu halten. Er legte sich mit seinem ganzen Gewicht auf den Zügel, kam ganz auf die Vorhand und wurde vorn immer tiefer und im Tempo immer schneller. Wie ein Panzer stieß er durch die Gruppe der vor ihm galoppierenden Reiter, scheinbar ganz darauf versessen, den

Master zu überflügeln, der mich durch strenge Rügen auf meinen Platz zurückweisen wollte. Ich hätte ja gerne seiner Anordnung Folge geleistet, aber wie sollte ich es »Harry« begreiflich machen, der auf keinen Zügelanzug reagierte, weil er ja schon mit seinem ganzen Gewicht darauf lag, sich nach keiner Seite wenden ließ und nur danach strebte, auch noch die Hunde zu überholen, was natürlich ein grober Verstoß gegen die Jagdordnung gewesen wäre. Mit Belehrungen über meine Vergehen war mir aber genausowenig geholfen wie mit der Zerknirschtheit über meine eigene Unfähigkeit – wenn auch Selbsterkenntnis der erste Schritt zur Besserung sein soll. Alle Versuche, die ich mir ausdachte, mißlangen kläglich. Ritt ich möglichst weit rückwärts und an der Seite des Jagdfeldes, so wollte er genauso vorn sein wie dann, wenn es mir gelang, auf der Seite einen großen Zirkel zu reiten, um Abstand von der Spitze zu bekommen. Solange wir in entgegengesetzter Richtung ritten, mäßigte er zwar das Tempo, um aber desto mehr loszulegen, sobald er seine Gefährten wieder vor sich sah. Dieses ewige Kämpfen und Dahinstürmen auf einem Pferd, das mit tiefgestelltem Kopf, der fast den Boden streifte, über alle Hoch-, Breit- und Tiefhindernisse fegte, war wahrlich kein Vergnügen, sondern körperlich und geistig zermürbend.

Ich mußte bald einsehen, daß mir im Gelände keine Korrekturen gelingen würden, weil Jagdfieber und Aufregung »Harry« scheinbar ganz blind und unempfindlich machten. Ich benützte nun jede Gelegenheit, um ihn auf der Reitbahn durch Wendungen, Gangart- und Tempowechsel, halbe und ganze Paraden geschmeidiger und gehorsamer zu machen und ihn dazu zu erziehen, den Zügel als Führung anzunehmen und ihn nicht als ständige Stütze zu mißbrauchen. Die verhältnismäßig schnellen Fortschritte auf der Reitbahn waren überraschend, aber ich war nicht erstaunt, daß sie im Jagdfeld nicht gleich erkennbar wurden. Das Jagdfieber war eben immer noch stärker. Immerhin stellten sich die Fortschritte mit der Zeit auch im Gelände ein, sodaß ich allmählich die Jagden, dieses flotte und fröhliche Reiten durch die herbstliche Landschaft, zu genießen begann.

»Karwip« war das Pferd, mit dem ich die meisten Jagden geritten habe und das mir dann auch bei den Turnieren viele Erfolge im Springen eingebracht hat. Sie war eine etwas sensible Dame – über unsere erste Begegnung habe ich schon berichtet –, mit der ich mich aber sehr bald anfreundete. Doch konnte sie manchmal geradezu hysterisch werden. Bei der ersten Jagd fing sie schon beim Anblick der Hunde zu zittern an, wollte nicht eine Sekunde lang stillstehen, sprang herum, piaffierte und stieg, sodaß ihr ganzer Körper in kürzester Zeit mit weißem Schaum bedeckt war. Sie war ein Bild des Jammers, doch blieb jeder Versuch, sie zu beruhigen, völlig erfolglos; als sich das Jagdfeld mit Hundegebell in Bewegung setzte, schnellte sie wie eine Irrsinnige der Meute nach, was von den übrigen Jagdteilnehmern, deren Pferde ebenfalls unruhig wurden, mit Mißbehagen beobachtet und vom Master gerügt wurde. Zum Glück ließ sich »Karwip« wenigstens wenden, und ich konnte die rettenden Touren anlegen, sodaß ich zum mindesten die Gesetze des Anstands nicht verletzte. Das Verhalten der Stute war keine Bösartigkeit, sondern nur Angst. Sie war für die Jagd nicht genügend vorbereitet, kaum mit ihrem Reiter vertraut gemacht worden, und nun sollte sie auch noch ganz ungewohnt mit einem Reiter auf dem Rücken durch unebenes Gelände galoppieren! Dazu kam noch die Aufregung über die anderen Reiter, die Hunde, über Peitschengeknall und Hörnerschall. Von »Karwip« habe ich gelernt, wie man das Vertrauen seines Pferdes gewinnen kann. Sooft ich Gelegenheit hatte, ging ich mit ihr allein oder mit anderen Kameraden ins Gelände, übte ruhige Übergänge vom Trab in den Galopp, lehrte sie, von den anderen Pferden Abstand zu halten und schließlich sogar stehenzubleiben, wenn die anderen weitergaloppierten. Vor allem aber trachtete ich, sie nicht aufzuregen, sie bei jeder Gelegenheit durch Sprechen und Streicheln zu beruhigen und für jeden kleinsten Erfolg zu belohnen. So baute ich das zwischen Pferd und Reiter so notwendige Vertrauen auf.

Wenn Pferde gemeinsam und ruhig im Gelände über Hindernisse galoppieren, erziehen sie sich gleichsam gegenseitig, denn sie zerstreuen einander die Angst vor unbekannten Dingen, und der Herdentrieb eifert sie zum Vorwärtsgehen an. Dies nützte ich aus und ergänzte das Training noch durch Förderung in der grundlegenden Dressur. Damit lernte ich unendlich viel für meine spätere Tätigkeit als Reitlehrer. »Karwip« wurde für einige Jahre mein Jagd- und Springpferd und brachte mir viele Erfolge ein. Sie lehrte mich, wie eng verwandt Jagen und Springen sind und wie gut das Jagen die Pferde für die Springwettbewerbe vorbereitet. Aber Jagden haben nur dann den rechten Wert, wenn die Pferde in aller Ruhe gelernt haben, ihren Reiter zu tragen und ihm zu gehorchen. Das Jagdreiten auf »grünen« Pferden, also solchen, die gerade erst gelernt haben, den Reiter auf ihrem Rücken zu dulden, führt zu dem Ergebnis, das mir »Karwip« bei unseren ersten Jagden so anschaulich demonstriert hatte.

Ein guter Pädagoge wird immer bestrebt sein, seinem Schüler das Lernen zu erleichtern, indem er vorhandene Veranlagungen und Begabungen erkennt und ausnützt. Dazu muß er den Schüler gut kennenlernen und seine Stärken und Schwächen herausfinden. Das gilt in erhöhtem Maß für den vierbeinigen Schüler, der ja nicht aussprechen kann, aus welchem Grunde er bei einer Anforderung versagt. Wie oft mußte ich bei Lehrern den Mangel an dieser pädagogischen Grunderkenntnis bemerken! So ritten wir einmal mit vierjährigen Gestütshengsten ins Gelände, um sie für eine Teilnahme an leichteren Jagdritten zu erproben. Der Reitlehrer ritt auf seinem älteren Dienstpferd voraus, und wir bemühten uns, mit den »grünen« Pferden, die nach kurzem Longieren erst wenige Tage unter dem Reiter gingen, zu folgen. Als er über einen schmalen Bach setzte, entstand hinter ihm ein wirrer Haufen. Die Reiter kämpften mit ihren Pferden, bis sich dann eines nach dem anderen entschloß, über den schmalen Wasserlauf zu springen. Zum Schluß blieben nur mehr drei Pferde übrig, und der Reitlehrer setzte den Ritt fort, mit der Bemerkung, die anderen würden schon folgen. Auf den Herdentrieb kann man sich aber nur verlassen, solange die »Lockpferde« nicht zu weit entfernt sind. Mein Hengst hatte außerdem noch die Tendenz, vor dem Hindernis die Flucht zu ergreifen, und trug mich einige Meter zurück. Als ich ihn wieder zum Bach hinwenden konnte, waren die anderen beiden Pferde inzwischen gesprungen und der Gruppe nachgeeilt, sodaß ich jetzt allein vor dem Hindernis stand. Mein Hengst wurde noch ängstlicher und blieb wie ein Bock stehen. Und hier machte der Reitlehrer einen pädagogischen Fehler; er quittierte die Meldung meiner Kameraden, ich sei noch nicht da, mit den Worten »er wird schon nachkommen« und ritt mit der ganzen Gruppe weiter.

Es war kein Zweifel, mein Hengst hatte Angst, die man mit Schenkel-, Gewichts- und Zügelhilfen allein nicht in ihre Schranken weisen kann, noch dazu bei einem fast ungerittenen Pferd. Hier wäre es das einzig richtige Mittel gewesen, einige Male mit einem willigen Pferd knapp vor dem »Angstmeier« über den Bach zu springen. Dann hätte der Hengst gesehen, daß nichts Bedrohliches daran sein kann, wenn sein Artgenosse widerstandslos springt, er wäre gefolgt und hätte für das nächste Mal schon Vertrauen gewonnen. So aber konnte ich ihn erst nach einem über eine Stunde währenden Kampf – noch dazu einem sehr ungleichen Kampf bei seiner mangelnden Rittigkeit – zum Überwinden des Hindernisses zwingen. Von seinem Mißtrauen war er dadurch aber nicht kuriert, was seine späteren Reiter sicherlich noch oft zu spüren bekamen.

Später, als ich selbst Lehrer im Militär-Reitlehrerinstitut war, bereitete ich meine Schüler in einem vierwöchigen Training durch entsprechende Steigerung der Anforderungen sowohl physisch als auch psychisch auf die Jagdsaison vor, mit dem Ergebnis, daß sie von der ersten Jagd an Freude daran hatten. Unter Schülern verstehe ich nicht nur die Offiziere, sondern auch ihre Pferde, denn beide mußten neben der körperlichen Kräftigung und der Erhöhung von Geschmeidigkeit und Geschicklichkeit lernen, auch ihr inneres Gleichgewicht zu finden und zu bewahren. Vor allem durfte das gegenseitige Vertrauen von Pferd und Reiter nie erschüttert werden. Das ist mir gelungen, und die jungen Offiziere dankten es mir. Ein Dank, der eigentlich zum größten Teil meinen vierbeinigen Lehrmeistern gebührte.

Wie lautete doch die Forderung des berühmten französischen Reitmeisters de la Guérinière, der die Reitkunst Europas im Anfang des 18. Jahrhunderts so segensreich förderte? Der Zweck der Ausbildung eines Schul-, Jagd- und Soldatenpferdes muß sein, es ruhig, gewandt und gehorsam zu machen, damit es angenehm in seinen Bewegungen und bequem für seinen Reiter wird, der die höchste Freude auf seinem Rücken erleben soll!

Und was will jeder Reiter, aber besonders der Jagd- und Geländereiter? So viel Freude wie möglich auf seinem Ritt durch Gottes schöne Natur erleben. Dazu braucht er ein Pferd, das bequem für ihn ist, was nur dann der Fall sein kann, wenn es angenehm in allen Bewegungen wird, als Ergebnis von Gewandtheit, Gehorsam und Ruhe. Schon daraus ist zu ersehen, daß die verschiedenen Arten des Reitens ein Ganzes bilden und sich auf eine gemeinsame Basis gründen.

Diese alte Weisheit fand ich erst vor kurzem in England bestätigt, wo geklagt wurde, daß die Zahl der Jagdreiter zurückgehe, weil vielen Anfängern die nötigen Grundbegriffe fehlten und ihre Pferde nicht genügend geschult wären. Diese Reiter würden mit ihnen nicht fertig, verlören die Freude und gäben das Jagdreiten schließlich ganz auf.

Nachdem ich davon gesprochen habe, daß das Reiten im Gelände oder auf Jagden eine gute Grundlage für Springpferde sei, muß ich ergänzen, daß diese Art des Reitens meinen Erfahrungen gemäß auch für Dressurpferde eine gute Vorbereitung ist, denn sie fördert das Vorwärtsgehen. Ein richtiges Dressurpferd braucht das mehr, als es im ersten Augenblick scheinen mag. Geländereiten ist eine hervorragende Medizin für jedes Dressurpferd, wenn es nach konzentriertem Training eine kleine Pause benötigt, eine Art Zwischenmusik zur Erholung, oder aber wenn der Reiter sich durch zu hohe Forderungen oder Überforderung mit seinem Partner festgezogen hat und nun beiden Gelegenheit zur Lockerung und zum Aufpolieren des gegenseitigen Vertrauens gegeben werden soll. Dieses Mittel sollte kein Dressurreiter vergessen und es immer anstatt irgendwelcher Gewaltmethoden anwenden. Er wird über die Wirkung erstaunt sein. So wie der Student mitten in anstrengender Prüfungsarbeit seinen Geist bei einem langen Spaziergang auslüften kann, so lockert sich das Pferd während eines Geländerittes, gewinnt neuen Schwung und kehrt freudig zur konzentrierten Arbeit in der Bahn zurück. Und plötzlich gelingen viele Übungen, die vorher unüberwindliche Schwierigkeiten zu bieten schienen.

Ein gutes Dressurpferd wird jederzeit auch ein gutes Geländepferd sein, wenn es einem Reiter dient, der einen unabhängigen Sitz hat und zum Ausbalancieren des bei Unebenheiten verlorengegangenen Gleichgewichts nicht die Zügel mißbraucht. Dies lehrte mich »Otto«, als ich von Bundeskanzler Dr. Schuschnigg in Anerkennung meines olympischen Erfolges 1936 zum Hubertusritt eingeladen wurde. Ich kam gerade von einem Turnier zurück und hatte weder Zeit noch Gelegenheit gehabt, im Gelände zu trainieren. Ich ging also gleichsam direkt von der Dressurprüfung zur Jagd. »Otto« war aber wundervoll leicht in der Anlehnung, galoppierte an der Spitze des Jagdfeldes genauso willig wie am Ende oder an der Seite und kam trotz des ungewohnten langen Galopps nicht außer Atem. Damals erkannte ich, welches Konditionstraining in der dressurmäßigen Arbeit eines Pferdes steckt.

Die große Wichtigkeit eines unabhängigen Sitzes sollte ich bei einem mir unvergeßlichen Jagdritt in Fürstenwalde im Herbst 1938 bestätigt finden. Der Kommandeur des Kavallerie-Regiments 9, Oberst Angern, bot mir, um meine Dressurpferde zu schonen, für eine Jagd, die über besonders schwere Hindernisse wie breite Bäche, Mauern und Wälle führte, einen »Schwadröner« an, einen Trakehner, der zwar ein ausgezeichneter Springer war, aber sehr stark auf die Hand ging und den Ruf eines unbequemen Pullers genoß. Bei mir gab er das Pullen in kürzester Zeit auf, da ich ihm durch Nachgeben der Zügel die Stütze nahm, auf die er sich legen wollte. Dadurch war ich andererseits in der Lage, den Zügelanzug zu wiederholen. Diese Hilfe kann der Reiter nur dann anwenden, wenn sein Sitz so gefestigt ist, daß er die Zügel tatsächlich nur zur Führung benützt. Nach kurzer Zeit galoppierte der Fuchs in ruhiger Manier am leicht angestellten Zügel durch die Gegend und erweckte das Erstaunen aller, die sich bei anderen Jagden mit ihm geplagt hatten.

Die Theorie, daß ein gutes Dressurpferd stets auch als bequemes Jagdpferd zu verwenden ist, half mir »Nora«, mein erfolgreiches Dressurpferd der späteren Zeit, zu bestätigen. Ich ritt sie mit großem Vergnügen bei Jagden in Laxenburg, dem ehemaligen kaiserlichen Sommersitz in der Nähe Wiens. Leider mußte ich aber für diesen Beweis ein teures Lehrgeld bezahlen. Bei einer dieser Jagden trat sie in ein Kaninchenloch und zog sich eine derart schwere Zerrung im rechten Vorderbein zu, daß sie nie mehr die reinen Gänge zeigen konnte, die von einem Dressurpferd verlangt werden. Mit einem Schlag war die Arbeit langer Jahre vernichtet. Das ist der Grund, warum ein Dressurreiter mit einem Pferd, das bereits einen hohen Ausbildungsstand erreicht hat, doch vorsichtiger umgehen muß und warum ich heute doch abrate, mit hochqualifizierten Dressurpferden auf Jagden zu gehen.

Während meiner dreijährigen Ausbildungszeit am Militär-Reitlehrerinstitut nahm ich mit eigenen und fremden, mir von Fall zu Fall zugeteilten Springpferden an Springturnieren teil. Das war für mich eine gute Schule, die verschiedensten Pferde kennenzulernen, ihren Charakter und ihre Veranlagung, ihr Temperament und ihre geistigen Fähigkeiten zu ergründen.

Besonders interessant war ein großer Irländer namens »Broomhill«, den sich ein Industrieller (Generaldirektor Appelt) gekauft hatte. Da er mit dem Pferd aber nicht recht fertig wurde, gab er es im Jahr 1930 zur Redressur ins Institut. Jeder von uns hatte sich glühend gewünscht, diesen qualitätsmäßig überragenden Fuchs zu reiten, aber bekommen hatte ihn ein besonderer Liebling des Reitlehrers. Unsere Enttäuschung darüber war groß, wurde aber sehr bald gemildert, als wir den täglichen Kampf des Reiters und Reitlehrers mit dem Prachtpferd sahen. »Broomhill« war ein ausgezeichneter Springer – wenn er wollte. War er aber nicht gut gelaunt, was sehr häufig zutraf, so verstand er seinen Willen durchzusetzen. Er machte seinem Reiter derart zu schaffen, daß dieser drei Tage vor dem Reitturnier klein beigeben und der Lehrer einen Reiterwechsel vornehmen mußte. Die Wahl fiel auf mich. Bei meinem ersten Versuch wollte »Broomhill« offenbar zeigen, daß er auch anders sein konnte, denn er sprang einwandfrei den Übungsparcours. Deshalb wurde entschieden, daß ich mit ihm beim internationalen Turnier in Salzburg anzutreten habe. Restlos glücklich war ich darüber nicht, denn ich wußte schon damals, daß die meisten Pferde bei einem neuen Reiter vorsichtig sind und ihre Mätzchen zunächst vergessen oder aber zuerst den neuen Herrn abtasten wollen, bevor sie ihm ihre Kniffe vorführen. Und es stand mir nur noch ein einziger Tag vor dem Transport zur Verfügung. Also beschloß ich, diesen Tag zu nützen und »Broomhill« möglichst viel zu zeigen. Ich wollte ihn auch näher kennenlernen und ritt deshalb mit ihm ins Gelände. Aber schon beim Versuch, die Kaserne zu verlassen, gab es die erste Uneinigkeit. Das kam mir im Grunde gar nicht so ungelegen, denn ich konnte schon jetzt und nicht erst auf dem Turnierplatz die Methodik seiner Widersetzlichkeit kennenlernen. Sie bestand darin, daß er immer langsamer und verhaltener wurde, sich dann kerzengerade auf die Hinterbeine erhob – er machte ein regelrechtes »Haserl« –, um nach einer raschen Drehung in die entgegengesetzte Richtung davonzueilen. Nun hatten verschiedene Pferde mich schon belehrt, daß man in so einem Fall nicht den Oberkörper vornehmen und den Hals des Pferdes umarmen darf, wie ich es als Junge getan hatte, sondern fest im Sattel sitzen bleiben muß. Auch hatte ich inzwischen gelernt, daß Steigen nur auf dem Nährboden der Verhaltenheit gedeiht, und forderte »Broomhill« mit einem kräftigen Gertenhieb bei ganz lockerem Zügel zum Vorwärtsgehen auf. Diese »schlagartige« Reaktion verblüffte ihn derart, daß er statt umzudrehen und zurückzueilen, einen Satz nach vorwärts machte und an diesem Vormittag, an dem wir flott durchs Gelände ritten, keinen Versuch der Opposition mehr unternahm. Ja, diese einzige Lektion hatte einen solchen Eindruck auf ihn gemacht, daß er mir auch an dem Trainingstag, der mir in Salzburg noch zur Verfügung stand, keine Schwierigkeiten bereitete, sehr zum Staunen anderer Reiter, die ihn von früher her kannten.

Als ich aber am nächsten Tag zum Start aufgerufen wurde, wollte er wieder seinen Trick versuchen. Angesichts der vielen Zuschauer war mir nun doch etwas flau zumute. Oberkörper zurücknehmen und ein Hieb mit der Gerte waren meine Reaktion, und Sprung nach vorwärts, fehlerloser Parcours und Gewinnen des Springens war seine Antwort. Seltsamerweise gab es in den weiteren zwei Monaten unserer Zusammenarbeit keine Meinungsverschiedenheiten mehr, wir gewannen noch eine weitere Springkonkurrenz und wurden gute Freunde, bis er dann als Bekehrter von seinem Besitzer mit offenen Armen empfangen wurde.

Die große Macht, die der Reiter über sein Pferd bei richtigem

Verhalten seines Oberkörpers gewinnen kann, sollte ich noch einmal bei einer Military in St. Pölten kennenlernen. Ich hatte bei dem dortigen Reit- und Springturnier für einen plötzlich erkrankten Reiter einzutreten und das Dienstpferd »Conrad« der Dragoner-Schwadron No. 3 gleich in einer Vielseitigkeitsprüfung zu reiten. Eine Vielseitigkeitsprüfung, auch Military genannt, besteht aus einer Dressurprüfung, einem Geländeritt und einer Springprüfung, mit ein und demselben Pferd je nach Schwierigkeitsgrad entweder an einem Tag oder an drei aufeinanderfolgenden Tagen zu absolvieren.

In der Dressur kam ich mit dem mir unbekannten Pferd ganz gut durch und trat vertrauensvoll den Geländeritt an. Der Weg führte am Ufer eines kleinen Flusses entlang, der dann später zu durchreiten war. Es fiel mir auf, daß »Conrad« ganz mißtrauisch aufs Wasser schielte, mit der Hinterhand wegzudrängen versuchte und sich wie ein Kipfel verbog. Kein sehr vielversprechendes Verhalten für den späteren Ritt durchs Wasser! Und dort passierte es dann auch. Während er bisher alle Hindernisse willig und in schöner Manier genommen hatte, wollte er unter keinen Umständen über den Steilhang des Ufers ins Wasser rutschen. Nachdem es mir gelungen war, seinen Fluchtversuch zu verhindern, blieb er mit gespreizten Beinen, wie in der Erde festgemauert stehen und starrte mit langem Hals angsterfüllt in das glitzernde Wasser. Zu allem Überdruß mußte ich noch den Weg freigeben, da sich der nächste Reiter näherte und nicht behindert werden durfte. Bei meinem neuerlichen Versuch gelang es mir, »Conrad« so nahe an das Hindernis heranzubringen, daß seine Vorderbeine den obersten Rand der Rutsche erreichten. Er erschrak aber sogleich über seine Kühnheit und wollte nach rechts oder links ausbrechen, um davonzueilen, was ich aber durch rechtzeitiges Gegenwirken von Zügel und Schenkel verhindern konnte. In dieser Zwangslage setzte er seine stärkste Waffe ein: Er wollte sich durch Steigen meiner Einwirkung entziehen. Jetzt ging es um die Entscheidung, ob ich das

Hindernis überwinden oder an ihm scheitern sollte. Ich preßte meine Schenkel fest an seinen Leib, gab ihm die Zügel vollständig hin und legte meinen Oberkörper ganz zurück. »Conrads« Versuch, zurückzutreten oder zu steigen, endete in einer Erhebung der Vorhand von kaum 20 cm; mehr konnte er infolge der vortreibenden Wirkung meines Oberkörpers nicht riskieren. Nach diesem mißglückten Versuch verharrte er einige Sekunden unbeweglich in dieser nicht sehr bequemen Position und folgte schließlich der Aufforderung meiner Gerte und rutschte in den Wasserlauf. Den Punkteverlust holten wir dann im dritten Teil der Prüfung, dem Jagdspringen, auf und gewannen die Military und einen schönen Ehrenpreis.

Aus den Erfahrungen mit meinen vielen Springpferden möchte ich noch die Ausbildung meines Dienstpferdes »Kosmos« herausgreifen. Der kräftige Braune hatte wohl Springvermögen, aber kein Herz, er wollte jedes neue Hindernis genau betrachten und beschnuppern, bevor er es dann sehr ausdrucksvoll übersprang. Vorwärtsgaloppieren im Gelände und auf der Reitbahn hatte nicht den erwarteten Erfolg gebracht, da er weiter vor jedem neuen Hindernis aus schärfstem Lauf stehenblieb, um es zu besichtigen. Kannte er es einmal, waren Höhe und Weite kein Problem. Andererseits aber konnte ich »Kosmos« mit Rücksicht auf seine Jugend nicht zu viel springen, denn ich wollte seine Beine noch schonen. Also baute ich eine Anzahl von Miniaturhindernissen in unterschiedlichsten Formen und Farben, keines höher als 80 cm, über die ich dann in sich ändernder Reihenfolge und in verschiedener Kombination und auf stets geänderten Plätzen galoppierte, sodaß alles ihm immer neu erscheinen mußte. Bei der geringen Höhe der Hindernisse konnten wir sie oft springen. Schließlich überwand er sie fließend und ohne Zögern. Als ich ihn nach dieser Vorbereitung über richtige Hindernisse führte, machte er keine Schwierigkeiten mehr, absolvierte in Ausgeglichenheit die unterschiedlichsten Parcours, er wurde immer besser, und wir brachten so manche schöne Trophäe von den Turnieren heim. Später hörte ich, daß die Kavallerieschule Hannover ihre berühmte Spring-Equipe in ähnlicher Art ausgebildet hat. Die Erfolge dieser Reiter in der ganzen Welt bestätigen wohl eindeutig die Richtigkeit dieser psychologischen Methode der Gewöhnung.

Ein anderes Springpferd, der schmächtige braune Wallach »Elch«, besaß wiederum Schwung und Schneid, hatte aber für Genauigkeit nicht viel übrig. Er war schnell genug und verweigerte nie einen Sprung, doch unterliefen ihm immer wieder Flüchtigkeitsfehler, die uns oft den Erfolg kosteten. Da ich ein Feind des damals neu aufgekommenen »Barrens« bin, bei dem man das Pferd im Moment des Sprunges mit den Hinterfüßen an hochgehobene Eisenstangen anschlagen läßt oder ihm damit auf Schienbein oder Hufe klopft, um es zum Höherheben der Beine zu veranlassen, versuchte ich, meinem »Elch« nach althergebrachter Art beizukommen. Durch vermehrte dressurmäßige Ausbildung, insbesondere Tempowechsel und Paraden, trachtete ich, ihm das für jedes Hindernis erforderliche Tempo vorzuschreiben und ihn durch Springen über feste Hindernisse zu zwingen, seine Beine genügend zu heben. Damit nahm ich ihm die Illusion, daß er beim Anklopfen der obersten Stange das Hindernis niedriger machen könne. Durch diese Methode verbesserte ich seine Placierung von Turnier zu Turnier, bis er schließlich auch Sieger wurde.

Den deutlichsten Beweis für die Bedeutung dressurmäßiger Ausbildung eines Springpferdes erbrachte mir »Götz«, eines der hervorragendsten Springpferde des österreichischen Militär-Reitlehrerinstituts. Dieser schöne braune Furiososohn, der im Training Häuser sprang, ließ seinen Reiter bei den Turnieren meistens im Stich und konnte nur wenige Erfolge verbuchen. Oft begann er den Parcours in eindrucksvoller und überlegener Manier, blieb aber bei einem Hindernis plötzlich stehen und war nicht mehr zum Sprung zu bewegen, was dann das wenig erfreuliche »Abläuten« zur Folge hatte.

Da »Götz« der Stolz des Bundesgestütes war und sich die Heeresverwaltung bemühte, dieses nicht zu enttäuschen, erfolgte meistens nach solchen Vorkommnissen ein Reiterwechsel. So kam ich beim internationalen Concours Hippique in Salzburg im Herbst 1930 an die Reihe und konnte einen zweiten Preis erringen, was mir »Götz« für einige Monate als Springpferd sicherte. Da wir im dritten Jahrgang die Pferde sehr viel nach eigenem Ermessen arbeiteten, befaßte ich mich dressurmäßig eingehend mit »Götz«, weil ich beim Reiten über Hindernisse hier viele Mängel feststellen mußte. Diese Arbeit zeigte Erfolg. »Götz« war sehr lernbegierig und willig, machte in kürzester Zeit Fortschritte, nicht nur in den einfachen Übungen, sondern auch in Seitengängen und in der Galopparbeit, sodaß der Zuschauer glauben konnte, es handle sich um ein Dressurpferd.

Zweimal wöchentlich erfolgten Springübungen unter Anleitung des Reitlehrers, bei welchen »Götz« trotz Steigerung der Anforderungen bis zu Hindernissen der Klasse S niemals versagte und in mir die Hoffnung weckte, auch bei Turnieren wohlvorbereitet antreten zu können. Es war mittlerweile Frühjahr 1931 geworden und die reiterlichen Wettbewerbe standen vor der Tür. Der Reiter wird durch das ständige Ablauschen eines anderen Geschöpfes unwillkürlich sensibler und hellhöriger, und so bekam ich das sichere Gefühl, daß der Reitlehrer nur auf ein Versagen von »Götz« wartete, um ihn, der inzwischen mein Lieblingspferd geworden war, mir wegzunehmen. Wir mußten jeden Parcours als erste springen und waren auch oft die einzigen, die ihn fehlerlos überwanden. ja, einmal hatten wir sogar einen Umlauf mit 12 Hindernissen von beiden Seiten zu nehmen, was bei der verkehrten Triplebar nicht nur unsportlich, sondern auch gefährlich war. Eine Triplebar ist ein Hoch- und Weitsprung, der sich aus drei Stangen zusammensetzt, bei denen die erste die niedrigste und die dritte die höchste ist. »Götz« bestand aber auch diese unfaire Prüfung und verweigerte keinen einzigen Sprung.

Am nächsten Tag sprach mich mein Reitlehrer auffallend freundlich an: »Du hast ›Götz‹ all die Monate ausgezeichnet geritten, was ich auch dem Kommandanten der Schule melden werde. Wir müssen aber alles daran setzen, daß er auch bei den kommenden Turnieren gut abschneidet, weshalb ich ihn dem Oberleutnant W. geben werde, der kleiner und leichter ist als du. Du wirst ›Götz‹ aber wegen der enormen Fortschritte dressurmäßig weiterreiten, und W. wird ihn nur springen.« Ich erwiderte betroffen: »Herr Oberstleutnant, ich bitte, diesen Auftrag zurückzunehmen, denn ich bin kein Bereiter für Oberleutnant W., sondern Rittmeister.« Das setzte meiner so verheißungsvollen Zusammenarbeit mit »Götz« ein jähes Ende, der bevorzugte Oberleutnant W. ritt ihn bei den Turnieren, der erwartete große Erfolg blieb jedoch aus, und ich bekam als Quittung in meiner Abschlußqualifikation die Bemerkung: »… hat sein Ziel erreicht, kommt für eine weitere Ausbildung nicht in Frage …«

Welch ein Unterschied zwischen den beiden Lehrmeistern! An meinen vierbeinigen denke ich noch heute mit Freude und Dankbarkeit zurück, meinem zweibeinigen war ich von dieser Entscheidung an gram, was ihn jedoch nicht hinderte, sich fünf Jahre später nach meinem Erfolg bei den Olympischen Spielen 1936 mit ausgebreiteten Armen und mit den Worten auf mich zu stürzen: »Ich bin ja so stolz auf dich, du warst doch mein bester Schüler …«

Über dem allzu Menschlichen und Enttäuschenden steht aber die fachliche Erfahrung, die mir gerade die Zusammenarbeit mit »Götz« schenkte: Gegenseitiges Vertrauen ist beim Reiten oberstes Gebot!

KAPITEL 4

Schulpferde – unentbehrliche Helfer des Reitlehrers

Im Militär-Reitlehrerinstitut wurde meine Erkenntnis, wie sehr die dressurmäßige Schulung jedem Reitpferd zugute kommt, noch um ein Vielfaches dadurch bereichert, daß ich nicht nur die erwähnten Pferde, darunter auch Remonten, zu reiten hatte, sondern täglich noch auf ein bis zwei Schulpferden ausgebildet wurde.

Den Titel Schulpferd verdienen im allgemeinen nur solche Tiere, die in der dressurmäßigen Ausbildung so weit gefördert sind, daß sie dem Schüler Einfühlungsvermögen und das richtige Gefühl für die Bewegungen und die Hilfengebung vermitteln, jene stumme Sprache zwischen Mensch und Pferd, die kein Reitlehrer ohne Mithilfe des Tiers lehren kann. Dem angehenden und lernbegierigen Reiter steht der vierbeinige Lehrmeister zur Seite, der den zweibeinigen nicht selten an Bedeutung übertrifft. Darum soll sich jeder Reiter glücklich schätzen, der in seiner Lehrzeit Gelegenheit hat, ein Schulpferd zu reiten. Den Schulpferden bin ich zeit meines Lebens dankbar, denn von ihnen konnte ich auch dann noch lernen, als ich schon längst selbständig arbeitete und andere Reiter unterrichtete.

So wie ein Lehrer im Unterricht nur dann Erfolg haben kann, wenn er von seinen Schülern verstanden und geachtet wird, so wird der Mensch von seinem Pferd nur dann etwas lernen, wenn er es verstehend als Lebewesen respektiert und es gerne hat. Da aber das Pferd nicht sprechen kann, muß sich der Reiter bemühen, seine Gedanken zu erraten, seine Reaktionen zu deuten und daraus die richtige Lehre zu ziehen. Gegenseitiges Verstehen ist aber oft von dem Gefallen abhängig, den zwei Lebewesen aneinander finden, zwischen Pferd und Reiter vielleicht noch mehr als zwischen Mensch und Mensch. Daher spielt die Wahl des Reiters für ein Pferd, die »Berittenmachung«, eine so große Rolle. Dies sollte mir nicht nur im Militär-Reitlehrerinstitut, sondern auch an der Spanischen Hofreitschule klar werden.

Es gibt Pferde, an denen der Reiter gleich Gefallen hat, die er bald versteht und in kurzer Zeit auch liebgewinnt. Mit solchen Tieren ist die gegenseitige Anpassung leicht, das Arbeiten eine Freude, und der Erfolg läßt nicht lange auf sich warten.

Jeder Reiter begegnet aber mitunter auch einem Pferd, das ihm gar nicht liegt, er kann die Psyche des Tieres nicht recht begreifen, die Wiederholung von Ungezogenheiten und Fehlern machen ihn ungeduldig, und oft entwickelt sich daraus eine Aversion, die jeden Erfolg in Frage stellt.

Solche gefühlsmäßig bedingten Ablehnungen beschränken sich aber nicht auf den Reiter, sondern sie treten ganz sicher auch bei den Pferden auf. Damit erklärt sich die Tatsache, daß Pferde, die dem einen Reiter nichts als Schwierigkeiten bereiten, nach einem Reiterwechsel vollkommen verändert sind und in völliger Harmonie mit ihrem neuen Herrn die gemeinsame Arbeit leisten. Dies hat nichts mit dem unterschiedlichen Können der Reiter zu tun – und ist deshalb dafür auch kein Wertmesser, sondern liegt in einem irrationalen Fluidum beider Lebewesen begründet.

Die richtige Zusammenstellung von Reiter und Pferd ist eine Kunst, die sich auf gründliche Kenntnis zunächst der Konstitution, dann der Gewohnheiten und nicht zuletzt des Charakters der Partner aufbaut. Die alten Hofstallmeister, die für die Berittenmachung der »Allerhöchsten Herrschaften« verantwortlich waren, hatten zweifellos diese Kenntnisse und Gaben; sonst hätten sie ihre Position nicht behaupten können. Denn die Fürsten mußten auch in der Beherrschung ihrer Pferde überragend hervortreten und durften sich nicht mit ihnen herumraufen oder gar durch Herunterfallen in der Öffentlichkeit an Ansehen und Würde einbüßen.

Daher sind die wenigen Werke, die uns die bedeutendsten Hofstall- und Reitmeister hinterlassen haben – das Schreiben von Büchern ist nicht jedes Reiters Sache –, auch in dieser Beziehung von großem Wert für uns Heutige, auch wenn sie schon vor Jahrhunderten geschrieben wurden. Denn die Pferde bewegen sich noch immer in gleicher Art wie damals, fühlen und denken das gleiche, und auch die Anatomie ihres Körpers hat keine Veränderung erfahren. Sie sind das herrliche Produkt der Natur geblieben, das schon im Koran besungen wurde. Die Reitmeister, die eine so hohe Berufung erhielten, hatten die Verpflichtung und auch die Muße, dieses wunderbare Produkt der Natur zu studieren. Und wie sie dies taten! Es gibt fast kein Reitbuch aus älterer Zeit, in dem nicht der Körperbau mit allen seinen Funktionen genau behandelt und auch Sattelung und Zäumung eingehend erläutert werden. Und heute? Wie wenige Reiter kennen ihre Pferde und die Ursachen ihres Verhaltens! Es ist alles zeitgemäß oberflächlicher geworden, mit Ausnahme der Technik, bei der keineswegs die Erkenntnisse der Physik so vernachlässigt werden könnten, wie es mit den Gesetzen der Natur bei unseren Tieren geschieht. Die fundierten Lehren der alten Reitmeister werden heute oft mit der

Bemerkung abgetan, daß ihre Methoden veraltet und für die Gegenwart, die rasche Erfolge fordere, zu langwierig seien. Und wie sieht das Ergebnis dieser Schnellarbeit aus? Das Niveau verflacht bis zu Zerrbildern! Jede Spitzenleistung braucht ihren wohldurchdachten Aufbau. Ich habe erfahren, daß die Lehren der Altmeister dabei eine wertvolle Hilfe sein können. Glaubt jemand einen neuen Weg zum Erfolg gefunden zu haben, so kann er, wenn dieser gut ist, versichert sein, daß er nur zufällig oder instinktmäßig das getan hat, was schon unsere Vorfahren praktiziert haben.

Die Forderung nach Schnelligkeit auf Kosten der Güte ist nicht nur beim Reiten falsch. Ich fragte einmal den Ballettmeister des berühmten New York City Ballet, George Balanchine, ob er, der sogenannten modernen Anschauung Rechnung tragend, auch die Ausbildungszeit seiner Tänzer verkürzt habe. Erregt sprang Balanchine von seinem Sitz auf und rief: »Wie könnte ich! Der menschliche Körper ist noch immer der gleiche wie früher, und die alte Ballettschule, die ihre bestimmte Zeit fordert, hat sich durch Hunderte von Jahren bewährt und Erfolge gezeitigt, die uns heute noch Vorbilder sind. Wozu sollte dann etwas geändert werden?« Nicht anders verhält es sich mit der Reiterei, will sie Anspruch auf das Prädikat »Kunst« erheben.

Doch nun zurück zu einem Teil dieser Kunst, der Zusammenstellung von Reiter und Pferd, das dem Stiften einer ausgeglichenen Ehe zwischen beiden Partnern gleichkommt und eine der wichtigsten Aufgaben auch jedes guten Reitlehrers von heute ist.

Leider besaßen die wenigsten meiner Reitlehrer diese Geschicklichkeit, denn sie behandelten die Pferdezuteilung recht oberflächlich. Sie nahmen sehr oft Pferdewechsel vor, meist von dem Grundsatz ausgehend, schwierige Pferde besseren Reitern zu geben – was an sich richtig gewesen wäre, wenn nicht durch den häufigen Wechsel schwierige Pferde, vom besseren Reiter einigermaßen in Ordnung gebracht, wieder in die Hand von schwächeren gekommen wären. Dann entstanden wieder Schwierigkeiten, und der Kreislauf begann von vorne. Das nahm den Reitern die Lust und das Interesse an der Arbeit, und ein freundschaftliches Verhältnis zwischen Mensch und Tier kam nicht auf. Der vierbeinige Lehrmeister trat nicht in Aktion.

Durch das viele Wechseln habe ich aus der Zeit im Militär-Reitlehrerinstitut nur wenige Schulpferde in Erinnerung behalten. Doch die Fuchsstute »Fanny« hat mich gelehrt, wie notwendig für eine erfolgreiche Zusammenarbeit die gegenseitige Sympathie ist und wie trostlos die tägliche Lektion sein kann, wenn Pferd und Reiter sich nicht in Freundschaft zusammenfinden. Wie alle Schulpferde hatte ich auch sie einige Monate bügellos zu reiten, und ich ärgerte mich sehr, daß sie mir täglich und bei den unpassendsten Gelegenheiten durch unerwartete Seitensprünge Sitznöte bereitete. Ich konnte weder die Ursache ihres Verhaltens ergründen noch durch Beruhigen oder Strafen eine Änderung herbeiführen, und es fiel mir immer schwerer, geduldig zu bleiben. Mit der Zeit entstand in mir eine derartige Abneigung, daß ich mich schon zu ärgern begann, wenn sie nur auf der Reitbahn erschien. Wahrscheinlich war ich ihr genauso unsympathisch wie sie mir, und daher konnte einfach kein richtiger Kontakt zwischen uns entstehen. Und gerade »Fanny« blieb mir sehr lange erhalten! Doch hatten diese nervenzermürbenden Kämpfe auch ihre gute Seite. Ich erfaßte, daß man die willige Mitarbeit unserer Pferde nicht als selbstverständlich voraussetzen darf, und begann, den »seelischen« Beziehungen zwischen Pferd und Reiter mehr Aufmerksamkeit zu schenken, eine Erkenntnis, die mir dann als Reiter und Lehrer sehr zustatten kam.

Wenn ich also mit »Fanny« auch nicht zurechtkommen konnte, so wurde mir doch deutlich bewußt, daß man nicht alle Pferde nach dem gleichen Schema arbeiten kann. Vielmehr muß man das gleichgültige Pferd, das meistens auch eine Vorliebe für Trägheit hat, fester anpacken und das fleißige, eher zu Erregung neigende, sanfter behandeln. Zwischen diesen zwei Extremen gibt es aber noch eine Reihe von Möglichkeiten. Am deutlichsten merkte ich die Gegensätze beim Wechsel von einem zu Bequemlichkeit neigenden Pferd auf ein temperamentvolles und umgekehrt. Da der Mensch, wie jedes Lebewesen, an Gewohnheiten hängt, wandte ich meistens die gleichen Hilfen an und mußte bald nicht nur die verschiedene Wirkung feststellen, sondern auch, daß ich das eine Pferd bis zu Meinungsverschiedenheiten beunruhigte und erregte, das andere wiederum mit den gleichen Hilfen nicht in Schwung bringen konnte. Da es für den korrekten Arbeitsgang, insbesondere für die Anwendung der richtigen Hilfen, notwendig ist, den Partner erst kennenzulernen, verzichtete ich später auf alle schwereren Üungen unmittelbar nach dem Pferdewechsel. Die menschliche Eitelkeit verleitet uns oft, gleich schwierige Übungen zu produzieren. Auch von meinen Schülern verlangte ich, sich und ihren vierbeinigen Partnern Zeit zu lassen, einander kennenzulernen. Ich versuchte, die Bewegungen des Pferdes zu studieren, seine Geschmeidigkeit und seine Empfindlichkeit den Hilfen gegenüber, ich ließ mir Zeit, sein Temperament, seinen Charakter und seine Aufnahmefähigkeit zu erforschen. Das Pferd sollte Gelegenheit haben, sich an das unterschiedliche Gewicht zu gewöhnen, an die eventuell differierende Lage desselben und an die andere Nuancierung der Hilfen, um sie schließlich richtig zu verstehen. Müssen doch die Hilfen die Sprache bilden, mit der sich Reiter und Pferd verständigen. Erst dann können Losgelassenheit, Gleichgewicht, Takt und Rhythmus verlangt werden, also die Dinge, die in ihrem Zusammenklang erst Reiter und Pferd zur Vollendung des gemeinsamen Strebens bringen.

Die Zeit des gegenseitigen Sichkennenlernens ließ ich mir selten, später sogar niemals mehr von Zuschauern beschneiden, die neugierig und ungeduldig darauf warteten, wie das Pferd – manchmal war es sogar das eigene – unter dem neuen Reiter ging. Ich verzichtete nicht mehr darauf, ein gleichgültiges Pferd zunächst durch flottes Vorwärtsreiten und Wechseln des Tempos aufzumuntern, um mehr Freude an den Bewegungen in ihm wachzurufen; ein aufgeregtes Pferd aber durch gleichmäßige, fast einschläfernd scheinende Arbeit und viel Schmeicheln zu beruhigen, um ihm zu helfen, das innere Gleichgewicht zu finden, das für Mensch und Tier gleich wichtig ist. Bei diesem gegenseitigen Abtasten und nicht bei irgendwelchen ins Auge springenden Übungen fand ich die erforderliche Intensität der anzuwendenden Hilfen heraus, lernte die Stärken und Schwächen des neuen Partners kennen und konnte auf dieser Basis eine gedeihliche Arbeit aufbauen. Damit kam ich rascher zum Ziel, als wenn ich gleich drauflosgeritten wäre. Hatten wir auf diese Weise vertrauensvoll Bekanntschaft geschlossen, so war mein Partner sofort »da«, wenn die eigentliche Arbeit begann.

Ich lernte aber auch die oft grundverschiedene Einstellung der Pferde zur Belohnung und Strafe kennen. Der Zartbesaitete, das Seelchen, wie »Neapolitano Africa« ihrer eines war, ist für jede Zärtlichkeit und Schmeichelei dankbar und würde schnurren, wenn er eine Katze wäre. Jedoch nimmt er die leiseste Zurechtweisung sehr tragisch und wird dadurch nervös und ängstlich. Dem Prosaischen hingegen ist der Zucker oder ein anderer Leckerbissen wichtiger als das Abklopfen und Streicheln, und könnte er sprechen, würde er wohl sagen: »Mach nicht so viele Geschichten und gib mir schon endlich den Zucker.« Ein solches Pferd ist meistens auch für Zurechtweisungen viel weniger empfänglich und muß schon energischer angepackt werden. Die Kenntnis der Charakterzüge gehört eben dazu, um das dem Menschen anvertraute Lebewesen zu erfassen und die rechte Basis für die Zusammenarbeit zu finden.

Wie ich schon sagte, muß nicht jedes Schulpferd auch die Eignung zum Dressurpferd für Turniere besitzen, hingegen hatte am Militär-Reitlehrerinstitut jedes Dressurpferd außerhalb der Turniersaison als Schulpferd zur Verfügung zu stehen. Mein Reitlehrer im zweiten Jahrgang, Major Jaich, selbst ein erfolgreicher Dressurreiter, beschränkte den Pferdewechsel auf ein Minimum und hatte die Gabe, das Zusammenspiel beider Lebewesen durch richtige Anleitung zu fördern. In ihm fand ich einen ausgezeichneten Lehrer, dessen Methode aus der Praxis heraus entstanden war. Er fand an meinem Schulpferd »Greif« einen wertvollen Gehilfen. Beide haben mein reiterliches Können vielfach bereichert. »Greif« war ein mächtiger Fuchswallach mit nicht sehr ausdrucksvollen Gängen, aber von großer Gelehrigkeit. Er war nicht nur ein hervorragendes Schulpferd, sondern er sollte auch an Dressurprüfungen bei den kommenden Turnieren des Jahres 1930 teilnehmen. Eine ideale Kombination, weil der Ausbildung ein bestimmtes Ziel gesetzt war. Bei diesem Unterricht konnte ich eine Menge praktischer Erfahrungen sammeln. »Greif« war unter der sachkundigen Aufsicht von Major Jaich ein trefflicher Lehrmeister, der mich mit den Anforderungen bis zu den Dressurprüfungen der Klasse S vertraut machte. Ich lernte auf ihm die Seitengänge in allen Gangarten, fliegende Galoppwechsel bis zu zwei Tempi und Pirouetten, Übungen, die man nur auf diese Art und nicht durch Erklärungen allein erlernen kann.

Vor allem lernte ich auf diesem gut ausgebildeten Schulpferd, daß die Gleichmäßigkeit der Bewegung für das Reiten die gleiche Bedeutung hat wie der Rhythmus für die Musik. Zuerst mußte ich einmal diese Gleichmäßigkeit fühlen lernen, um dann jede Abweichung sofort zu erkennen und gleich die geeigneten Mittel zur Wiedererlangung dieses schönsten Gefühls, das ein Pferd seinem Reiter schenken kann, anzuwenden. Wurden seine Tritte unregelmäßig, was an der Bewegung seines Rückens zu fühlen war, mußte ich ihn im Leichttraben flott vorwärts reiten, bis er sein Gleichgewicht wiedergefunden hatte. Bei eiligen Tritten hieß es das Tempo aufnehmen, bis Tempo und Rhythmus wieder geregelt waren. Vor allem mußte ich darauf achten, daß ich durch meinen Sitz das Gleichgewicht meines Pferdes nicht störte. Dann wurde es mir auch möglich, den gleichen Takt in den Seitengängen – bei denen die Pferdebeine übertreten und sich das Pferd vorwärts und seitwärts bewegt – zu erhalten wie auf der Geraden. Es ist nämlich ein häufiger Fehler, daß das Pferd die Tritte entweder beschleunigt oder verlangsamt. War ich dann imstande, den gleichen Rhythmus beim Verstärken und Verkürzen des Tempos beizubehalten und diesen Wechsel nur durch ein Verlängern oder Verkürzen der Tritte, nicht aber durch Schneller- oder Langsamerwerden zu erzielen, dann erfühlte ich das Wesen der Harmonie in allen Bewegungen. Gleichzeitig lernte ich das Fortissimo und Piano kennen, das dem Reiten erst den Glanz verleiht und nicht zu Unrecht seine »Musik« genannt wird.

Beim fliegenden Galoppwechsel, auch Changement genannt, bei dem das Pferd etwa vom Rechtsgalopp in den Linksgalopp umspringt, lehrte mich »Greif«, daß man diese Übung dem Pferd nicht durch Herumwerfen des Oberkörpers oder sonstige Verrenkungen begreiflich macht, sondern durch ruhiges Wechseln der Zügel- und Schenkelhilfen, aber auch erst dann – und das war für mich die wichtigste Erkenntnis –, wenn es sich im lebhaften verkürzten Galopp fortbewegt. Damit verwies mich »Greif« auf die gymnastische Grundlage, die von eminenter Wichtigkeit für die höhere Ausbildung eines Pferdes ist und bei deren Fehlen viele Schwierigkeiten heraufbeschworen werden, die jeden weiteren Fortschritt hemmen können. Mit der Zeit vermochte ich »Greif« mit für Beobachter unsichtbaren Hilfen zum fliegenden Galoppwechsel zu veranlassen und die Schwierigkeit dieser Übung bis zu Galoppwechseln nach einer bestimmten Anzahl von Sprüngen und schließlich nach jedem zweiten Galoppsprung zu steigern. Daß ich später bei allen meinen Pferden eine spielerische Leichtigkeit der Changements erreichte, verdanke ich meinem Lehrmeister »Greif« und der in der Arbeit mit ihm gewonnenen Erkenntnis, die Basis – das richtige Gehen des Pferdes – niemals zu vernachlässigen.

»Greif« lehrte mich aber auch, wie einfach die Pirouetten sein können, wenn sich das Pferd im vollen Gleichgewicht befindet. Ein ausbalanciertes Pferd muß auch in den kleinsten Wendungen die Taktmäßigkeit seiner Tritte bewahren und sich in der Pirouette in unverändertem Rhythmus des Galopps um den inneren Hinterfuß drehen. Verliert es sein Gleichgewicht und damit den Rhythmus, so beweist es, daß es eben für diese schwierige Übung noch nicht reif ist und der Reiter sich wieder auf die Pflege der Grundgangarten konzentrieren muß: Vorwärtsreiten, Tempowechsel, große und kleine Touren, Tempo verstärken und verkürzen, bis das Pferd in den immer kleiner werdenden Wendungen und Volten seinen Rhythmus unverändert beibehält. Wenn mir später bei der Ausbildung meiner eigenen Dressurpferde diese Übungen scheinbar wie reife Früchte in den Schoß fielen, so danke ich das der bei »Greif« gewonnenen Erkenntnis, auf welche Art man die Früchte zum Reifen bringen muß.

Die erfolgreiche Zusammenarbeit mit »Greif« fand aber nicht nur in der Bereicherung meiner Erfahrungen, sondern auch in zahlreichen Trophäen, die wir bei den Turnieren zu erringen vermochten, ihren sichtbaren Ausdruck.

Das zweite Pferd, das ich in den Reitstunden von Major Jaich ritt, war »Jodo«, ein bildschöner Fuchswallach aus dem Bundesgestüt Wieselburg. Zugleich war er das erste Pferd, das ich von der Remonte bis zum Schul- und Dressurpferd fördern konnte. »Jodo« war sehr temperamentvoll und willig, lernte rasch und gern, doch mußte man ihm Zeit lassen, seinen Reiter zu verstehen, und durfte ihn nicht aufregen. Aber gerade bei meinem jugendlichen Eifer, Fortschritte zu erzielen, konnte es geschehen, daß ich diesen Punkt übersah und zu große Forderungen an ihn stellte. Major Jaich wußte mich dann aber immer rechtzeitig zu bremsen, sodaß ich keinen Schaden anrichten konnte. Ich mußte »Jodo« in den Schritt nehmen, abklopfen und ihm zureden, bis er wieder ganz ruhig war; dann durfte ich wieder vorsichtig mit den Übungen beginnen. Den richtigen Rat zur rechten Zeit zu geben, vermag eben nur ein Lehrer, der durch eigene Erfahrung gelernt hat, die Arbeit dem Stande der Ausbildung anzupassen und zu dosieren.

So rasch es mir bei gewissenhafter Befolgung aller Anweisungen gelang, »Jodo« zu beruhigen, so schwierig gestaltete sich das Regeln seines Ganges. Im Trab neigte er zum Überhasten der Tritte. Anfangs war es unmöglich, mit ihm verstärkten Trab zu reiten, also die Steigerung des Tempos durch verlängerte und nicht durch schnellere Tritte zu erzielen. Nun wandte mein Lehrer eine Methode an, die zwar zum Erfolg führte, von der ich aber später erkannte, daß sie nicht für jedes Pferd geeignet ist. Ich mußte »Jodo« so lange im Leichttraben vorwärts treiben, bis er sich zu längeren Tritten entschloß, und ihn dann durch eine Schrittpause belohnen. Bei »Jodo« wirkte dieses Mittel langsam, und tatsächlich zeigte er zum Schluß einen ausdrucksvollen starken Trab. Später aber hatte ich bei anderen Pferden, besonders bei solchen mit höherer Knieaktion, wie sie die Lipizzaner haben, mit dieser Methode keinen Erfolg. Sie wurden beim vermehrten Vorwärtstreiben zwar rascher, aber auch immer eiliger in der Trittfolge, begannen sich dabei aufzuregen, und der Gang wurde unregelmäßig. Ich werde noch darauf zurückkommen, wenn von den Lipizzanern die Rede ist.

Nach der Winterarbeit traten »Jodo« und ich bei Turnieren an und waren von Anfang an siegreich oder hochplaziert, was insofern bemerkenswert war, als es sich um meine ersten Dressurprüfungen auf einem selbstgearbeiteten Pferd – nach dem Intermezzo mit »Napoleon« fünf Jahre vorher – handelte. Im Jahre 1930 konnte ich dann auf allen Turnieren sowohl im Dressur- als auch im Springsattel erfolgreich sein, bis ein Sturz beim Springen mich für Monate lahmlegte.

Eine Vollblutstute, die das erste Mal über Hindernisse gehen sollte, regte sich über die neue Anforderung derartig auf, daß sie wie eine Irrsinnige gegen den Sprung, eine Hürde mit aufgelegter Barriere, stürmte und nicht hoch genug sprang. Sie bekam die Stange zwischen die Vorderbeine und roulierte mit mir. Der Sturz wäre an sich glimpflich verlaufen, wenn sie nicht nach dem Aufstehen, ob aus Zorn oder aus Angst, mit beiden Hinterbeinen ausgeschlagen und mich am Rücken getroffen hätte. Ich ging wieder zu Boden, konnte mich nicht mehr erheben und wurde mit einer Fissur der Wirbelsäule aus der Reitbahn getragen. Die schmerzhafte und langwierige Verletzung hatte aber auch ein positives Resultat. Als ich nach einer teilweisen Lähmung endlich wieder reiten konnte – anfangs mußte ich mich aufs Pferd heben lassen –, mußte ich vom Springsport Abschied nehmen und wandte mich mit allem Eifer und aller Konzentration dem Dressurreiten zu.

Drei Jahre später sollte ich dann während einer zweijährigen Kommandierung zur Spanischen Hofreitschule noch einmal das Glück haben, von Schulpferden zu lernen – und von welchen Schulpferden: den Lipizzanerhengsten!

Die Spanische Hofreitschule in Wien, das älteste Reitinstitut der Welt, dessen Anfänge sich bis 1565 zurückverfolgen lassen, wurde nach dem Zusammenbruch der österreichisch-ungarischen Monarchie im Jahre 1918 vom Landwirtschaftsministerium übernommen und als Reitschule weitergeführt. Es wurde jährlich einer der besten Absolventen des Militär-Reitlehrerinstituts für gewöhnlich ein halbes bis ein Jahr zur Ausbildung an diese Reitschule kommandiert.

Hier hatte ich es mit hochintelligenten und kraftstrotzenden Lehrmeistern zu tun, die jeden kleinsten Fehler in Sitz und Führung registrierten und stets willens waren, die ihnen selbst angenehmste Konsequenz zu ziehen. Diese »gefährliche« Klugheit wurde durch das sofortige Eingreifen der Reitlehrer ausgeglichen. Jeder der drei Oberbereiter befaßte sich in der Lektionsstunde nur mit einem einzigen Schüler auf einem Hengst, den er selbst ausgebildet und geritten hatte, dessen Eigenheiten, Stärken und Schwächen er also genau kannte. So konnte er sofort die richtigen Anweisungen geben. Das ist wohl der beste Unterricht, den ein Reiter erhalten kann.

Bisher hatte sich der mir zuteil gewordene Unterricht immer in Abteilungen, man könnte sie auch Klassen nennen, abgespielt. Der Reitlehrer hatte zu gleicher Zeit 8–12 Reiter zu unterrichten. Dafür standen ihm verschiedene Möglichkeiten offen. Entweder er nahm sich aller Schüler zu gleicher Zeit an, dann mußte er sich auf die kürzesten Korrekturen der einzelnen Reiter und auf das Kommando für die Gangarten und Übungen beschränken. Nur allzuoft erschöpfte sich dieser Unterricht im ständigen Kommandieren, und für den einzelnen Schüler war die Möglichkeit des Lernens, schon durch die erforderliche Rücksicht auf die anderen Reiter, sehr gering. Das Pferd selbst konnte, auch wenn es die Fähigkeit dazu besaß, nur in verschwindendem Maß als Lehrmeister in Aktion treten. Ober aber der Lehrer nahm die Reiter einzeln vor und ließ die anderen nach eigenem Ermessen – nur die gröbsten Verstöße korrigierend – arbeiten. Wollte er gerecht sein und jedem Reiter das Privileg des Einzelunterrichtes zukommen lassen, so standen ihm dafür höchstens fünf bis sieben Minuten in einer Reitstunde zur Verfügung, also ein Zeitraum, der auch für den besten Lehrer zu kurz ist. Die Praxis ergab dann, daß er sich nur mit einigen Bevorzugten befaßte und sich um die anderen wenig kümmerte.

Wie anders und wie gründlich war dagegen die Reitausbildung an der Spanischen Hofreitschule! Jeder der Schulhengste war eine Persönlichkeit, deren Eigenart sein Bereiter herausgearbeitet und ihr seine individuelle Prägung gegeben hatte. Zwar war die Grundlage der Ausbildung die gleiche, aber die verschiedene persönliche Note der einzelnen Ausbilder unverkennbar. Ich hatte alle vier Wochen

Lehrerwechsel: einen anderen Oberbereiter und ein anderes Schulpferd. Dies erforderte meistens eine kleine Umstellung. Ich beobachtete, daß diese auch meinen Turnierpferden, die ich dann am Nachmittag im Wiener Prater trainierte, nicht verborgen blieb. Es dauerte meistens einige Tage, bis auch sie sich wieder an die veränderte Nuancierung der Hilfen gewöhnt hatten.

Oberbereiter Polak war ein großer Pädagoge, der abgewogen Lob und Tadel verteilte, seine Forderungen in präziser Form stellte und immer wieder den Reiter aufzumuntern verstand, um das Selbstvertrauen zu stärken. In ähnlicher Art gingen auch seine Pferde: stets leicht am Zügel und den leisesten Aufforderungen Folge leistend. Im Charakter waren sie genauso freudig, ja fröhlich, wie ihr Erzieher, dessen Liebe der Musik galt und der ganz ausgezeichnet Violine spielte.

Oberbereiter Zrust besaß ein großes Einfühlungsvermögen für seine Pferde, war ruhig in seiner Beurteilung und neigte zu dem Grundsatz, daß das, was heute nicht gelingt, morgen spielend erreicht werden kann. Er zog das Lob dem Tadel vor, und wenn es einmal nicht klappen wollte, setzte er sich, ohne lange zu erklären, selber aufs Pferd und löste durch seine Einwirkung mit Sitz und Schenkel die größten Schwierigkeiten mit spielerischer Leichtigkeit. Seine Pferde waren aber nicht so leicht zu reiten wie die von Polak und im Charakter auch weniger einfach. Sie verlangten einen sehr ruhigen Sitz und eine geregelte Einwirkung von Schenkel und Zügel. Gingen sie aber richtig, gaben sie dem Reiter ein wunderbares Gefühl.

Oberbereiter Lindenbauer war von großem Fleiß beseelt und nahm das Leben und das Reiten sehr ernst. Oft mit sich selbst nicht ganz zufrieden, vermied er jedes Lob, und der Schüler hörte vor allem Bemängelungen, bis das Ziel endlich erreicht war, was nicht selten mehrere Lektionsstunden dauerte. Oft war der Schüler schon ganz verzagt und kleinmütig geworden. Genauso streng gingen seine

Pferde, die nur das machten, was man bei korrektem Sitz und mit kräftigen Schenkelhilfen und fester Anlehnung von ihnen verlangte. Sie waren insofern etwas mühsamer zu reiten, als sie nichts ohne Aufforderung hergaben, was ganz dem Gedankengang ihres Herrn entsprach.

Alle drei Oberbereiter aber waren große Meister. Ihnen vor allem ist es zu danken, daß das Niveau der Spanischen Hofreitschule nach dem Zusammenbruch der österreichisch-ungarischen Monarchie im Jahre 1918 erhalten geblieben war. Und alle drei haben bewiesen, wie richtig die Behauptung ist, daß auch der Charakter des Reiters sein Pferd formt, und zwar in körperlicher und geistiger Hinsicht. In ihrer Hand wurden die Pferde selbst zu Lehrmeistern, die den Ruf der altehrwürdigen Reitschule weit in die Welt hinaustrugen. Kamen doch Offiziere aus Schweden, Ungarn, Deutschland, der Schweiz, Dänemark und sogar aus Mexiko an dieses Institut, um die klassische Reitkunst zu erlernen!

Mein erstes Lektionspferd bei Oberbereiter Polak, der in meinen Augen der beste Reiter und überragende Lehrer war, »Pluto Kerka«, bewies mir sofort wieder unmißverständlich, daß die Zügel zur Führung des Pferdes und nicht für den Reiter zum Festhalten da sind. Bei zu fest werdender Anlehnung legte er sich entweder noch mehr auf den Zügel oder stürmte weg. Deutlicher konnte er mir wohl die Notwendigkeit des unabhängigen Sitzes nicht demonstrieren. Gelang aber das Nachgeben und Wiederanstellen der Zügel bei aufrechtem Oberkörper und mit Einwirkung des angespannten Kreuzes, dann konnte »Pluto Kerka« mit ungeheurem Schwung gehen und seinem Reiter ein nie gekanntes Gefühl gebändigter Kraft schenken. Dies setzte aber sofort aus, wenn die angelegten Schenkel ihn nicht genügend daran erinnerten, daß ein Pferd sich nur dann im Gleichgewicht bewegen kann, wenn sich die Hinterbeine genügend am Tragen der beiden Körper beteiligen. Von »Pluto Kerka« konnte ich also in dieser Hinsicht viel lernen, was mir dann, wie ich schon erwähnte, auch beim Jagdreiten zugute kam.

Was nun das Gefühl auf »Pluto Kerka« betrifft, so war dies von Anfang an keineswegs so, wie ich es eben schilderte. In der ersten Lektionsstunde war ich über seine weichen, aber dabei ungeheuer wuchtigen Bewegungen erstaunt, die ich bisher noch auf keinem Pferd erlebt hatte. Da ich ihn gleich bügellos reiten mußte, geriet ich mit meinem Sitz, ich gebe es zu, des öfteren in Schwierigkeiten; dies um so mehr, als der Hengst klein war und meine Beine sehr lang sind. Diese geringen Gewichtsverlagerungen aber irritierten »Pluto Kerka«, und er gab mir sogleich im Ablauf seiner Bewegungen die Antwort. Auf mein Bestreben, mein Gleichgewicht wiederzugewinnen, versuchte er anzugaloppieren, anstatt gleichmäßig zu traben, oder, noch schlimmer, er bewegte sich in passageartigen Schwebetritten fort, die mich dann noch unsicherer machten. Ich bekam fast den Eindruck, noch nie auf einem Pferd gesessen zu sein. Ich fühlte mich ganz der Gewalt des feurigen Lipizzanerhengstes ausgeliefert und hätte nie gedacht, daß mir das nach jahrelangem Reiten passieren könnte. Die alte Weisheit, daß man beim Reiten nie auslernt, war in dieser Situation keine Hilfe. Doch Oberbereiter Polak fand sofort den richtigen Trost: »Machen Sie sich nichts draus, bis jetzt ist es noch jedem Reiter das erste Mal bei uns so ergangen wie Ihnen.« Er begann, meinen Sitz zu korrigieren. Ich mußte die Absätze herunterdrücken und mich mit meiner ganzen Schwere tiefer in den Sattel niederlassen, sodaß mein Rückgrat senkrecht zur Mitte des Sattels stand und mein Gewicht gleichmäßig auf beide Sitzknochen verteilt war. Damit brachte er mich wieder ins Gleichgewicht, »Pluto Kerka« beruhigte sich sofort, und ich fand auch mein inneres Gleichgewicht wieder. Der Hengst wußte nun, was ich von ihm verlangte, und wurde nicht mehr durch meinen unruhigen Sitz aus dem Konzept gebracht.

Die erste Erkenntnis, die mir der Unterricht an der Spanischen

Hofreitschule vermittelte, war, daß es nicht so sehr auf das »Was« als auf das »Wie« ankommt. Gleich jedem anderen Sport kommt es auch beim Reiten nicht darauf an, welche Übungen das Pferd macht, sondern wie es diese Übungen ausführt. Bald wurde mir aber klar, daß das Schwierigste das richtige »Wie« ist. Auf »Pluto Kerka« mußte ich zuerst lernen, mit richtigem Sitz anzutraben und anzugaloppieren, das heißt so, daß der Beobachter den Eindruck gewinnt, der Reiter denke und das Pferd führe seine Gedanken nach einer Verständigung, die nicht wahrnehmbar ist, aus. Wie schwer es ist, diese einfache Anforderung korrekt zu erfüllen, sollte ich in den ersten Unterrichtsstunden mit meinen beiden Lehrmeistern erkennen. Polak kontrollierte bei allen Übergängen genau meinen Sitz, und »Pluto Kerka« galoppierte zum Beispiel nur dann an, wenn er die Hilfen richtig fand. So kam es, daß ich trotz jahrelanger Reiterfahrung manchmal nicht angaloppieren konnte, weil ich entweder meinen Hengst im Trab zu schnell werden ließ oder aber die Zügel zu fest anstellte und er darauf ganz fröhlich eine Passage anbot. Ich muß gestehen, ich kam mir oft stümperhaft vor, aber dann hörte ich bei nächster Gelegenheit ein »Gut war's« von Polak und konnte wieder langsam Mut schöpfen. Ganz so unfähig, wie ich mir oft vorkam, war ich vielleicht doch nicht. Mit der Zeit nahmen meine Zerknirschtheit ab und Polaks Belobungen zu. Ich freute mich, daß ich nach einigen Wochen »Pluto Kerka« korrekt durch die Ecken führen, schöne runde Volten und andere Figuren zeigen konnte und die Übergänge in den Gangarten und Tempi weich und geschmeidig vor sich gingen. Es mag vielleicht seltsam klingen, von einer »runden« Volte zu sprechen, da die Volte doch ein kleiner Kreis von sechs Menschenschritten Durchmesser und jeder Kreis rund ist. Ein Kreis wohl, aber eine Volte nicht immer, wie man sich bei Dressurprüfungen überzeugen kann. Bei einer richtigen Volte ist das Pferd im ganzen Körper gleichmäßig gebogen, und das innere Hinterbein tritt vermehrt unter den Schwerpunkt, muß sich daher mehr biegen, was eine größere Anstrengung erfordert. Stellte ich bei »Pluto Kerka« den äußeren Zügel nicht genügend an, so wandte er den Kopf mehr nach innen, und wenn mein äußerer Schenkel dann auch nicht genug verwahrte, so traten seine Hinterbeine nicht in die Hufspuren der Vorderbeine, seine Hinterhand fiel aus, und schon wurde die Volte ein vieleckiges Gebilde. Diese Volten haben uns Schülern mehr Kopfzerbrechen verursacht als später die schwierigeren Figuren, die wir auf dem Fundament der minutiösen Grundausbildung verhältnismäßig rasch lernen sollten.

Als ich dann die einfachen Übungen so beherrschte, wie es die klassische Reitkunst und Polak verlangten, wurden die Anforderungen von Tag zu Tag gesteigert. Schließlich bekam ich zum Abschluß der Lektionsstunde als »Zuckerl« eine Passage Reprise auf »Pluto Kerka«. Die Passage ist eine feierliche und erhabene Gangart, wie ein Trab in Zeitlupentempo. Am Anfang unterstützte Polak mit der Peitsche meine Schenkelhilfen, die für diese Gangart besonders notwendig sind, da die Passage nur aus einer kräftigen Tätigkeit der Hinterbeine entwickelt werden kann. Später mußte ich mit meinen eigenen Hilfen auskommen, wenn ich das herrliche Schweben meines Hengstes über den Boden genießen wollte. Die Lipizzaner besitzen aber auch eine besondere Veranlagung für die Passage; werden sie richtig ausgebildet, kommt ihnen hierin kein anderes Pferd an Ausdruck und Glanz nahe. Vielleicht ist das auch der Grund, warum an der Spanischen Hofreitschule die Passage »Spanischer Tritt« genannt wird.

Übrigens sind diese Lipizzaner sehr schlaue Geschöpfe, die es verstehen, sich das Leben bequem zu gestalten. Da gab es den Hengst »Maestoso Borina«, dem ich als Leiter der Spanischen Hofreitschule später das Gnadenbrot gab und der ein Alter von 33 Jahren erreichte. Unter seinem Herrn und Meister, Oberbereiter Zrust, konnte er eine brillante Passage zeigen. Doch eines Tages sah ich ihn unter einem Zivilschüler eine seltsame Bewegung vollführen, die man nur bei einiger Phantasie für eine Passage halten konnte: Er hob die Vorderbeine zwar wie zur Passage, trat aber mit den Hinterbeinen ganz gemütlich im Schrittrhythmus vor und machte eine schaukelnde Bewegung mit dem Rücken, sodaß der Herr Hofrat im Sattel förmlich geworfen wurde. Als ich Oberbereiter Zrust auf diese merkwürdige Bewegung aufmerksam machte, zwinkerte er mir bedeutungsvoll zu: »Schaun's, lassen's ihn so gehen. Der Hofrat ist glücklich, weil er glaubt, er reitet eine Passage – und der Hengst schont sich!«

Polaks Lieblingspferd war »Favory Montenegra«, dem ich viel zu verdanken habe. Er war ein prachtvoller Hengst, von großer Anmut und überragender Intelligenz. Unter seinem Herrn zeigte er Passage und Piaffe in so hoher Vollendung, wie sie mir einfach nicht gelingen wollten. Entweder brachte ich ihn mit meinem Sitz aus dem Gleichgewicht, was er mir sofort durch weniger erhabene Tritte anzeigte, oder ich stellte die Zügel zu fest an, sodaß seine Hinterbeine das Gewicht mehr schoben als trugen und die Gangart das Schwebende verlor. Oft war ich schon ganz verzagt und zweifelte daran, diese Vollkommenheit je zu erreichen, doch dann fühlte ich für kurze Sekunden, wie der Hengst sich aufrichtete und schwerelos wurde, bevor dieses unvergleichliche Gefühl wieder verlorenging. Als es mir dann gelang, meinen Sitz in vollem Gleichgewicht zu beherrschen und den Hengst mit immer leichterer Hand zu führen, kehrten diese Augenblicke immer häufiger wieder, bis er in Piaffe und Passage in vollem Glanz und Ausdruck so über dem Boden schwebte, daß die Zuschauer der Morgenarbeit ihm oft Beifall zollten, was damals eigentlich gar nicht üblich war; dann rief mir Oberbereiter Polak ein »Sehr schön!« zu. So kann ich dieser beiden großen Meister in Dankbarkeit gedenken.

Mein Stammlektionspferd bei Oberbereiter Zrust war »Conversano Nobila«. Ich durfte ihn immer wieder reiten, obwohl er am Sonntag unter seinem Herrn in der Vorführung gezeigt wurde. Da er oft Schwierigkeiten bereitete, lernte ich von ihm, wie diffizilere Pferde zu behandeln sind. Wenn er mich verstanden hatte, schenkte er mir als Belohnung das wunderbare Gefühl einer schwunghaften Passage. Dabei konnte ich im Vergleich seiner Passage mit der von »Pluto Kerka« einen Unterschied feststellen. Während »Pluto Kerka« die Vorderbeine, im Fußwurzelgelenk gebogen, bis zur Waagrechten hob und sie dann mit wenig Raumgewinn und in abgerundeter Bewegung wieder aufsetzte, hob sie »Conversano Nobila« zwar in gleicher Weise, streckte sie aber dann vor dem Berühren des Bodens mehr nach vorne aus. Ich wurde belehrt, daß man die zuerst beschriebene Passage als die runde und die zweite als die gestreckte bezeichnet. Später stellte ich dann fest, daß Pferde mit höherer Knieaktion mehr Anlage zur runden Passage haben, ihr starker Trab dagegen nicht so raumgreifend ist. Diejenigen, die eine ausdrucksvolle Verstärkung im Trab beherrschen, neigen zur gestreckten Passage, wie sie auch von den meisten Dressurpferden (Voll- und Halbblütern) gezeigt wird.

Diese Schilderungen sollen nun aber nicht den Eindruck erwecken, ich hätte gleich am Anfang meiner Lektionszeit bei Zrust mit den Gängen der Hohen Schule, zu welchen die Passage gehört, beginnen dürfen. Bis dahin verging eine lange Zeit, weil mir bei »Conversano Nobila« durch seine Tendenz zum Über-dem-Zügel-Gehen, dem Höhernehmen des Kopfes und Freierwerden in der Anlehnung die Versammlung nicht gelingen wollte. Er drückte den Rücken weg, eine Verfassung, in welcher keine Übung richtig ausgeführt werden kann. Zrust hatte viel Geduld mit mir, und ich bemühte mich, es ihm gleichzutun. Ich trieb »Conversano Nobila« vorsichtig mit den Schenkeln vor und versuchte, den Schwung mit angespanntem Kreuz und angestellten Zügeln aufzufangen, sodaß er das Tempo nicht beschleunigte, sondern bei schön gewölbtem Hals in seinem Körper kürzer, eben versammelter wurde. Schließlich gelang es mir, ihn auf der großen Tour in die erforderliche Haltung zu bringen. Dann erst konnte ich versuchen, ihn so auf der ganzen Bahn zu arbeiten und verschiedene Übungen auszuführen. So lernte ich die Notwendigkeit der Versammlung erfassen, die man mit der Konzentration des Menschen vergleichen könnte. War die Versammlung gesichert, das heißt, nahm »Conversano Nobila« die Zügel in richtiger Haltung an und trat mit den Hinterbeinen richtig unter den Körper, dann gelangen selbst die schwierigsten Übungen mit spielerischer Leichtigkeit. Erreichte ich die korrekte Versammlung nicht, dann waren Pferd und Reiter zwar schweißgebadet, das Ergebnis war aber nicht befriedigend. Dies zeigt, wie wichtig die richtige Vorbereitung ist und welch breiter Raum ihr eingeräumt werden soll. Sie besteht aus der korrekten Ausführung der einfachen und unscheinbaren Übungen, dem Geraderichten, dem Lockern und Lösen des Pferdes – auch in geistiger Hinsicht –, bis es so vollständig auf den Reiter konzentriert ist, daß eine Versammlung genügt, um – scheinbar mühelos – die schwersten Übungen der Hohen Schule auszuführen.

Dieser »Conversano Nobila« war dann der erste Lipizzaner, den ich nach meiner Ernennung zum Kommandeur der Spanischen Hofreitschule im Jahre 1939 reiten und damit eine alte Freundschaft erneuern konnte.

Eine besondere Auszeichnung war es für mich, daß mir Oberbereiter Zrust auch seinen Lieblingshengst »Conversano Savona« als Lektionspferd anvertraute. Er zeigte diesen herrlichen Hengst in den Vorführungen mit Levaden, an der Hand, in den Pilaren oder auch manchmal in vorbildlicher Weise unter dem Reiter. »Conversano Savona« war einer der besten Levadeure der neueren Zeit. In der Lektionsstunde mußte er sehr delikat geführt werden, und keine Ungeschicklichkeit durfte ihn stören, denn er war voll Temperament, das er bis in sein hohes Alter bewahrte. Wenn »Conversano Savona« besonders gut ging, war nicht nur ich überglücklich, sondern auch sein Meister strahlte über das ganze Gesicht und ließ mich dann zur Belohnung eine Levade mit diesem braven Lipizzaner ausführen.

In der Levade erhebt sich das Pferd aus der tiefgesetzten Hinterhand mit angezogenen Vorderbeinen und verharrt für einige Augenblicke regungslos. Viele Denkmäler zeigen den Reiter in dieser Haltung – zum Beispiel den Prinzen Eugen auf dem Heldenplatz in Wien –, aber in ihrer lebendigen Form ist sie heute nur mehr in der Spanischen Hofreitschule zu sehen. Die korrekte Levade entwickelt sich aus einer lebhaften Piaffe, bei der die Hinterbeine immer mehr unter den Körper treten müssen, bis sich das Gewicht schließlich ganz auf die Hinterhand verlagert und sich die Vorhand vom Boden erheben kann.

Bei »Conversano Savonas« erster Levade hatte ich ein ganz seltsames Gefühl, als sich seine Hinterhand senkte, so als wollte er sich niedersetzen; dabei erhoben sich seine Vorderbeine so vom Boden, daß sein Rücken mit diesem einen Winkel von 45 Grad bildete. Ich saß auf einer schiefen Ebene, mußte meinen Körper aber in der gleichen Weise wie vorher halten, also stets senkrecht zum Boden. Neigte ich ihn vor, so beendete »Conversano Savona« sofort diese Erhebung, ebenso wenn ich mich zurücklehnte. Er kam mir wie ein Jongleur vor, der immer trachten muß, unter den Schwerpunkt des Gegenstandes zu kommen, den er balanciert. Und wieder einmal wurde mir vor Augen geführt, welche Bedeutung das Gleichgewicht für jede Art des Reitens hat.

Als Oberbereiter Zrust im Jahre 1940 starb, nahm ich »Conversano Savona« unter meine besondere Obhut und versuchte, ihm einen wohlverdienten schönen Lebensabend zu bereiten. Mit seinen herrlichen Levaden an der Hand hat er noch Tausenden von Besuchern aus der ganzen Welt Freude geschenkt. Dieser große Levadeur, der mich so viel gelehrt hatte, starb im Alter von 29 Jahren. Sein hohes Alter ist wohl der beste Beweis für die richtige Ausbildung durch seinen Meister, Oberbereiter Zrust. Denn Reiten soll, so wie jede richtige Gymnastik, für das Pferd lebensverlängernd wirken.

Bei Oberbereiter Lindenbauer hatte ich als Lektionspferd hauptsächlich »Pluto Austria« zu reiten. Dieser Hengst verlangte eine ungeheure Einwirkung, das heißt, die Hilfen mußten sehr kräftig gegeben werden. Er neigte dazu, über dem Zügel zu gehen: Er trug seinen Kopf zu hoch und schenkte der Umgebung mehr Aufmerksamkeit als seinem Reiter. Infolge der zu hohen Aufrichtung ließ er den Rücken durchfallen, und die Hinterbeine konnten nicht genügend untertreten. Seine Bewegungen waren dann unangenehm stoßend und schwer auszusitzen, sodaß man ihm immer wieder schwerfällig in den Rücken fiel. Je mehr der Reiter jedoch im Sattel geworfen wurde, um so höher richtete sich der Hengst auf, und um so mehr ließ er den Rücken durchfallen. Es war wahrlich kein Vergnügen, ihn zu reiten, noch dazu mit den Kritiken des Lehrers als Begleitmusik. Nach einer solchen Lektionsstunde ohne sichtbares Ergebnis saß ich einmal ganz zermürbt ab und seufzte, nachdem ich Oberbereiter Lindenbauer den traditionellen Dankesgruß geleistet hatte: »Ich glaube, ich gebe es besser auf, ich werde das Reiten wirklich nie erlernen!« Damit verärgerte ich aber Lindenbauer noch mehr: »Ja, Herr Rittmeister, Sie müssen eben mehr Selbstbewußtsein haben«, was mich zu der Erwiderung veranlaßte: »Selbst wenn ich Selbstbewußtsein gehabt hätte, wäre es in dieser Lektionsstunde restlos flöten gegangen, aber von Natur aus bin ich schon immer mit mir unzufrieden.« Lachend gab mir Lindenbauer daraufhin die Hand und meinte, er könne das gut verstehen, denn er wäre gegen sich selbst auch immer zu streng.

Als es mir endlich gelang, »Pluto Austria« in die Tiefe zu reiten, ihn durch kurze Zügelanzüge bei energischem Vorwärtstreiben dazu zu bringen, den Zügel mit tiefgestelltem Kopf und langem Hals anzunehmen, wölbte sich sein Rücken richtig, und die Hinterbeine konnten unter den Körper treten. Damit gelang mir auch die korrekte Versammlung; ich konnte wieder ruhig auf ihm sitzen und hatte endlich ein gutes Gefühl.

Übrigens gab es noch ein Lektionspferd, das mir einige Schwierigkeiten bereitete, es hieß »Maestoso Africa«, nicht etwa »Maestoso Austria«. Ich erwähne das deshalb, weil nach dem Erscheinen des Buches »Maestoso Austria« – ich war damals schon Kommandeur der Spanischen Hofreitschule – viele Besucher zu mir kamen, die diesen berühmten Hengst bewundern wollten und dann sehr enttäuscht waren, wenn ich ihnen nur entweder »Maestoso Africa« oder »Pluto Austria« zeigen konnte. Es hat nie einen »Maestoso Austria« an der Spanischen Hofreitschule gegeben.

»Maestoso Africa« war deshalb für mich schwierig zu reiten, weil er sehr klein war, sodaß ich es nicht leicht hatte, meine langen Beine zu plazieren und die Knie richtig anzulegen. Da meine Schenkel als Hilfen nicht voll zur Geltung kommen konnten, mußte ich hauptsächlich durch meine Gewichtshilfen einwirken. Das förderte die Unabhängigkeit meines Sitzes. Dennoch fanden wir uns nach einiger Zeit ganz gut zusammen, und ich freute mich sehr, als mich Oberbereiter Zrust eines Tages lachend fragte, ob ich mich nicht zur Spanischen Hofreitschule versetzen lassen wollte, denn ich ritte »Maestoso Africa« besser und in einem schöneren Spanischen Tritt als sein eigener Bereiter. Es war dies eine hohe Anerkennung; doch der Lehrmeister darf und soll sie im rechten Moment seinem Schüler gegenüber äußern. Ich habe das später als Reitlehrer auch so gehalten, wo immer ein Lob berechtigt war.

Während meiner zweijährigen Kommandierung zur Spanischen Hofreitschule habe ich so manche interessante Charakterbeobachtung gemacht, die ich dann später, als ich 26 Jahre lang für diese Schule verantwortlich war, noch um ein Vielfaches erweiterte. Wie viele große Lehrer sich im Laufe ihres langen Wirkens zu Originalen entwickeln, so war es auch mit den vierbeinigen Lehrmeistern, die jahrein, jahraus einerseits ihrem Ausbilder zu gehorchen und andererseits sich mit der Ungeschicklichkeit, zum Teil vielleicht sogar Schwerfälligkeit der Schüler zu plagen hatten. Es konnte ihnen ja auch wenig Spaß machen, immer wieder von vorne anfangen zu müssen, immer wieder falsche Hilfen zu fühlen und einen unrichtigen, das Gleichgewicht störenden Sitz zu erdulden. Doch als ausgesprochene Originale verstanden sie es, sich einen Spaß zu machen, wie etwa der Schulhengst »Generale Malaga«, den Oberbereiter Zrust ausgebildet hatte.

»Generale Malaga« galt als ein besonderer Spezialist für Pirouetten, der kleinsten Wendung im Galopp, die er vorbildlich ausführte. Nun gab es einen Turnierreiter, Oberstleutnant S., der Schwierigkeiten hatte, seinem Dressurpferd Pirouetten beizubringen, und einige Stunden bei Oberbereiter Zrust nahm, um das richtige Gefühl in dieser Übung kennenzulernen. Der gutaussehende Offizier war von sich sehr eingenommen und brachte zu dem ersten Versuch seine Frau mit, damit sie gleich sehen könne, was für vorbildliche Pirouetten er drehen werde. Nach dem Aufsitzen begann er, »Generale Malaga« etwas aufzuwärmen, wobei er die Korrekturen Zrusts, er möge den Oberkörper nicht so weit nach vorne nehmen, mit der Bemerkung quittierte, die Haltung des Oberkörpers sei eine Geschmackssache und individuell verschieden. Zrust schüttelte den Kopf und wies darauf hin, daß sein Pferd gewöhnt sei, mit einem Sitz geritten zu werden, der der klassischen Vorstellung entspräche und den er bei vorgeneigtem Oberkörper nicht so fühlen könne. Mit einem Achselzucken sagte der Oberstleutnant: »Dann wird er sich eben daran gewöhnen müssen, denn schließlich bin ich der Herr!« Zrust zog nur, seiner Art entsprechend, die Schultern hoch und meinte, daß »Generale Malaga« nun genug aufgewärmt sei, um mit den Pirouetten zu beginnen. Enflammiert folgte der Oberstleutnant der Aufforderung, hörte kaum mehr auf die Anweisungen Zrusts und ritt möglichst nahe an die Kobelloge heran, damit seine Frau die Pirouetten aus der Nähe bewundern könne. »Generale Malaga« fand es aber scheinbar doch zu arg, daß ein Reiter Pirouetten zu verlangen wagte, ohne durch einen korrekten Sitz die richtige Einwirkung auszuüben, machte mitten in der Drehung einen mächtigen Bocker, und der Reiter flog im hohen Bogen herunter. Zrust zwinkerte mir verschmitzt zu: »Der ›Mandi‹ – der Kosename des Hengstes – hat ihn fast in den Schoß seiner Frau befördert. Er wollte mir aber auch partout nicht glauben, daß er den Oberkörper mehr aufrichten muß!«

Übrigens ließen sich die Hengste in keiner Weise von einer Uniform beeindrucken, denn sie warfen den Oberstleutnant in Zivil genauso ab wie den Major in Uniform, selbst wenn dieser aus Übersee stammte. Der mexikanische Major Rodriguez war zwei Jahre an die Spanische Hofreitschule kommandiert und wurde später der langjährige Lehrer des erfolgreichen und berühmten mexikanischen Generals Mariles. Auch ihn setzte »Maestoso Sardinia« bei einer Meinungsverschiedenheit kurzerhand in den Sand, doch Rodriguez sprang mit katzenartiger Geschicklichkeit wieder auf die Beine, bückte sich und sagte lächelnd zu seinem Lehrer, er habe nur seine Gerte aufheben wollen, die ihm aus der Hand gefallen sei. Damit rettete er seine Reputation und ersparte sich noch dazu die übliche Buße von 5 Kilogramm Zucker; der Oberbereiter wagte nicht, dem ausländischen Offizier zu widersprechen.

Von dem Schlaumeier »Maestoso Borina« haben wir schon gehört. Aber er beschränkte sich nicht nur auf seine Tricks in der Reitbahn, sondern kehrte bei jeder Gelegenheit seine Persönlichkeit hervor. So zählte er in seinen betagten Jahren zu den wenigen Bevorzugten, die in das Rampenlicht der Wiener Staatsoper treten durften. In der Oper »Das Mädchen aus dem goldenen Westen« hatte er die berühmte Sängerin Maria Jeritza, die selbst Reiterin war, unter den Klängen von Puccinis Musik auf die Bühne zu tragen. Er löste seine Aufgabe ausgezeichnet, trat mit tänzelnden Tritten vors Publikum und blieb dann wie ein Monument stehen, während die Künstlerin auf seinem Rücken ihre Arie sang, eine sehr eindrucksvolle Szene. Schon beim Betreten der Bühne bekam »Maestoso Borina« Sonderapplaus, was ihm sehr gut zu gefallen schien. Bald kannte er seine Rolle so genau, daß er schon beim Einsatz der Musik für das Auftreten kaum hinter den Kulissen zu halten war und auf die Bühne drängte. Einmal lag ihm ein eingerollter Teppich im Weg, Frau Jeritza verlangte aufgeregt die Entfernung des Hindernisses, doch schon setzte die Musik ein, und »Maestoso Borina« ließ sich nicht mehr halten und setzte kurz entschlossen einfach darüber hinweg – zum nicht geringen Schrecken der Sängerin –, um die Bretter betreten zu können, die für so viele die Welt bedeuten.

Auch der in Ehren alt gewordene »Neapolitano Montenuova« gehörte zu den gewissenhaften Lebewesen, die ihre Berufung ernst nehmen und genau wissen, was sie wollen. So hatte dieser von Oberbereiter Lindenbauer ausgebildete und mit dem Kosenamen »Peppi« bedachte Lipizzaner, der durch zwei Jahrzehnte hindurch bei allen Vorführungen der Spanischen Hofreitschule durch sein hohes Können und die Ausgeglichenheit seiner Bewegungen glänzte, in seinen alten Tagen – er erreichte ein Alter von 31 Jahren – die Aufgabe, die Anwärter für die Bereiterlaufbahn zu prüfen, die bis zum Jahr 1944 aus der Armee kamen. Während er sich der Führung von guten Reitern willig anvertraute und mit gewohntem Gehorsam alle geforderten Übungen gelassen ausführte, fand er mit unglaublichem Instinkt die Schwächen anderer heraus und brachte so manchen, der sich schon als großer Künstler dünkte, in Verlegenheit.

Er hatte noch einen zweiten Kumpan, der ihm als Prüfungskommissar half. Es war Polaks ehemaliger Kaprioleur »Pluto Siglavy« – von seinem Reiter »Schatzl« genannt –, der nach Erreichen seines 22. Lebensjahres nicht mehr in den Vorführungen auftrat und als Lektionspferd verwendet wurde. Er war der weitaus Strengere, der bei schwerfälligen Anwärtern, die er sehr rasch erkannte, mit einer mächtigen Kapriole dem grausamen Spiel ein Ende machte und den oft allzu Hoffnungsvollen in den Sand setzte.

Einmal hatte ich von zwei ziemlich gleichwertigen Anwärtern den besseren auszuwählen – eine schwierige Situation. »Neapolitano Montenuova« und »Pluto Siglavy« kamen auf die Reitbahn, und beide Anwärter begannen, gleichzeitig auf Kommando zu reiten, wodurch auch eine bessere Vergleichsmöglichkeit gegeben war. Sie machten aber auch jetzt einen ziemlich gleichen Eindruck, sodaß die Entscheidung wirklich nicht leicht war. Da kam mir »Pluto Siglavy« zu Hilfe und setzte seinen Reiter ab. Zwar froh, einen Anhaltspunkt für meine Entscheidung zu haben, ließ ich doch noch die beiden Reiter die Pferde wechseln, um unbedingt gerecht zu sein. Ich konnte aber nicht ahnen, daß »Pluto Siglavy«, vielleicht durch die zusätzliche Arbeit erzürnt, sich daran erinnerte, wie befreiend doch so eine Kapriole sein kann, und nach wenigen Minuten auch den zweiten Reiter in den Sand beförderte. So hatte er sich aus der Affäre gezogen und mir die schwierige Entscheidung allein überlassen.

Oh, diese Schulhengste, wieviel Geschichten und Anekdoten könnte ich noch berichten! Und wie sehr habe ich gelernt, sie als Persönlichkeiten zu respektieren und als Lehrmeister anzuerkennen. Allerdings können auch sie nur dann zu Lehrern werden, wenn der Mensch sich bemüht, sie nach ihrem Verhalten und ihrem Ausdruck zu beurteilen, denn sie beherrschen leider keine Sprache und müssen sich auf Anzeichen beschränken. Vielleicht ist ihre Sprachlosigkeit für so manchen Reiter ein Glück, denn gewiß würden sie sonst oft Klage über Unverstand, Unwissenheit, Ungeduld, Ungerechtigkeit und Undankbarkeit erheben. Statt dessen dienen sie dem Menschen in stummer und unbeirrbarer Treue.

KAPITEL 5

Meine Dressurpferde

Obwohl ich schon auf den Unterschied zwischen einem Schul- und einem Dressurpferd hingewiesen habe, so erscheint es mir doch notwendig, einiges über die »Dressur des Pferdes« zu sagen. Meines Erachtens ist diese Bezeichnung »Dressur« für die Gymnastik und systematische körperliche Ertüchtigung des Pferdes nicht sehr glücklich gewählt und oft sogar irreführend. Der Ausdruck verleitet den Nichtfachmann zu leicht dazu, an eine Pudeldressur zu denken oder an das Lehren von bestimmten »Tricks«, wie man sie im Zirkus sehen kann.

In der österreichisch-ungarischen Monarchie, in der man wegen der Vielsprachigkeit Begriffe so klar wie möglich zu fassen bestrebt war, bezeichnete man das, was man heute »Dressurprüfung« nennt, als »Preisreiten«. Der Name hat Ähnlichkeit mit dem heutigen »Grand Prix de Dressage«. Aus meiner Bubenzeit erinnere ich mich aber, daß man das »Preisreiten« in Reiterkreisen der Armee auch »Schönreiten« nannte, womit man, vielleicht ganz unbewußt, den tieferen Sinn dieses Zweiges des Reitsportes erfaßte.

Schön soll der Reiter sitzen, und schön soll sein Pferd gehen. Der »edelste aller Sporte«, einst als hervorragendes Erziehungsmittel gewertet, darf sich nicht in dem Bestreben erschöpfen, einen Preis – gleichgültig in welcher Form – zu erringen, denn dann käme er der »Dressur« gleich, die nichts weiter als verschiedene ins Auge springende Übungen zeigt. Wenn heute der Ausdruck »Dressur« offizielle Anwendung findet, so erscheint es mir angezeigt zu betonen, daß darunter immer der Aufbau der gymnastischen Leistung zweier Lebewesen gemeint sein muß, die zu einer Einheit verwachsen sind, in der das Pferd gleichsam den Gedanken des Reiters ausführt. Das Pferd soll so von seinem Reiter gelenkt werden, daß keiner der Zuschauer es bemerkt und auch das Pferd nicht spürt, geführt zu werden. Reiter und Pferd sollen als Bild zweier glücklicher Lebewesen erscheinen.

Nach Beendigung meiner Kommandierung zum Militär-Reitlehrerinstitut wurde ich zur Wiener Dragoner-Schwadron No. 2 eingeteilt. Meine Spring- und Dressurpferde, mit denen ich so schöne Erfolge erzielt hatte, mußte ich im Institut zurücklassen. Die Offiziere des Bundesheeres durften keine eigenen Pferde halten. Da ich sehr groß bin, war es nicht leicht, ein passendes Dienstpferd bei der Schwadron zu finden, der Pferdebestand setzte sich zum überwiegenden Teil aus kleinen Vollblütern zusammen. Am geeignetsten erschien mir eine vierjährige braune Stute aus dem Burgenland namens »Nora«. Sie war weiß Gott keine besondere Schönheit, groß und etwas derb gebaut, doch zeigte sie bestechende Gänge. Der Schritt war raumgreifend, der Trab weich und schwungvoll.

Während des Winters begann ich, »Nora« dressurmäßig auszubilden. Sie war fleißig und lernte rasch. Ihre Ausbildung bereitete keine erwähnenswerten Schwierigkeiten. Bald begriff sie die Wendung um die Hinterhand, bei der die Hinterfüße im unveränderten Schrittrhythmus auf der Stelle treten sollen. Trab und Galopp waren schwungvoll und regelmäßig, die Übergänge und Tempowechsel fließend,

Schritt- und später Haltparaden weich und geschmeidig. »Nora« gab mir das wunderbare Gefühl absoluter Körperbeherrschung, wenn sie aus schwungvollem Galopp oder Trab, nur auf die Hilfen meines angespannten Kreuzes hin, zum unbeweglichen Halt erstarrte.

Da ihr verkürzter Trab durch häufiges Antraben aus dem Halt und Schritt und durch Tempowechsel federnd geworden war, bereitete das Schulterherein keine Schwierigkeiten. Anfangs übte ich nur wenige Tritte dieses Seitenganges, um dann wieder im flotten Vorwärtsreiten neuen Schwung zu holen. Bald konnte ich die Reprisen länger ausdehnen und nach Beherrschung dieser Übung gelang dann auch die korrekte Ausführung der seitlichen oder Traversalverschiebung.

Dank des elastischen Galopps bot auch der einfache Sprungwechsel keine Schwierigkeiten. So wie ich es von meinem Schulpferd »Greif« gelernt hatte, versuchte ich den verkürzten Galopp durch häufige Tempowechsel auf der großen Tour und auf der Geraden immer federnder und kraftvoller zu gestalten. Durch Schritt- oder Trabparaden und wieder Angaloppieren – und zwar abwechselnd auf der linken oder rechten Hand – wurde »Nora« dazu erzogen, sich ganz auf ihren Reiter zu konzentrieren und sofort auf die Hilfen zu reagieren. »Sekundengehorsam« nennt die Reitersprache diese blitzschnelle Reaktion. Mit der Zeit verkürzte ich die Einschaltung der Trabtritte immer mehr, bis der Galoppwechsel schließlich fließend nach einem einzigen Trabzwischentritt durch das korrekte Umspringen vom Links- zum Rechtsgalopp oder umgekehrt vollzogen wurde. Selbstverständlich wurde »Nora« nach jedem noch so kleinen Fortschritt belohnt, ich klopfte sie ab und gewährte ihr durch eine Schrittreprise am langen Zügel eine Verschnaufpause. Da sie eine sehr zartbesaitete Dame war, eiferten sie diese Rücksicht und die leisen Lobesworte viel mehr an als der Zucker, den sie am Ende der Lektionsstunde erhielt.

»Noras« Ausbildungsgrad entsprach nun den Anforderungen einer Dressurprüfung der Klasse M, und so wollte ich bei den Frühjahrsturnieren antreten. Dazu brauchte ich die Starterlaubnis einer militärischen Prüfungskommission. Sie sollte verhindern, daß der Offizier ungenügend ausgebildet vor die Öffentlichkeit trat. Nachdem ich »Nora« vorgeritten hatte, eröffnete mir der Vorsitzende der Kommission, der Kavallerie-Inspektor: »Das Pferd ist ja ganz gut geritten, aber so wie es aussieht, besitzt es nicht die Eignung, die man bei öffentlichen Prüfungen von einem Dressurpferd erwartet. Deshalb kann Ihnen die Starterlaubnis nicht erteilt werden. Das ist doch kein Dienstpferd für einen Rittmeister, sondern ein Ausmusterer!«

Dieses vernichtende Urteil bereitete mir eine schlaflose Nacht, nach der ich mich entschloß, meiner »Nora« treu zu bleiben und die begonnene Arbeit fortzusetzen.

Als »Noras« Ausbildung noch im Anfangsstadium war, hatte ich bei der Schwadron eine Abteilung von jungen Remonten auszubilden, also Pferden, die erst lernen mußten, ihren Reiter zu tragen. Ich fand, daß diese Arbeit durch Ausritte sehr gefördert wird. Der Wienerwald mit seinem abwechslungsreichen Gelände war nicht weit von der Kaserne entfernt, und ich machte von dieser Möglichkeit sehr häufig, in der ersten Zeit sogar täglich, Gebrauch. Der Erfolg war erstaunlich und machte sich schon bei der ersten Besichtigung durch den Kavallerieinspektor bemerkbar. Die Abteilung der älteren Remonten, die nur auf der Reitbahn gearbeitet wurden, versagte bei unerwarteten Forderungen des Generals, meine jungen Pferde hingegen fanden sich gleich auf der ihnen ziemlich ungewohnten Reitbahn zurecht und sprangen ohne Zaudern und schwungvoll über alle Hindernisse, die man ihnen vorsetzte. Es war eine Freude zu sehen, mit welcher Selbstverständlichkeit und Ruhe, aber vor allem in welchem Gleichgewicht sie sich auf der Reitbahn bewegten. Grundsätzlich saß ich bei diesen Ausritten selbst auch auf Remonten, da ich vom Militär-Reitlehrerinstitut her wußte, wie wichtig es ist, daß der Lehrer nicht bevorzugt beritten ist und seinen Schülern unter gleichen Bedingungen ein

Beispiel geben kann. Meine Remonte war eine zarte Stute namens »Schwalbe«, die natürlich als erste die Abhänge hinauf- und hinuntergehen und über umgefallene Bäume und Gräben springen mußte.

Um diese Ausritte vorzubereiten, ging ich des öfteren mit »Nora« das Gelände rekognoszieren und benützte die Gelegenheit, sie mit verschiedenen Unebenheiten vertraut zu machen und ihren Schwung und ihr Gleichgewicht zu fördern. Auf der Reitbahn stellte sich dann der gleiche Erfolg wie bei meiner Remontenabteilung ein. Ich war überrascht über »Noras« Fortschritte und ihre Losgelassenheit.

General Arthur von Pongràcz, der langjährige Flügeladjutant des Kaisers Franz Joseph und einer der bekanntesten Dressurreiter Österreichs, nahm einmal an einem der Ausritte mit seinem »Turidu« teil, den er bei den Olympischen Spielen in Amsterdam 1928 geritten hatte und mit dem er sich auch an Hochsprungkonkurrenzen beteiligte. Nach dem Ritt sagte er voll Anerkennung: »Sapperment, schon viele Jahre bin ich nicht so steile Abhänge hinauf- und heruntergaloppiert. Erstaunlich, wie ruhig die jungen Pferde mit ihren Dragonern mitmachen. Das hat mir wirklich imponiert!« Noch nach Jahren erinnerte sich der General dieses Ritts.

Geländeritte fördern bei jungen Pferden die Basis, wenn man sich von ihnen nicht einfach durch die Landschaft tragen läßt, sondern sie dabei auch wirklich reitet. Dabei bereicherten einige Begebenheiten meine Erfahrungen im Umgang mit Pferden. Einmal durchschritten wir eine mit Wasser gefüllte Mulde und ließen den Pferden Zeit, sich umzusehen. Einige blieben ruhig stehen und sahen sich mit langem Hals das Wasser an, sodaß es fast aussah, als wollten sie trinken. Eines der Pferde begann, mit dem Vorderfuß im Wasser zu pritscheln, worüber sich sein Reiter amüsierte; auf einmal lag er im Wasser, weil sich sein Pferd nach dieser Einleitung einfach niedergelegt hatte. Meine Warnung war zu spät gekommen. Wenn nämlich Pferde mit dem Vorderbein im Wasser zu strampeln anfangen, so ist das ein Zeichen dafür, daß sie sich niederlegen wollen. Das sollte jeder Reiter wissen, der ins Wasser reitet.

Auf der Grundlage, die »Nora« durch die abwechselnde Arbeit in der Reitbahn und im Gelände erhielt, baute ich dann ihre weitere Ausbildung bis zur Hohen Schule auf. Inzwischen war ich an die Spanische Hofreitschule kommandiert worden und hatte meine Kenntnisse erweitert. Besonders die Handarbeit, die mich Oberbereiter Polak, der ein besonderes Genie auf diesem Gebiet war, lehrte, trug viel dazu bei und ermöglichte mir, der braven »Nora« die Piaffe zu lehren. Die Piaffe ist ein Trab auf der Stelle, eine federnde und tänzelnde Bewegung, die spielend leicht aussehen soll und doch eine große Anforderung an das Pferd stellt. Erst wenn es durch die systematische Ausbildung kräftig genug geworden und in allen seinen Bewegungen weich und gelöst ist, darf man mit dieser schwierigen Übung beginnen. Damit das Pferd erst ohne das Gewicht des Reiters lernen kann, führt es der Ausbilder an einem kurzen Führzügel an der Wand entlang, verkürzt den Trab immer mehr, bis das Pferd nur eine halbe Huflänge vortritt, um schließlich ganz auf der Stelle zu traben. Dazwischen muß immer wieder energisch vorwärts gegangen werden, damit das Pferd nicht den Schwung verliert, der erst zur Piaffe führt und ohne den es sozusagen nur auf der Stelle herumtritt. Die Beschreibung der Piaffe liest sich einfach, aber das Lehren dieser Übung ist langwierig und schwierig und erfordert unendlich viel Geduld und Fingerspitzengefühl. Der Reiter muß sich zunächst mit ganz geringen Anfangserfolgen begnügen, darf nie heftig werden und muß darauf gefaßt sein, daß in der Arbeit Rückschläge eintreten. Auch hier ist der Satz »Ich habe Zeit« der beste Ratgeber.

Es kam so, daß »Nora« schon im Herbst 1933, eineinhalb Jahre nach der Verweigerung der Starterlaubnis, alle Übungen des Grand Prix, das ist die Aufgabe, die bei den Olympischen Spielen geritten wird, beherrschte, mit Ausnahme der Galoppwechsel von Sprung zu

Sprung. Diese Art des fliegenden Galoppwechsels lehnte der damalige Leiter der Spanischen Hofreitschule als nicht der klassischen Reitkunst entsprechend ab, und daher hatte ich sie auch nicht gelernt. Den Vorschlag, General von Pongràcz zu bitten, er möge »Nora« diese Übung lehren, lehnte ich ab, denn ich hatte mein Pferd bis dahin ohne fremde Hilfe gefördert. Ich erinnerte mich aber, daß mir gerade der General einmal erzählt hatte, bei den Olympischen Spielen 1928 seien die Reiter der ungarischen Dressur-Equipe nach Amsterdam gekommen, ohne Eintempo-Changements ausführen zu können, weil sie annahmen, daß auch die anderen Nationen diese »unnatürliche« Übung nicht beherrschten. Erstaunt hätten sie gesehen, daß fast alle Olympiade-Reiter diese Galoppwechsel ausführten. Der Equipechef der Ungarn, ein Kamerad von General Pongràcz aus der k. u. k. Armee, habe sich dann an ihn um Rat gewandt, wie man den Pferden diese Changements beibrächte. »Oh, ganz einfach«, sei seine Antwort gewesen, »man galoppiert einmal rechts und dann links an und wiederholt das so lange, bis das Pferd Eintempo-Changements macht.« Die Ungarn hätten mit diesem Rat nicht viel anfangen können, die Zeit war zu kurz, und er glaubte sich zu erinnern, daß sie in der großen Dressurprüfung in Amsterdam nicht angetreten waren.

An diese Erzählung dachte ich, als mich das Fehlen dieser Übung in Nöte brachte. Also galoppierte ich »Nora« einige Zeit sehr viel an – einmal links und dann wieder rechts – und verkürzte die Intervalle zwischen dem Angaloppieren immer mehr, bis eines Tages zwei aufeinanderfolgende Eintempo-Changements gelangen. In großer Freude saß ich sofort ab und belohnte »Nora« mit Zucker und guten Worten und sandte sie in den Stall. Am nächsten Tag wiederholte ich die Übung mit gleichem Erfolg und gleicher Belohnung. Am dritten Tag bot »Nora« sofort beim Angaloppieren diese zwei Eintempowechsel an; daraus ersah ich, daß sie mich verstanden hatte. Diesmal schickte ich sie nicht in den Stall, denn ich mußte sie daran gewöhnen, diese Wechsel von Sprung zu Sprung auf mein Kommando auszuführen und dann die Arbeit fortzusetzen. Nun, da sie wußte, worum es ging, konnte ich diese Galoppwechsel bis zur erforderlichen Anzahl ausbauen und auch darüber hinaus.

Der Lohn reeller und konsequenter Arbeit blieb nicht aus, und »Noras« Können reifte zu großer Ausgeglichenheit. Durch Erfahrung klug geworden, vermied ich es von nun an, »Nora« im Stand der Ruhe zu zeigen. Befand sie sich einmal in Bewegung, so waren das Spiel ihrer Muskeln, ihr Schwung und ihre Losgelassenheit so bestechend, daß der Zuschauer ihr etwas grobes Äußeres nicht mehr sah.

Ein Jahr später konnte ich in Wien mit »Nora« als erster Österreicher nach dem Weltkrieg internationale Dressurprüfungen für mein Land gewinnen. Es war nach einem solchen Sieg, daß der Kavallerieinspektor mit der Frage an mich herantrat: »Was ist denn das für ein exquisites Pferd, das Sie heute zum Sieg geritten haben?« Mit einiger Genugtuung konnte ich, die Hacken zusammenschlagend, antworten: »Es ist der Ausmusterer, Herr General!«

Mit dem »Ausmusterer« wurde ich von der reitsportlichen Vereinigung Österreichs zusammen mit General von Pongràcz zum Concours de Dressage 1934 nach Thun (Schweiz) entsandt, um im Grand Prix die Farben meines Landes gegen die Elitereiter Europas, darunter die hochfavorisierten Dressurreiter Deutschlands, zu vertreten. Für mich war es der erste Auslandsstart, also eine doppelt aufregende Angelegenheit; aber auch eine doppelte Freude, denn ich konnte mit »Nora« trotz der hervorragend gerittenen und besonders schönen Pferde meiner Konkurrenten, denen schon ein guter Ruf vorauseilte, den dritten Platz besetzen. Der Züricher Sport vom 2. Juli 1934 schrieb darüber:

»Mit ›Nora‹ besetzt ein Pferd den dritten Platz, dessen Vorzüge auch erst bei näherem Zusehen zutage treten. Sie ist als Modell nicht eben bedeutend und eher etwas ausdruckslos in ihrer Aktion, geht dafür aber sehr korrekt. Am besten gelangen ihr die Traversalverschiebungen durch die Mitte der Bahn im Galopp. Rittmeister Podhajsky gefiel als sehr gefühlvoller Reiter.«

Ich erwähne diese Episode deshalb, weil sie deutlich illustriert, bis zu welchem Grad reelle Arbeit eine Verbesserung bewirken kann und wie Leistung über Schönheit zu triumphieren vermag. Daran sollten besonders junge Reiter denken. Nicht die Schönheit allein gewährleistet den Erfolg eines Dressurpferdes, sondern Rhythmik und Gleichmaß in allen Bewegungen. Was nützt das schönste Modell, wenn es sich nicht korrekt und graziös bewegen kann?

Durch richtiges Reiten wird das Pferd schöner, behauptete schon vor 2400 Jahren der große griechische Reitmeister und Philosoph Xenophon. Formverbesserung ist das Resultat jeder durchdachten und sinnvoll aufgebauten Gymnastik; sie macht zwar aus einem unscheinbaren Wesen keine eklatante Schönheit, wohl aber eine ansprechende Erscheinung. »Noras« Erfolge überzeugten, und niemand dachte mehr daran, sie häßlich zu finden. Für mich war sie nie häßlich gewesen, weil ich sie nach ihrem wunderbaren, ausgeglichenen Charakter und ihrem zärtlichen, anschmiegsamen Wesen beurteilte und weil ich sie liebte.

Mit »Nora«, die ich wie alle meine späteren Dressurpferde von der Remonte bis zu den höchsten Anforderungen der Dressur förderte, war ich reiterlich in ein neues Stadium getreten. Der Mensch als Lehrmeister, wie ich ihn im Militär-Reitlehrerinstitut gehabt hatte und dann nach eineinhalbjähriger Unterbrechung noch einmal an der Spanischen Hofreitschule erfahren durfte, stand mir nun nicht mehr zur Seite. Von nun an mußte ich mich allein mit dem vierbeinigen Partner auseinandersetzen. Kein Ratgeber stand mir zur Seite. Jetzt, auf mich allein angewiesen, mußte ich Hindernisse nicht nur überwinden, sondern rechtzeitig erkennen lernen. Ich hatte zwar wohlfundiertes Wissen erworben, doch blieb die Frage offen, wie mein Können einzusetzen war. Bei dieser neuen Art Arbeit fehlte mir vor allem die Kontrolle. Jeder Reiter braucht die Kontrolle seines Sitzes, der Bewegung seines Pferdes und vor allem seines Gefühls. Bekanntlich sind Fehler im Moment des Entstehens leichter zu bekämpfen, als wenn sie sich schon eingeschlichen haben. Diese Kontrolle soll der Reitlehrer ausüben, bei fortgeschrittenen Reitern kann sie auch gegenseitig erfolgen. Je höher ich aber mit meinen Leistungen aufstieg, um so mehr mußte ich auf diese Hilfe verzichten. Es ist eine alte Lebensweisheit, daß eine Methode, die für den einen gut ist, bei dem anderen wirkungslos bleibt. Das geeignete Mittel, den einzuschlagenden Weg zur rechten Zeit zu finden, mußten mich von nun an meine Dressurpferde selbst lehren.

Von General von Pongràcz lernte ich, wie man den Mangel an Kontrolle ausgleichen kann. Der General hatte seine Pferde, mit denen er an Turnieren teilnahm und sogar noch als Zweiundsiebzigjähriger bei den Olympischen Spielen in Berlin 1936 die Farben Österreichs in der großen Dressurprüfung vertrat, bei meiner Schwadron stehen. Er ritt sie oft zu gleicher Zeit mit den Reitabteilungen auf der Reitbahn, und so hatte ich häufig Gelegenheit, ihn zu beobachten. Auch er war sich der notwendigen Kontrolle bei der Arbeit bewußt und beauftragte damit seinen Pferdewärter, den er dafür besonders instruiert hatte. Ich sehe noch heute das Bild vor mir. Pongràcz versuchte mit seiner »Georgine«, die er dann auch in Berlin ritt, Pirouetten auszuführen, die aber nicht so recht gelingen wollten. Zumindestens fand sie der Pferdewärter nicht gut genug und verlangte die Wiederholung. Eine Weile ging das so hin und her, bis plötzlich der General sein Pferd parierte und mit sonorer Stimme seinen Pferdewärter fragte: »Nowotny, sehe ich aber wenigstens freundlich drein?« Ich horchte auf und fragte später den General nach der Bedeutung dieser Bemerkung, worauf er mir erklärte: »Du bist noch jung, ich will dir einen guten Rat geben. Merk dir, je schlechter dein Pferd geht, um so freundlicher muß dein Gesichtsausdruck sein; dann glauben die Richter, du wärst mit deinem Pferd zufrieden, und beurteilen dich dann unwillkürlich besser. Den Gesichtsausdruck muß man genauso wie den Sitz kontrollieren lassen!«

Durch General von Pongràcz angeregt, habe ich diese Kontrolle durch den Pferdewärter mit Erfolg in Anspruch genommen. Ich ließ allerdings nicht nur das »freundliche Gesicht«, sondern vor allem meinen Sitz und die Bewegungen des Pferdes kontrollieren. Da ich meine einstigen Lehrer, die drei Oberbereiter Zrust, Polak und Lindenbauer, und auch die Bereiter, die ich selbst ausbildete, nicht in ihrer Arbeit stören mochte, zog ich die Pferdewärter heran. Besonders Flasar, der seit 1924 an der Spanischen Hofreitschule diente, war mir ein hervorragender und unbestechlicher Kritiker. Seine Bemerkungen trafen immer ins Schwarze, und er kannte meine Pferde so genau, daß er mir oft vor Turnieren oder wichtigen Vorführungen zuraunte: »Nur net aufregen, das Pferd ist in Ordnung, wenn er jetzt nicht geht, dann haben Sie ihn nervös gemacht!«

Aus der Teilnahme an meiner Arbeit entwickelte sich ein Dreibund der Freundschaft zwischen Reiter, Pferd und Betreuer, die, ehrlich gepflegt, von segensreicher Bedeutung war. Da Flasar viele Stunden mit dem Pferd im Stall verbrachte, konnte er sein Wesen sogar besser studieren als ich während der einstündigen täglichen Arbeit. Aus seinem Verhalten konnte er am besten ersehen, ob ich unseren vierbeinigen Freund überfordert hatte, und mich darauf aufmerksam machen. Auch weiß jeder erfahrene Reiter, daß die gute Behandlung im Stall das Pferd ruhig und vertrauend macht und wieviel Erfolge der Arbeit auf der Reitbahn durch schlechte Behandlung im Stall zunichte gemacht werden können.

Wie sehr Flasar sich mit meiner Arbeit verbunden fühlte, sollte ich bei den Olympischen Spielen 1948 in London erfahren, als ich »Teja« nach der Prüfung, in der er keinen Erfolg hatte, im Stall besuchte und ihm Zucker gab. Flasar sah mir zu und meinte, es sei recht, was ich tue, denn »Teja« habe wirklich seinen Zucker verdient, da er sein Bestes gegeben habe. Zum Pferd gewandt, sagte er dann schluchzend: »Es ist ein Glück, daß du es nicht erfassen kannst, wie bitter unrecht man dir heute getan hat!« Nun mußte ich, dem selber nicht zum Lachen zumute war, auch noch meinen in Tränen aufgelösten Pferdepfleger trösten.

Mit meiner braven »Nora« habe ich den Aufbau der Arbeit von den einfachsten Anforderungen bis zu den Erfordernissen der Hohen Schule gelernt. Dabei mußte sie das Lehrgeld für die Fehler bezahlen, die ich aus Unwissenheit beging und von denen dann einige meinen späteren Dressurpferden erspart geblieben sind.

Sie lehrte mich die große Bedeutung von Schwung und Losgelassenheit für jedes Dressurpferd und daß diese beiden Eigenschaften in der richtigen Relation zueinander stehen müssen, damit alle Bewegungen trotz ausdrucksvollster Verstärkungen immer weich bleiben. General von Pongràcz war der einzige, dem ich »Nora« einmal zum Reiten gegeben hatte, bevor sie nach ihrem Jagdunfall als Schulpferd an das Militär-Reitlehrerinstitut kam. Als er absaß, sagte er voll Begeisterung, er habe noch nie ein so angenehm gehendes Pferd geritten. »Im starken Trab hat man das Gefühl, als ob sie auf Schienen liefe!«

Als ich dann später Lehrer im Militär-Reitlehrerinstitut wurde, fiel »Nora« die wichtige Rolle der Assistentin zu, denn sie half mir, meinen Schülern die richtige Anwendung der Hilfen zu erklären. Von ungenauen oder falschen Hilfen nahm sie einfach keine Notiz. Durch ihr gleichmäßiges und klares Verhalten erlangte sie bald bei meinen Schülern den Ruf des besten Schulpferdes des Instituts. Bei meiner späteren Versetzung zur Truppe mußte ich »Nora« zurücklassen, weil man sie im Institut als Schulpferd brauchte und meine Kaufangebote kurzerhand ablehnte. Wie betrübt war ich, als ich ein Jahr später erfahren mußte, daß sie an einen Wiener Fleischhauer verkauft worden war! Es war schmerzlich für mich, die Stute unter ihrem neuen Besitzer im Wiener Prater sehen zu müssen. Es war ein Reiter von nahezu 100 Kilogramm, der jede Gelegenheit benützte, sie in den Gängen der Hohen Schule vorzuführen, und begeistert Piaffe und Passage ritt. Alle meine Bemühungen, ihm »Nora« abzukaufen, scheiterten an seiner hartnäckigen Weigerung. Er habe noch nie so ein gutes Pferd gehabt. Und »Nora«? Sie konnte nicht mitsprechen …

In den Jahren, in denen »Nora« zur Spitzenklasse aufstieg, begleitete mich für kurze Zeit noch ein zweites Dienstpferd, der schwarzbraune Vollblüter »Kunz«. Im Gegensatz zu »Nora« war er zierlich und schön anzusehen, erreichte aber nicht annähernd ihren Schwung. Ich mußte erkennen, daß Schwung nicht unbedingt die Domäne der Vollblüter ist; das bestätigte viele Jahre später ein anderer Vollblüter, der den Namen »Bengali« trug.

»Kunz«, dessen Können etwa den Erfordernissen einer leichten Dressurprüfung entsprach, erleichterte mir die Arbeit durch seine Intelligenz und Willigkeit. Er lernte leicht und rasch fliegende Galoppwechsel, denn der Galopp war überhaupt seine Stärke. Sobald er einzelne Galoppwechsel perfekt ausführte, war es kein Problem mehr, diese nach einer bestimmten Anzahl von Sprüngen zu wiederholen, sodaß ich nach wenigen Monaten schon in einer Dressurprüfung der schweren Klasse antreten konnte. Der Trab blieb seine schwache Seite, weil ihm neben genügend Schwung auch der Raumgriff fehlte. Ich konnte ihn zwar durch Vermehren des Schwunges – Vorwärtsreiten im Leichttraben – und zweckmäßige Gymnastik – Tempowechsel und Übergänge vom Trab in den Galopp und umgekehrt – verbessern, aber niemals das ersetzen, was ihm die Natur versagt hatte.

»Kunz« zeigte mir, was ich dann auch bei »Nora« verwertete, daß die Voraussetzung für fliegende Galoppwechsel ein lebhafter und gut gesetzter Galopp – also die korrekte Bewegung selbst – ist. Will man Changements beginnen, bevor diese Forderung erfüllt ist, dann gestaltet sich das nicht nur mühsamer, sondern es stellen sich auch Fehler ein, die eine langwierige Korrektur erfordern. Meist wird das Pferd schief oder springt mit den Hinterbeinen nicht durch oder nicht im Rhythmus mit den Vorderbeinen. Statt als raumgreifender Sprung nach vorwärts erfolgt der Galoppwechsel nahezu auf der Stelle; das sieht nicht nur wie ein ungeschicktes Hopsen aus, sondern ist auch für den Reiter höchst unbequem. Als bei »Nora« die ersten Übungen für fliegende Galoppwechsel solche Auswüchse anzudeuten begannen, stellte ich die Arbeit sofort ein, übte fleißig Tempowechsel im Galopp und verlangte vor allem ein energisches und lebhaftes Unterspringen der Hinterbeine, mit dem Erfolg, daß neue Versuche, fliegende Galoppwechsel auszuführen, glänzend gelangen, mir also gleichsam als reife Früchte in den Schoß fielen.

Mit »Kunz« trat ich nach relativ kurzer Zeit bei Dressur- und Springprüfungen an, entschloß mich aber dann bald, ihn gegen ein jüngeres Dienstpferd auszutauschen, da ich Vorwärts und Schwung immer als die Voraussetzungen der Arbeit betrachtet habe. Schwung und Gang müssen aber einem Pferd angeboren sein.

»Kunz« trat dann noch öfter mit meinem Wachtmeister bei Reitturnieren auf, und ich freute mich sehr über seine Erfolge.

Übrigens mußte ich seinetwegen einmal eine Zurechtweisung einstecken. Die Schwadron rückte zu einer Parade inmitten der Stadt Wien aus. Da es vorher geregnet hatte, war der damalige Straßenbelag, ein Stöckelpflaster, sehr rutschig. Wir hatten zwar, wie immer im Winter, den Pferden scharfe Stollen in die Hufeisen eingeschraubt, doch traten sie trotzdem sehr unsicher auf. Ich kommandierte den ersten Zug und ritt hinter dem Schwadronskommandanten. Die Kärntnerstraße war von einem dichten Spalier Neugieriger eingesäumt, denn die Wiener liebten die Paraden und ganz besonders die Kavallerie. Als wir nun bejubelt und in gehobener Stimmung dahinritten, hörte ich plötzlich hinter mir einen Lärm, wie ihn aufs Pflaster fallender Stahlhelm und Säbel hervorrufen. Mich umwendend sah ich meinen Wachtmeister mitsamt »Kunz« am Boden liegen, doch sprangen beide sofort wieder auf – es war also nichts weiter passiert. Der Schwadronskommandant wandte sich ebenfalls um und zischte mich an: »Das kommt davon, wenn die Leute nachlässig reiten und die Zügel nicht anstellen. So ein Sauhaufen!« Sprach's und lag wenige Schritte weiter selber der Länge nach samt seinem Pferd, das ebenfalls ausgerutscht war, auf der Straße.

Als Ersatz für »Kunz« wählte ich den vierjährigen Furiososohn »Otto«, einen großen schwarzbraunen Wallach mit schönen raumgreifenden Gängen. Er war noch vollkommen ungeritten. Das bevorzugte ich, denn es ist leichter, ein junges Pferd zu erziehen, als einem älteren die angelernten Fehler abzugewöhnen.

So problemlos »Noras« Ausbildung gewesen war, so schwierig gestaltete sie sich bei »Otto«. Ich begann ihn unter Verwertung bisheriger Erfahrungen auszubilden, dem Grundsatz folgend: vorwärts reiten und die Anlehnung mit langem Hals in die Tiefe suchen lassen. Die Anfangserfolge waren auch vielversprechend, sodaß ich in ihm einen guten Nachfolger für die zu dieser Zeit schon sehr fortgeschrittene »Nora« erblickte. Wohl unbewußt stellte ich »Otto« im Hals etwas tiefer ein als meine anderen Pferde. Das führte zu allerlei Kritik und zu Ratschlägen von meinen älteren Reiterkameraden. Schließlich wurde ich doch dazu bewogen, ihn etwas mehr aufzurichten, also Hals und Kopf höher einzustellen. Die Folge davon war, daß der bisher so Willige zu Widersetzlichkeiten zu neigen begann.

Trotz schöner Gänge besaß er nicht genug Schwung, wurde immer verhaltener und wollte dann überhaupt nicht mehr vorwärts gehen. Aufgeregt richtete er sich noch mehr auf und kam über den Zügel. Wollte ich ihn dann energisch vorwärts reiten, so stemmte er sich gegen meine treibenden Hilfen und ging schließlich kerzengerade mit den Vorderbeinen in die Luft. Die Schwierigkeiten wurden immer größer, je mehr er sich der Mittel bewußt wurde, mit denen er mich in Verlegenheit bringen konnte. Einmal kam es so weit, daß er bei meinem Versuch, seinen Kopf tiefer zu nehmen, mich mit seinem ganzen Gewicht an ein wackeliges Brückengeländer im Prater in Wien andrückte und den Druck bei jedem Zügelanzug noch verstärkte, sodaß ich angesichts des unter mir fließenden Wassers absitzen mußte. Damals erlebte ich meine größte reiterliche Niederlage. Auch der Trost, daß der Gescheitere nachgeben muß, konnte die Schande nicht verwischen.

Als ich dann an die Spanische Hofreitschule kommandiert wurde, klagte ich Oberbereiter Polak über meine Schwierigkeiten, und er erklärte sich auch gleich bereit, mir zu helfen. Im Wiener Prater bestieg er »Otto« und packte ihn scharf an, als er im Guten nichts ausrichten konnte. Es entspann sich ein kurzer, aber heftiger Kampf. »Otto« erhob sich kerzengerade auf die Hinterbeine, drängte dann, als ihm das Steigen allein nichts nützte, gegen einen Baum und drückte Polak derart unter die Äste, daß er hilflos dem mächtigen Pferd ausgeliefert war. Seine Versuche, »Otto« von dieser Stelle wegzubringen, blieben ohne Erfolg, sodaß auch dieser große Reitmeister, aus der Nase blutend, erschöpft und außer Atem, kapitulieren mußte. Er konnte nur mehr stammeln: »Das ist ja ein Selbstmörder! Ehe er nachgibt, bringt er sich lieber um!«

Ich entschloß mich nun, wieder zum Anfangsstadium zurückzukehren und damit den langen Weg zu wählen. Auch im übrigen Leben muß man ja bei einem Irrtum zuerst bis zur Wegscheide zurückkehren, bevor man den unterbrochenen Weg wieder fortsetzen kann. Deshalb verdoppelt sich die Dauer jeder derartigen Korrektur gegenüber der richtigen Ausbildung, und darum soll jeder Reiter immer wieder prüfen, ob er nicht von der korrekten Methode abgewichen ist. Zuallererst mußte ich »Otto« das Steigen abgewöhnen, und zwar mit dem einzig wirksamen Mittel: Zügel hingeben, Oberkörper zurücknehmen und einen kräftigen Schlag mit der Reitgerte in der Gurtenlage. »Otto« machte einen Sprung vorwärts und gab nach kurzer Zeit die Unart auf. Mit großer Geduld förderte ich ihn auf diesem Weg, auf dem ich zunächst seine Ausbildung begonnen hatte. Es dauerte lange, bis ich ihn durch vorsichtiges Vorwärtsreiten mit ganz langem Hals und tiefgestelltem Kopf so beruhigen konnte, daß er nicht mehr versuchte, über den Zügel zu kommen. Dann konnte er seine Hinterbeine mit mehr Kraft gebrauchen und mein Gewicht besser tragen. Er vergaß seine Verhaltenheit und begann, schwungvoller zu treten. Ich gab mich mit kleinsten Fortschritten zufrieden und belohnte ihn stets mit Zucker und guten Worten. Er gewann wieder Vertrauen und begrüßte mich wie ehedem mit einem leisen Wiehern, wenn ich den Stall betrat. Vorsichtig baute ich auf diesen kaum merkbaren Erfolgen auf, sodaß er sich der Veränderung kaum bewußt wurde und keine Veranlassung zur Unruhe hatte.

Die Erfahrung mit »Otto« lehrte mich, daß man ein Pferd niemals mehr aufrichten darf, als es seiner Konstitution entspricht, und schon gar nicht durch Höhernehmen von Kopf und Hals. Er war noch jung und hatte einen schwachen Rücken, der durch das Höhernehmen zu schmerzen begann und ihn zur Abwehr veranlaßte, die bei seiner Individualität und Intelligenz recht vehement verlief. Nach dem Debakel ließ ich ihm Zeit und trachtete die Aufrichtung durch vermehrtes Untertreten der Hinterhand zu erreichen. Dabei blieb sein Rücken gewölbt, er empfand kein Unbehagen und hatte deshalb auch keinen Grund mehr zum Widerstand. Er vergaß mit der Zeit alle Unarten und war wieder willig und freudig in der Arbeit. Wir hatten uns sozusagen »zusammengerauft«.

Tatsächlich konnte ich mit ihm ein halbes Jahr nach seinem Kampf mit Oberbereiter Polak im Prater bei einem Wiener Turnier eine Dressurprüfung gewinnen. Es war zwar nur ein Wettbewerb der leichten Klasse (L), doch im nächsten Jahr folgten schon Siege in

Dressurprüfungen der mittleren Klasse (M). Ein weiteres Jahr genügte, um auch gegen große Konkurrenz die schwere Klasse (S) zu gewinnen. »Otto« wurde ein würdiger Stallgefährte von »Nora« und »Nero«. Schließlich erreichte er das höchste Ziel eines Dressurpferdes, die Beherrschung der Anforderungen des Grand Prix de Dressage. 1936 durfte er als Reservepferd zu den Olympischen Spielen nach Berlin mitgehen. Wenn er auch nicht dazu kam, »Nero« zu vertreten, so siegte er doch wenige Wochen danach beim großen Reitturnier in Bad Aachen. Das war eine besondere Leistung, weil die meisten Reiter von Berlin dorthin gekommen waren und er sein Können mit Teilnehmern der Olympischen Spiele zu messen hatte. Im Jahre 1937 mußten wir uns aber trennen. Der Heeresremontierungsinspektor hatte mir »Teja« angeboten, eine Auszeichnung, die ich nicht ausschlagen konnte.

Bei »Otto« hat es viel Schweiß, Ärger und Enttäuschung gekostet, bis ich die Freuden des Erfolges ernten durfte. Aber die Erfahrungen, die ich für die Behandlung schwieriger Pferde sammeln konnte, waren so wertvoll, daß ich auch »Otto« zu meinen Lehrmeistern zähle. Seine Ausbildung und deren erstes Scheitern lehrten mich die Abkehr von der forcierten Schnellarbeit und überhaupt das richtige Einschätzen des Faktors »Zeit«. Dabei fällt mir der Kavallerie-Inspektor des österreichischen Bundesheeres, General Höberth, ein, der bei einer Besichtigung von Reitabteilungen die Dragoner zu fragen pflegte, was sie zu tun hätten, wenn das Kommando zum Angaloppieren gegeben werde. Die Antwort, die der Kavallerie-Inspektor erwartete, sollte lauten: »Ich denke zuerst: Ich habe Zeit.« Als junger Offizier neigte ich dazu, diese erwartete stereotype Antwort als ein besonderes Steckenpferd meines Vorgesetzten zu belächeln. Später kam mir der tiefere Sinn dieses Ausspruchs zum Bewußtsein, und ich lernte seine Weisheit schätzen und sie nicht nur auf das Angaloppieren zu beschränken. Der Satz »Ich habe Zeit« sollte den Soldaten mit geringen reiterlichen Kenntnissen vor einer plötzlichen und heftigen Hilfengebung bewahren und das übliche Wegstürmen beim Angaloppieren vermeiden helfen. Ich möchte heute diesen Ausspruch allen Reitern zurufen, die plötzlich auf Schwierigkeiten stoßen und mit ihren Pferden nicht einig werden können. »Ich habe Zeit« sollte auch jeder Dressurreiter während der gesamten Ausbildung seines Pferdes denken und sich damit an den Grundsatz erinnern, daß nur durch planmäßige Steigerung der Anforderungen das Ziel der Reitkunst zu erreichen ist.

Im ersten Jahr meiner zweijährigen Kommandierung an die Spanische Hofreitschule bot mir der Heeresremontierungsinspektor zusätzlich zu meinen beiden Dienstpferden »Nora« und »Otto« noch ein Sportpferd an. Es war »Nero«, der deutsche Vollblüter Sindbad, den Graf Seilern für 10000 Mark als Rennpferd erworben hatte, aber dann um 2000 Schilling dem österreichischen Bundesheer verkaufte, weil er für die schnelle Arbeit auf dem grünen Rasen nicht taugte. Beim Bundesheer wurde er zum Militär-Reitlehrerinstitut eingeteilt. Dort wollte ihn der Kommandant nicht behalten, weil er zum Springen keine Lust und Schneid zeigte und ihm zum Dressurpferd jeder Schwung fehlte. Ich griff natürlich freudig zu, da sich die Pferdezuteilung im Bundesheer in bescheidenen Grenzen bewegte. Die Reaktion der Öffentlichkeit sollte ich bereits wenige Tage später erfahren, als mich Oberbereiter Lindenbauer mit folgenden Worten begrüßte: »Was haben Sie denn da für ein neues Pferd? Alle Reiter Wiens lachen über das Würschtl, das Sie sich zugelegt haben!«

Ich weiß, daß »Nero« nicht durch Schönheit bestach. Er hatte jedoch gute Gänge, die er infolge seiner Triebigkeit aber nur nach vielen Aufforderungen zu zeigen gewillt war. »Triebig« wird ein Pferd genannt, das nicht vorwärts gehen will und für das der Reiter sehr kräftige treibende Hilfen anwenden muß. Ich war mir darüber im klaren, daß ich »Nero« eben wegen dieser Mängel bekommen hatte.

Jetzt hieß es, die Zähne zusammenzubeißen und unbeirrt die Arbeit zu beginnen.

Gleich in den ersten Wochen gab es einen nicht sehr ermutigenden Vorfall. »Nero« war in den Stall der Wilhelmskaserne in der Nähe des Praters eingestellt worden, wo auch meine beiden anderen Pferde während der Kommandierung zur Spanischen Hofreitschule untergebracht waren. In einer Nacht fand er aus unerklärlichen Gründen einen derartigen Gefallen an den Schweifhaaren seiner Stallnachbarin »Nora«, daß er, statt zu schlafen, daran herumkiefte, sodaß der Pferdewärter am Morgen »Nora« mit einer ihrer Haarpracht beraubten, fast kahlen Schweifrübe in ihrem Stand vorfand. Der Schreck war um so größer, weil man wenige Tage vor einem Turnier stand und die Stute ohnehin nicht sehr ansehnlich war. Zu dem Ärger über die Verschandelung »Noras« gesellte sich noch die Sorge um »Nero«, der abgekämpft und teilnahmslos im Stall stand und jede Nahrung verweigerte. Bei »Nora« versuchten wir, den Schaden durch Einflechten eines künstlichen Schweifes zu beheben, was auch erstaunlich gut gelang und ihre erfolgreiche Teilnahme an dem Turnier ermöglichte. Zu »Nero« aber mußte der Tierarzt kommen, der nach zwei Tagen Beobachtung eine beginnende Gelbsucht feststellte. So schlecht waren ihm »Noras« Haare bekommen! Vier Wochen Krankenstand waren die Folge seines absonderlichen Appetits.

So war der Auftakt unserer gemeinsamen Arbeit wenig verheißungsvoll, aber bald fand ich in »Nero« einen gutmütigen und willigen Freund, der sich bemühte, meinen Anforderungen nachzukommen. Er war sehr intelligent, doch etwas ängstlich, und wie schon erwähnt, sehr triebig. Als erstes hieß es also seine Gehlust wecken, die er anfangs nur zeigte, wenn er auf grünen Rasen kam. Dann begann er, am ganzen Körper zu zittern, und versuchte fortzustürmen. Kein Zweifel, dieses Verhalten war der Erinnerung an die Rennbahn zuzuschreiben, an die er offenbar nicht mit Freuden zurückdachte.

Bald aber begriff er, daß er nicht zum Rennen starten mußte, und verfiel wieder in eine unbeschreibliche Triebigkeit, die schon als Trägheit zu bezeichnen war. Also mußte ich ihn aufwecken, ihn dazu bringen, aus eigenem Antrieb vorwärts zu gehen, ohne ihn aber dabei aufzuregen.

Für diese Arbeit bevorzugte ich das Ausreiten im Wiener Prater, wo ich lange gerade Linien reiten konnte. In diesem Stadium wirkt jede Wendung hemmend. Ich konnte bald beachtliche Fortschritte feststellen. »Nero« begann Freude an diesen Ritten zu finden, er wurde nicht mehr nervös beim Anblick der grünen Wiesen, und ich mußte ihn immer weniger treiben. Diesen mühsam gewonnenen Schwung trachtete ich dann auch bei abwechselndem kurzem Arbeiten auf der Reitbahn dadurch zu erhalten, daß ich zunächst nicht an ein Verkürzen des Tempos dachte. Ich gewöhnte »Nero« vorsichtig an das Aussitzen, ging aber sofort wieder im Leichttraben vorwärts, wenn er in seinem Schwung nachließ. Ich merkte, daß er zu außergewöhnlich schönen Bewegungen fähig war. Die intensive Kultivierung des Schwungs führte nach wenigen Monaten zu dem Resultat, daß er sich selbst von meinen Schenkeln und dem Sitz die Impulse holte und eine Gehlust entwickelte, die besonders jenen Reitern auffiel, die sich im Militär-Reitlehrerinstitut mit ihm geplagt hatten. Dieser Erfolg und die zunehmende Gelehrigkeit ermöglichten Fortschritte, die ich gar nicht zu erwarten gewagt hatte, denn es ist eine Grundtatsache, daß alle Bewegungen und gerade die verkürzten Gänge nur aus einem schwungvollen Vorwärts entwickelt werden können.

Mit keinem Pferd habe ich so schnell Erfolge erzielt wie mit »Nero«. Kaum acht Monate später konnte er sich beim Concours de Dressage in Wien 1933 als Sechsjähriger nicht nur in der Dressurprüfung der Klasse M knapp hinter der siegreichen »Nora« gegen internationale Klassereiter plazieren, sondern wurde auch in der S-Dressurprüfung in die erste Hälfte des Feldes eingereiht. »Nero« lenkte damit die

Aufmerksamkeit der Fachleute auf sich und erreichte, daß den Spöttern allmählich das Lachen verging. Den boshaften Kosenamen »Würschtl« bekam ich nicht mehr zu hören.

Zwei Jahre später konnte »Nero« in Budapest bereits den von der FEI ausgeschriebenen Grand Prix de Dressage gegen die Elitereiter Europas gewinnen. Damals berichtete Deutschlands bedeutender Hippologe Gustav Rau: »Die große Überraschung des Tages war der Sieg des der österreichischen Heeresverwaltung gehörenden ›Nero‹ unter Rittmeister Podhajsky. Dieser Vollblutwallach, der im Vorjahr in Thun (Concours de Dressage 1934) seine kommende Größe noch nicht ahnen ließ, setzte sich in Budapest mit einem Schlag in die vorderste Reihe der Dressurpferde Europas … Hier haben Natur und Kunst wieder einmal ein Pferd und einen Reiter geschaffen, an denen man seine Freude haben kann. In beiden ist die ganze alte Tradition der österreichischen Reiterei wieder wach geworden.«

Das war also derselbe »Nero«, den man in den Kritiken der Vorjahre immer als hochbeinigen und nüchtern wirkenden Wallach ohne Charme bezeichnet hatte! Durch die Arbeit war er schöner geworden, seine Muskeln hatten sich entwickelt, er bewegte sich kraftvoll und freudig in vollem Gleichgewicht, ein Beweis, daß eine planmäßige und richtige Ausbildung auch im Schönerwerden des Pferdes ihren Niederschlag findet.

Ein Jahr später verhalf mir »Nero« bei den Olympischen Spielen in Berlin 1936 in der Großen Dressurprüfung zur Bronzemedaille – die erste und bisher einzige Olympiamedaille, die Österreich im Reiten gewinnen konnte. Dabei waren »Neros« Leistungen so ausgeglichen, daß die »Sportwelt« am 14. August 1936 berichtete: »Eine prachtvolle Leistung bekam man dann noch ganz zum Schluß zu sehen, als Major Podhajsky (Österreich) sich auf dem deutschen Vollblüter ›Nero‹ vorstellte. Viele Beurteiler sahen in ihm den Sieger. Reiter und Pferd bestätigten den großen Ruf, der ihnen vorausging, der Reiter gefiel durch seinen ausgezeichneten Sitz und die leichte Führung des Pferdes. Alle Bewegungen waren gut, es lag ein gewaltiger Zauber über dieser Vorführung, sodaß ›Nero‹ von vielen Zuschauern für den Sieg in Betracht gezogen wurde …«

10 Tage später in Bad Aachen, wohin sich das Gros der Olympiateilnehmer begeben hatte, bestätigte »Nero« durch die Siege in allen Dressurprüfungen nicht nur seine Berliner Form, sondern lieferte mir auch einen rührenden Beweis seines Gehorsams. Die größte Schwierigkeit bereitete »Nero« von Anbeginn unserer Arbeit das Springen. Schon beim Anblick eines Hindernisses blieb er zitternd stehen und war weder durch gutes Zureden noch mit energischen Hilfen zum Nähertreten, geschweige denn zum Absprung zu bewegen. Unendliche Geduld war erforderlich gewesen, ihn so weit zu bringen, daß er die Gehorsamssprünge bei den Dressurprüfungen absolvierte. Wieder einmal war der Leitspruch »Ich habe Zeit« der beste Wegweiser gewesen. »Nero« mußte das Hindernis erst eingehend von allen Seiten betrachten können. Wenn er es genau kannte und auch ein anderes Pferd mehrere Male darüber gesprungen war, begriff er, daß ihm nichts passieren konnte, und bequemte sich schließlich auch zum Sprung. Dabei mußte ich das Springen wegen seiner schlechten Hufe, die sehr spröde waren und leicht brachen, auf ein Minimum beschränken. Aber gemeinsam mit den Fortschritten in der dressurmäßigen Ausbildung konnte ich auch einen zunehmenden Gehorsam feststellen, der ihn seine Abneigung überwinden und die Hindernisse nehmen ließ. Er hatte Vertrauen zu mir und wußte, daß ich nichts verlangen würde, das ihm schädlich sein könnte. Um seine brüchigen Hufe wegen der bevorstehenden Olympischen Spiele zu schonen, hatte ich über ein Jahr lang keinen einzigen Sprung mit »Nero« gewagt. Und nun sollte ich in Aachen nach Beendigung meiner Dressuraufgabe der Klasse S zur Prüfung des Gehorsams über eine Hürde springen. Ich glaube, uns beiden schlug das Herz höher, nicht aus

Freude, sondern aus Bangen. »Nero« aber folgte tatsächlich meiner Aufforderung und überwand das zum Sieg notwendige Hindernis.

Es war interessant, daß »Nero« fünf Jahre später, also 1941, als »Pensionist« mit mir täglich an der Spitze der Lipizzanerhengste durch den Lainzer Tiergarten galoppierte und ohne Zögern als erster Gräben und umgefallene Baumstämme sprang; so sehr war sein Vertrauen zu mir gefestigt. Er wußte, daß nichts Unmögliches verlangt wurde.

Bei allen seinen Vorzügen war »Nero« ein großer Angstmeier. Seine Ängstlichkeit äußerte sich nicht nur beim Springen und angesichts der verschiedenen Blumentöpfe, die auf einem Turnierplatz herumstehen, sondern vor allem auch beim Anblick der weißen Linien des Olympiade-Dressurvierecks. Anfänglich blieb er zitternd davor stehen oder übersprang sie entsetzt und gefährdete damit seine Beurteilung. Bald hatte ich aber herausgefunden, daß er diese Striche willig überschritt, wenn er sie zuvor in Ruhe ansehen konnte. Daher ließ ich mir dann immer am Abreiteplatz ähnliche Linien ziehen, die er erst schnaubend mit abgespreizten Vorderbeinen beäugte, aber danach bei der Prüfung nicht mehr beachtete. Diese Vorbereitung hatte aber nur dann Erfolg, wenn die Striche hier wie dort mit dem gleichen Material angelegt waren. Im gegenteiligen Fall machte sich gleich wieder sein Komplex bemerkbar.

»Nero« sollte auch einmal als Zeuge für meine Reitweise auftreten, eine Aufgabe, die er hervorragend löste. 1937 ließ ich in Bad Aachen ganz gegen meine sonstige Gepflogenheit den schwedischen Oberst Clas Cederström »Nero« reiten. Da seit Jahren niemand außer mir auf seinem Rücken gesessen hatte, war ich nicht ganz sicher, wie dieses Experiment ausgehen würde. Noch dazu erfuhr ich von den schwedischen Reitern, daß Cederström schon seit Jahren nicht im Sattel gesessen habe. Klopfenden Herzens beobachtete ich, wie der Oberst mit den einfachen Übungen begann. Seitengänge folgten, er wurde immer röter im Gesicht und steigerte die Anforderungen bis zu Piaffe und Passage. Aber es ging alles sehr gut, und als er befriedigt absaß, sagte er, der in der vorhergegangenen Prüfung einer der Richter gewesen war: »Sie haben vorhin die Kür gewonnen, und zwar mit voller Berechtigung. Und doch habe ich Ihnen Unrecht getan, als ich im Protokoll vermerkte, daß ›Nero‹ zeitweilig eine zu feste Anlehnung zeige. Nun, da ich ihn selber geritten habe, erkenne ich den großen Irrtum, der in dieser Behauptung liegt. ›Nero‹ steht ideal leicht und stet am Zügel!«

Ich möchte in diesem Zusammenhang einiges über das Richten in Dressurprüfungen bemerken. Es war und wird immer schwierig sein, in Dressurprüfungen zu richten, wie dies bei allen Entscheidungen der Fall ist, wo die Leistung nicht mit technischen Apparaturen gemessen werden kann. Vor allem müßte bei dieser Art der Beurteilung ein besseres Einvernehmen zwischen Reiter und Richter bestehen. Niemand kann das mit mehr Berechtigung behaupten als ich, der ich durch viele Jahre hindurch sowohl als Reiter wie auch als Richter bei den verschiedensten Turnieren im In- und Ausland Erfahrungen sammeln konnte. Als Reiter mußte ich erleben, welche Konflikte ein wankelmütiger oder ungerechter Richterspruch auslösen kann, besonders dann, wenn zwei verschiedene Protokolle ganz gegenteilige Bemerkungen enthielten oder wenn ich gar feststellen mußte, daß der Richter etwa die Seite verwechselte, auf der sich das Pferd versteifte. Abgesehen davon, daß derartig divergierende Ansichten für die Arbeit des Reiters keine Anleitung sein können, bringen Fehlurteile nur zu oft Verworrenheit in die reiterliche Auffassung. Denn schließlich ist der Reiter der Ausübende, dem der Richter wegweisend zur Seite stehen soll. Um diese Aufgabe erfüllen zu können, muß der Richter selbst in der Lage sein oder gewesen sein, das zu zeigen, was er zu beurteilen hat – er muß also ein gleichrangiger Reiter sein. Das war früher eine Selbstverständlichkeit, da genügend

Reiterpersönlichkeiten bei den Militär-Reitlehrerinstituten und vielen Reiterregimentern zu finden waren, heute ist es jedoch ein Problem, weil in dieser Hinsicht ein ausgesprochener Mangel herrscht.

Als Richter habe ich wiederholt die Schwierigkeiten dieses Amtes erkennen müssen; ich kam zu der Einsicht, daß nicht jeder gute Reiter auch ein guter Richter oder Lehrer ist. Wohl kann es aber keinen guten Richter geben, der nicht selbst ein guter Reiter in der Klasse war, die er zu beurteilen hat. Der Versuch, sich über diese Tatsache hinwegzusetzen, führt zu einem weitverbreiteten Übelstand: Die Richter besitzen heute nicht annähernd das gleiche Ansehen wie früher, wobei sie diesen Prestigeverlust durch unverständliche Urteile und zu geringes eigenes Können zum Teil selbst verschuldet haben. Und die Reiter sind mit Ausnahme der Erstplazierten meistens unzufrieden, weil sie sich zu oft selbst überschätzen und in ihrem Richter keine Autorität anerkennen: eine sehr bedenkliche Entwicklung für einen Sport, der durch Generationen den Anspruch auf die edelste aller Sportarten erhoben hat.

In den Jahren 1934 bis 1937 befand ich mich in der glücklichen Lage, mit »Nora«, »Nero« und »Otto« drei Pferde im Stall zu haben, die alle bis zu den Aufgaben des Olympiade-Programms gefördert waren und mit denen ich das Turniergeschehen sozusagen beherrschte. Der anfangs so unscheinbare »Nero« entwickelte sich darüber hinaus zu meinem größten vierbeinigen Lehrmeister.

Vor allem lehrte er mich auch, daß tatsächlich des Lebens ungemischte Freuden noch keinem Irdischen zuteil wurden. So schnell er lernte und gute Fortschritte machte, so hemmend waren seine brüchigen Hufe, die uns meistens vom Frühjahr bis zum Herbst, also zur Zeit der Turniere, die größten Sorgen bereiteten und mich oft zwangen, das Training für mehrere Wochen zu unterbrechen. Zum Glück war »Nero« ein hochintelligentes Pferd mit gutem Gedächtnis, sodaß er nach derartigen Zwangspausen gleich am ersten Tag wieder ging, als hätte er die ganze Zeit hindurch seine Arbeit fortgesetzt. Wenn man dies hört, kann doch wirklich kein Mensch, der ernst genommen werden will, behaupten, daß Pferde dumm seien. Natürlich gibt es gescheitere und weniger gescheite unter ihnen, aber dasselbe kann man ja auch von den Menschen sagen.

Weder die herangezogenen Kapazitäten noch die Anwendung von »todsicheren« Hausmitteln konnten helfen; jedesmal, wenn ich hoffte, der Tierarzt habe jetzt endlich die richtige Behandlung gefunden, belehrte mich die Turniersaison eines anderen, und es traten wieder die gleichen Erscheinungen auf. Die Hufe wurden brüchig, und die Hufeisen konnten kaum befestigt werden. Bei meinem ersten Auslandsstart 1934 in Thun wurde es so arg, daß ein Schmied der eidgenössischen Pferderegieanstalt ein besonderes Eisen mit drei Seitenkappen für den rechten Huf anfertigen mußte, das er dann nur mit einem einzigen Nagel befestigte. Da dieses Hufeisen schwerer war als das der linken Seite, ging »Nero« ein paar Tritte lang ganz ungleich, und ich sah der Prüfung mit einiger Besorgnis entgegen. Doch rasch fand er heraus, daß er den schwereren Huf etwas energischer heben mußte, und präsentierte sich in tadellosem Gleichgewicht in der Großen Dressurprüfung. Niemand hätte geglaubt, daß es »Neros« erster Ritt nach dem Auswaggonieren in Thun war.

»Nero« lehrte mich wie kein anderes Pferd, korrekte Tempowechsel auszuführen – wie aus einer Pistole geschossen zu verstärken und weich und geschmeidig wie ein Gummiband zu verkürzen. Dieses kraftvolle Crescendo und sanfte Abklingen gab seiner Vorführung einen Glanz, der alle körperlichen Mängel überstrahlte.

Von »Nero« lernte ich die richtige Arbeitseinteilung, die notwendig ist, will man die höchste Leistung bei größtmöglicher Schonung erzielen. Sie erhielt ihn jung und freudig bis in sein hohes Alter. Um ein weitgestecktes Ziel zu erreichen, muß der Reiter ein Konzept für seine Arbeit haben, sowohl für die gesamte Ausbildung als auch für das tägliche Training. Die Arbeit muß gleichmäßig und wohlabgewogen eingeteilt sein, nicht an einem Tag zu viel und am nächsten zu wenig. Für die gesamte Ausbildungszeit gilt die Regel, daß die Pflege der Grundgangarten – Schritt, Trab und Galopp – im Vordergrund stehen soll. Denn gerade die unscheinbaren, einfach wirkenden Übungen, deren korrekte Ausführung übrigens gar nicht so leicht fällt, kräftigen das Pferd und bereiten es körperlich und geistig auf die schwierigen Lektionen der Hohen Schule vor. Wenn im fortgeschrittenen Stadium Probleme auftauchen, soll der Reiter das Heil wiederum im Vorwärtsreiten und in der grundlegenden Stufe der Ausbildung suchen.

In der Lektion des fortgeschrittenen Pferdes durchläuft der Reiter täglich sämtliche Phasen der Ausbildung. Er widmet ihnen jedoch jeweils nur einige Minuten, um sich dann mit den schwierigen Übungen der Hohen Schule zu befassen. So wichtig es ist, ein Konzept zu haben und nicht einfach dahinzureiten, so eindringlich muß aber auch vor starrem Festhalten am einmal gefaßten Plan gewarnt werden. Oft begann ich meine Arbeit mit dem Vorsatz, mich auf eine bestimmte Übung zu konzentrieren, mußte jedoch den Ablauf unterbrechen und mein Augenmerk auf etwas ganz anderes richten.

Einmal wollte ich mit »Nero« Pirouetten üben und begann nach dem Aufwärmen – eben dem Durchlaufen der vorbereitenden Arbeit – mit dieser Wendung, bei der das Pferd sich im unveränderten Galopprhythmus um die Hinterhand drehen soll. Doch an diesem Tag wollte die Übung nicht gelingen. »Nero« wurde langsamer, sobald ich ihn in die Pirouette führte, er verlor den Rhythmus, und schließlich starb der Galoppsprung gänzlich ab. Bei einem neuerlichen Versuch trieb ich »Nero« stärker an, doch mit dem Resultat, daß er sich in ungeregelten Sprüngen herumwarf: ein ebenso grober Fehler wie das Absterben. So gab ich meine Absicht auf und ritt »Nero« in schwungvollem Galopp vorwärts, übte Tempowechsel und Angaloppieren aus dem Schritt und Trab, um ein kraftvolles Unterspringen der Hinterbeine zu erzielen. Als sich der Rhythmus nicht verlor, wenn ich von der großen Tour auf die Gerade ging und umgekehrt, ritt ich mehrere und immer kleiner werdende Volten, bis sie ebenfalls korrekt gelangen. Nach diesem bescheidenen Fortschritt saß ich ab und schickte »Nero« in den Stall. Er hatte ein ausnehmend gutes Gedächtnis. Darum war ich darauf bedacht, stets mit einer gelungenen Übung abzuschließen, damit er die Arbeit in guter Erinnerung behielt. Da das Absitzen eine Belohnung für das Pferd bedeutet, darf man es nicht nach einer mißlungenen Übung oder gar einer Ungezogenheit in den Stall führen, denn am nächsten Tag würde es gleich mit dieser Ungezogenheit beginnen, um möglichst bald wieder seine Ruhe zu erhalten.

Auch an den folgenden Tagen übte ich mit »Nero« in gleicher Weise, bis ich die Volten immer mehr verkleinern konnte, ohne daß er dabei den Rhythmus des Galopps änderte. Aus diesen immer kleiner werdenden Volten wurden dann schließlich taktmäßige Pirouetten, die mühelos aussahen.

So verhindert eine durchdachte Einteilung, daß das Pferd überfordert wird und die Lust an der Arbeit verliert. Ich erinnere mich an einen Offizier, der seiner sehr braven und auch talentierten Stute Piaffe beibringen wollte. Jeden Tag sah man das gleiche Bild. Die Stute führte einige recht gute Piaffetritte aus; doch anstatt das Pferd durch eine Schrittreprise zu belohnen, bevor er neuerlich diese schwierige und auch anstrengende Übung verlangte, dehnte der Oberleutnant die Lektion aus, bis die Piaffe immer stockender wurde. Er trieb die Stute weiter an, sie wurde nervös, der Offizier wütend, er verlor seine Mütze und schickte das Pferd letzten Endes verärgert in den Stall. Nachdem ich ihm einige Tage zugesehen hatte, fragte ich ihn, was seiner Meinung nach wohl die Ursache dieses Mißlingens sei. »Ach, das verflixte Vieh will einfach nicht!« war seine aufgebrachte Antwort. »Nein«, entgegnete ich ihm, »sie kann es nicht. Schaun

Sie, die ersten Tritte macht sie recht brav, aber mehr als diese paar Tritte kann sie einfach noch nicht ausführen. Denken Sie doch nach: Wenn man von Ihnen 10 Kniebeugen verlangt, so werden Sie sie machen. Wenn man aber 100 sehen will, dann werden Sie sagen: ›Das kann ich doch nicht.‹ Die Stute kann aber nicht sprechen, sie kann nur stummen Widerstand leisten!«

»Nero« war der lebendige Beweis dafür, daß richtiger Sport trotz höchster Anforderungen nie das Leben des Ausübenden verkürzen kann, sondern es im Gegenteil verlängern soll. Er wurde 28 Jahre alt, ein sehr hohes Alter für einen Vollblüter.

Bei allen seinen Starts im In- und Ausland war »Nero« in der Spitzengruppe plaziert; meistens wurde er sogar Sieger. Mit einem in jeder Hinsicht denkwürdigen Sieg beendete er seine Turnierlaufbahn beim internationalen Reit- und Springturnier in Insterburg im August 1939. Denkwürdig war diese Veranstaltung nicht nur als eines der letzten Reitturniere überhaupt vor dem Ausbruch des Zweiten Weltkrieges; erst in dieser im Osten gelegenen Stadt, die einem Heerlager glich, wurde mir bewußt, wie weit die Kriegsvorbereitungen schon vorangetrieben waren. Das Turnier wurde mir aber auch deshalb unvergeßlich, weil mir »Nero« hier die größten Schwierigkeiten in unserer an Abwechslung nicht armen Zusammenarbeit bereitete. Vor Insterburg nahm ich mit ihm an Turnieren in Verden/Aller, Hannover und München teil, sodaß er weite Strecken im Eisenbahnwaggon zurücklegen und dazwischen viel arbeiten mußte, um bei den stark besetzten Dressurprüfungen bestehen zu können. Nach meinem ersten Training auf ostpreußischem Boden merkte ich, daß »Nero« sich seltsam zögernd in seiner Box herumdrehte, und ich stellte mit Entsetzen seinen schwankenden Gang fest, als ich ihn auf die Stallgasse herausführen ließ. Der sofort herbeigeeilte Tierarzt bestätigte meine Befürchtung: beginnender Kreuzschlag. Dies ist eine Erkrankung, die bei sehr durchtrainierten Pferden auftreten kann, wenn sie nach einigen Ruhetagen wieder gearbeitet werden, weshalb sie im Volksmund auch Feiertagskrankheit genannt wird. Es ist eine Entzündung der Rückenmuskulatur, die im ganzen Körper Vergiftungserscheinungen hervorruft und besonders in den Hufen zu bösen Folgen führen kann. Wenn die Krankheit nicht im Anfangsstadium erkannt und behandelt wird, nimmt sie meist einen tödlichen Ausgang.

Nur durch das tatkräftige Eingreifen des Tierarztes – Aderlaß und Injektionen – konnte der volle Ausbruch dieser gefährlichen Erkrankung verhindert werden. Freilich war »Neros« Start beim Turnier sehr in Frage gestellt. Vorsorglich ließ ich ihn die wenigen zur Verfügung stehenden Tage in das fließende Wasser des Angerappflusses stellen, um die Entzündungserscheinungen besonders in seinen ohnehin so empfindlichen Hufen zum Abklingen zu bringen. Es war interessant zu beobachten, wie mühsam »Nero« den kurzen Weg zum Fluß bewältigte und um wie vieles besser ausschreitend er am Abend in die Kaserne zurückkehrte.

Während »Neros« Kaltwasserkur band ihn der Pferdepfleger an einem Brückenpfeiler fest und hielt sich selbst auf der Brücke auf. Doch der vierbeinige Patient wollte nur dann im Wasser ausharren, wenn er seinen Betreuer am Brückengeländer stehen sah. Sobald dieser sich auch nur für Minuten von seinem Posten entfernte, begann »Nero« unruhig zu werden und klagend zu wiehern, so sehr bedurfte er des menschlichen Kontakts.

Tatsächlich beschleunigte diese Kur die Heilung, sodaß ich mit ihm doch noch in einer Prüfung der Klasse S starten konnte. Daß es mir aber gelang, trotz der Erkrankung und der Unterbrechung des Trainings diese Prüfung in überlegener Manier zu gewinnen, war nur »Neros« unbedingter Treue und Verläßlichkeit zu verdanken. Für mich war dieser letzte Siegesritt alles andere als einfach. »Nero« war nämlich durch das Massieren mit Fluid im Rücken so druckempfindlich geworden, daß ich alle Geschicklichkeit aufbieten mußte, um ihn nicht durch festeres Einsitzen aus dem Gleichgewicht zu bringen. Ich saß buchstäblich wie auf rohen Eiern, doch »Nero« ließ sich nichts anmerken und kam vielumjubelt zu seinem letzten Sieg.

»Nero« war ein ausgesprochenes Original. Er liebte, wie die meisten Pferde, Zucker über alles und verstand es durch seine Schlauheit, die Ration zu vergrößern. So gab ich ihm einmal auf einem Turnierplatz sein Stückchen Zucker, merkte aber, daß er gar nicht kaute. Ich reichte ihm wieder ein Stück und mußte die gleiche Feststellung machen. In der Annahme, er habe den Zucker fallen lassen, schaute ich auf den Boden, fand dann jedoch heraus, daß der Schlaumeier die Stückchen wie ein Hamster zwischen Wange und Kiefer speicherte, um möglichst viel zu ergattern und sich dann in aller Ruhe an der Süßigkeit zu laben. Später, als »Nero« ein großer Star geworden war, hatte er es besonders gern, wenn er nach einem gelungenen Ritt von allen Seiten umstanden wurde. Dann behandelte er mich wie Luft und trachtete nur, möglichst viel von den Leckerbissen seiner Verehrer zu ergattern, denn er wußte ganz genau, daß ihm der Lohn seines eigenen Herrn nicht verlorenging.

Schlimm war es aber, wenn er die Annahme der begehrten Süßigkeit verweigerte, weil ich ihn im Laufe der Arbeit beleidigt oder zu viel von ihm gefordert hatte. Dieser vierbeinige Philosoph lehnte auf seine Art das System von »Zuckerbrot und Peitsche« ab. Für mich war dieses Verhalten immer ein Alarmzeichen, das mich daran erinnerte, etwas falsch gemacht zu haben, und mich zur Mäßigung ermahnte. Ich kann darum nur jedem Reiter empfehlen, ebenfalls die Fehler immer zuerst bei sich selbst zu suchen.

20 Jahre meines Lebens begleitete mich »Nero«, und unsere beiden Namen verschmolzen zu einem Begriff. Gemeinsam feierten wir Triumphe und hielten auch in schweren Zeiten treu zusammen. Beim Einmarsch der amerikanischen Truppen erwies er mir den vielleicht

größten Dienst seines Lebens. Ein Major entdeckte ihn im Stall und erinnerte sich an unseren Ritt bei der Olympiade in Berlin. Diese Begebenheit half mir, Kontakt zu den siegreichen Truppen zu finden und General Patton zu bewegen, die Lipizzaner aus dem Chaos zu retten, das der Zweite Weltkrieg hinterlassen hatte.

Das letzte Mal ritten »Nero« und ich vor den amerikanischen Offizieren, und dann sollte er im Gestüt ein beschauliches Dasein führen. Doch wurde der alte Herr ganz aufgeregt beim Anblick der weißen Stuten und versuchte, ihnen durch Passage und Galoppwechsel zu imponieren, sodaß ich um sein Herz besorgt war. Daher behielt ich ihn bei den Lipizzanern in meiner Nähe und konnte ihm einen schönen Lebensabend bereiten. Als »Nero« mich im Herbst 1953 für immer verließ, hatte ich meinen treuesten Kameraden und Weggefährten verloren.

Wenn ich im Buch der Erinnerungen blättere, sehe ich die braune Stute »Judith« vor mir, die ich zwar nur einige Monate geritten hatte, mit der ich mich aber sehr rasch anfreunden konnte.

»Judith« war das Chargepferd des Heeresremontierungsinspektors General Graser, dem ich viel zu verdanken hatte, darunter auch meine Kommandierung zur Spanischen Hofreitschule in den Jahren 1933 und 1934. Eines Tages fragte mich der General, ob ich die ziemlich verdorbene »Judith« zur Redressur übernehmen wolle. Er könne sie nicht jeden Tag reiten und habe sie zeitweilig einem anderen Offizier überlassen. Jetzt sei sie aber so schwierig, daß sie ihm gar keine Freude mehr mache. Und »Judith« war tatsächlich diffizil! Stellte man die Zügel an, so wollte sie davonstürmen, beim geringsten Geräusch zuckte sie zusammen, und wenn sie etwas Ungewohntes erblickte – oft nur einen Sonnenfleck oder ein düsteres Gebüsch –, ergriff sie wie von Furien verfolgt die Flucht. So machte sie auch mir keine Freude beim Ausreiten. Ich begann sie deshalb auf der Reitbahn zu arbeiten, um in ihr die Grundbegriffe von Ruhe, Gehorsam und willigem

Vorwärtsgehen wieder zu festigen und, mir am wichtigsten, um ihr Vertrauen zu gewinnen.

Wenn sich »Judith« vor irgend etwas schreckte – und sie fand dazu 1000 Möglichkeiten –, so war das keine Ungezogenheit, sondern Nervosität und Angst. Es wäre grundfalsch gewesen, sie dann zu strafen. Erweckte ein Objekt ihre Furcht, so führte ich sie mit langem Zügel vorsichtig heran. Mit angelegten Schenkeln ließ ich sie wissen, daß ich da sei und ihr deshalb nichts geschehen könne. Dabei sprach ich leise auf sie ein und ließ ihr Zeit, den »Stein des Anstoßes« ruhig zu betrachten und zu beschnuppern. Blieb sie dann ruhig, so klopfte ich sie ab und belohnte sie. Zeigte sie weiterhin Furcht, so mußte ich die ganze Prozedur wiederholen, bis sie sich beruhigte. Natürlich brauchte ich dazu oft ziemlich lange; trotzdem war es keine Zeitverschwendung, denn allmählich faßte »Judith« Vertrauen zu mir und legte ihre Schreckhaftigkeit ab. Hätte ich sie gestraft, so wäre sie gewiß nur noch ängstlicher geworden, denn ihre Angst hätte sich durch die Furcht vor der Strafe noch vervielfacht.

Dann mußte sie lernen, sich in gleichmäßigem Takt mit gleich langen Tritten fortzubewegen und das nervöse und eilige Zappeln zu vergessen, in das sie immer wieder verfiel. Hand in Hand damit ging die Forderung nach einer gleichmäßigen Anlehnung an den Zügel, denn »Judith« legte sich einmal auf den Zügel und wollte ihn dann wieder nicht annehmen. Ich erleichterte ihr diese Arbeit dadurch, daß ich auf jeden Tempowechsel verzichtete und auch die Übergänge von einer Gangart in die andere auf ein Minimum beschränkte. Rascher als ich gedacht hatte, stellte sich der Erfolg ein. Sie ging mit langem Hals, am Zügel stehend, mit kauendem Maul und entspanntem Ausdruck in gleichmäßigem Tempo, fand ihr körperliches und psychisches Gleichgewicht wieder und wurde gleichzeitig ruhig und ließ sich nicht mehr durch verschiedenste Kleinigkeiten ablenken. Als ich dies erreicht hatte, war es nicht mehr schwer, den Gehorsam auf die leisesten Hilfen zu erzielen und zu festigen. Nach einigen Wochen hatte ich ein vollkommen verändertes Pferd, das sich auch bei den gelegentlichen Ausritten viel vernünftiger benahm, weil ich es eben mehr unter Kontrolle bekommen hatte. Nach diesem Erfolg begann ich nun vorsichtig, ihre Tritte zu verlängern, und trachtete, sie lebhafter zu gestalten, wofür sich häufiges Leichttraben am besten eignete; vorsichtig deshalb, damit es zu keinem Rückfall in die eiligen und ungeregelten Tritte komme. Mit dieser Arbeit war natürlich ein vermehrtes Vorwärtsgehen verbunden, und ich konnte jetzt sehen, welch schönen Gang »Judith« zu entwickeln vermochte. Natürlich waren es zuerst nur wenige Tritte, mit denen ich mich zufriedengeben mußte, aber die ständige Steigerung der einzelnen Tritte ergab schließlich einen Gang, den ich gar nicht zu erwarten gewagt hatte.

Als General Graser nach einiger Zeit mit »Judith« ausritt, war er voll des Lobes über die Verbesserung seines Pferdes und deutete mir an, daß es ihn sehr freuen würde, wenn ich die Stute turnierreif machen könnte. Ich griff seine Idee mit Begeisterung auf, weil auch ich an der Arbeit mit ihr viel Freude gewonnen hatte. Nachdem sie den gleichmäßigen Gang wiedererlangt hatte, der ihr zweifellos von der Natur geschenkt worden war, und als sie Vertrauen zu mir besaß und mich verstehen gelernt hatte, vergaß sie ihre bisher üblichen Ablenkungsmanöver; ich konnte sie nun auch im verkürzten Tempo arbeiten. Immer wieder schaltete ich eine Reprise im Normal- oder Mitteltempo ein, um den Vorwärtsdrang zu erhalten und die Lebhaftigkeit der Tritte oder Galoppsprünge zu erhöhen. Ich lehrte »Judith« auch verschiedene Übungen, die sie, nachdem sie ihr inneres Gleichgewicht gefunden hatte, in unglaublich kurzer Zeit begriff, sodaß ich schon Pläne faßte, bei den kommenden Turnieren des Jahres 1934 in mittleren Dressurprüfungen zu starten.

Der General, der sich selbst von den Fortschritten überzeugte, war sehr begeistert, stellte mir aber eines Tages eine Frage, die zu beantworten mir bei einiger Gewissenhaftigkeit sehr schwer fiel. Er teilte mir mit, daß er Gelegenheit hätte, »Judith«, die in der Zwischenzeit in sein Eigentum übergegangen war, zu verkaufen, er aber gern auf den Vorteil verzichten möchte, wenn ich ihm garantieren könnte, daß »Judith« in zwei Jahren weit genug gefördert sei, um an den Olympischen Spielen in Berlin teilzunehmen. Nun hatte ich zu dieser Zeit schon zwei olympiareife Pferde, nämlich »Nora« und »Nero«, die im Aussehen freilich nicht annähernd an »Judith« heranreichten, dieser aber wohl an Können weit überlegen waren. Außerdem wußte ich um die vielen Klippen, die bis zu diesem hohen Ziel zu überwinden waren, und auch die Tatsache war mir bekannt, daß der General zu sehr scharfer Kritik neigte. So erklärte ich, daß ich gegenwärtig wohl versprechen könne, »Judith« bis zu den Anforderungen einer Dressurprüfung der schweren Klasse zu fördern, aber noch nicht beurteilen könne, ob mir die Ausbildung in Piaffe und Passage, die in der Olympiade-Dressurprüfung gefordert werden, fristgerecht gelingen würde. So entschloß sich der General, sein Pferd in die Schweiz zu verkaufen.

Ein knappes Jahr später kam ich zum Turnier nach Thun, wo mir der neue Besitzer »Judith« zeigte, die teilnahmslos in ihrer Box stand, ihre Umgebung und die Vorgänge im Stall völlig ignorierend. Ich rief sie mit dem Kosenamen »Weibi« an, den ich immer gebraucht hatte, und ich werde nie vergessen, wie sie aus ihrer Versunkenheit langsam den Kopf hob und die Ohren spitzte, als wollte sie in ihrer Erinnerung nach dem Besitzer der Stimme forschen. Dann drehte sie sich langsam um, kam heran und begrüßte mich mit einem ganz leisen, vertraulichen Wiehern. Der Besitzer beobachtete dies sehr erstaunt und murmelte nur: »Merkwürdig, zu mir ist dieses komische Vieh noch nie gekommen, sooft ich sie auch gerufen habe!«

Das war meine letzte Begegnung mit »Judith«, die mich lehrte, daß man das Eigenleben des anderen Geschöpfes erforschen muß, wenn man mit ihm in einen innigen Kontakt kommen will. Besitzer zu sein allein genügt nicht!

Im Spätherbst 1934 wurde ich als Reitlehrer dem Militär-Reitlehrerinstitut zugeteilt, das sich seit einigen Jahren in der Nähe Wiens in Kaiserebersdorf befand. Ich suchte mir unter den jungen Remonten »Rokoko« aus, eine vierjährige Fuchsstute aus österreichischer Landespferdezucht, und begann, sie systematisch auszubilden. »Rokoko« war noch jung und hatte einen etwas langen Rücken, und so wollte ich keinesfalls in den Fehler verfallen, die Ausbildung hastig voranzutreiben. Kommt es doch nur zu oft vor, daß ein erfolgreicher Turnierreiter unwillkürlich die Ausbildung seines jungen Pferdes beschleunigt und mehr von dem Tier verlangt, als es sein Alter sowie die physische und die psychische Verfassung gestatten. Besonders groß ist die Versuchung dann, wenn dem Reiter nur ein einziges und junges Pferd zur Verfügung steht. Da ich in »Nero« und »Otto« zwei Pferde hatte, die den höchsten Anforderungen der Dressurprüfungen gewachsen waren, konnte ich mich mit »Rokoko« in aller Ruhe befassen und in konsequenter Arbeit die Grundlage der reellen Ausbildung schaffen.

Die erste Arbeit mit einem jungen Pferd bietet dem fortgeschrittenen Reiter wenig Abwechslung und vor allem keine Möglichkeit, Zuschauern durch spektakuläre Übungen zu imponieren. Es ist das Stadium des Geradeausreitens, in dem der Reiter trachtet, das Pferd ohne viele Wendungen vorwärts zu reiten und es im Leichttraben an sein Gewicht zu gewöhnen. Würde er in diesem Stadium bereits aussitzen, so empfände das Pferd sein Gewicht als zu große Belastung seines noch schwachen Rückens, und der Keim für viele spätere Schwierigkeiten wäre gelegt. Zu hohe Aufrichtung, Verhaltenheit und schließlich Widersetzlichkeit sind nur allzuoft die Folge von forcierter Arbeit.

Versteht es der Reiter hingegen, sein Pferd langsam mit der Arbeit vertraut zu machen, die Anforderungen sinnvoll aufzubauen und der Entwicklung des jungen Tieres Rechnung zu tragen, so legt er damit den Grundstein zu einer reellen Ausbildung.

»Rokoko« war ein problemloses Pferd, und so stellte sich das Resultat der wohldurchdachten und systematischen Arbeit schon im Frühjahr 1936 ein, als wir nach kaum eineinviertel Jahren bei ihrem ersten Start in einer Dressurprüfung der Klasse M in Wien einen eindeutigen und allgemein beachteten Sieg über die älteren Dressurcracks erringen konnten.

Für mich und für viele meiner Kameraden galt es als ein ungeschriebenes Gesetz, daß ein Reitlehrer des Militär-Reitlehrerinstituts nie in Dressurprüfungen der leichten Klasse antreten dürfe, auch nicht mit einem jungen Pferd. Die leichten Prüfungen waren dem Reiternachwuchs vorbehalten. Diese Regel bedeutete zwar eine Erschwernis für die Betroffenen, war aber von Fairneß diktiert, denn die aufstrebenden jungen Reiter sollten angeeifert und nicht unterdrückt und entmutigt werden. Jedenfalls war es eine noblere Haltung als das so häufige Jagen nach Schleifen um jeden Preis.

Desgleichen sollte ein Pferd, das S-Prüfungen, also schwere Klasse, absolviert hat, nicht in den leichten Klassen antreten und ein olympiareifes Pferd nicht in den mittleren Dressurprüfungen. Dabei gab es in jeder Klasse ein Alterslimit nach oben; ab einem bestimmten Alter hatte das Pferd also in der nächsthöheren Klasse anzutreten oder, wenn es dafür nicht die Eignung besaß, vom Turniersport Abschied zu nehmen. Heute hingegen, in der nach schnellen Erfolgen strebenden Zeit, muß im Interesse der Pferde eine Altersgrenze nach unten gesteckt werden, um zu verhindern, daß sie zu jung vor hohe Anforderungen gestellt werden und sich dadurch vorzeitig verbrauchen.

Im damaligen Österreich war durch diese kavaliersmäßige Regelung und die geringe Anzahl der Turniere die Startmöglichkeit sehr beschränkt, sodaß »Rokoko« erst ein Jahr später das zweite Mal an einem Turnier teilnehmen konnte und den Sieg von 1936 wiederholte. Im gleichen Jahr, 1937, erhielt sie auch Gelegenheit, sich in Deutschland mit international bekannten Dressurpferden zu messen und sogar in der Spitzengruppe zu plazieren. Allerdings mußte ich mit Bedauern erkennen, daß »Rokoko«, die zu den besseren Remonten des Militär-Reitlehrerinstituts zählte, materialmäßig sehr gegen die internationalen Dressurpferde abfiel.

Den schönsten Erfolg schenkte mir die Stute, als sie im Herbst 1937 den vom bekannten Maler Ludwig Koch gestifteten Preis gewann, ein Bild mit der Widmung »Den österreichisch-ungarischen Militär-Reitlehrerinstituten zum Gedenken«. Einige Jahre vorher hatte ich Koch, mit dem ich sehr befreundet war, in seinem Atelier besucht, und dabei zeigte er mir ein gerade vollendetes Bild, das einen Husarenoffizier beim Preisreiten in der österreichisch-ungarischen Monarchie darstellte, mit der Bemerkung: »Hier ist der Preis, den Sie gewinnen müssen. Sie haben mir die Idee zu diesem Bild gegeben, als Sie mir ›Nora‹ nach Ihrem Sieg vor ›Nero‹ und vielen internationalen Reitern in der Hauptprüfung auf Stange allein vorritten. Mit Ihnen erlebt die altösterreichische Reiterei ihre Renaissance, und so gibt es keinen Würdigeren als Sie, dieses Bild zu gewinnen!« Die Bedingung war, daß der Reiter sein noch nicht siebenjähriges Pferd in einer schwierigen Prüfung der mittleren Klasse auf Stange allein vorzureiten hatte, wobei besonderer Wert auf schwungvolle Gänge gelegt wurde. Damit wurde auf die Tradition der alten österreichisch-ungarischen Militär-Reitlehrerinstitute hingewiesen. »Auf Stange allein« heißt, daß das Pferd nur mit den Kandarenzügeln in der linken Hand geführt wird, was eine sehr leichte und gefühlvolle Führung erfordert. Ich war glücklich, daß mir »Rokoko« half, den Wunsch des inzwischen verstorbenen großen Meisters zu erfüllen.

»Rokoko« war es auch, mit der ich bei meinem letzten Start in Wien im Mai 1938 die schwere Dressurprüfung gewann und damit meiner Wiener Turnierlaufbahn einen würdigen Abschluß setzte, bevor ich meine neue Dienststellung im Norden Deutschlands antrat.

Wie ich schon erwähnte, standen mir für meine Arbeit ausschließlich heereseigene Pferde zur Verfügung, da die Einstellung privater Pferde nicht gestattet war. Die österreichische Heeresverwaltung setzte jedoch nur einen sehr geringen Betrag als Ankaufspreis aus; daher waren alle meine Dressurpferde von minderer Qualität, denn alle guten Pferde gelangten in den Besitz der Zivilreiter, die außerdem unbeschränkt Pferde im Ausland ankaufen konnten, während das Bundesheer den Bedarf im Inland zu decken trachtete. Gegen diese Dressurpferde aus Privatbesitz hatte ich jahrelang bei den Reitturnieren anzutreten. Wenn es mir trotzdem gelang, diese Klassepferde mit meinen Dienstpferden zu schlagen, so ist dies der deutlichste Beweis dafür, daß es beim Dressurreiten in erster Linie auf den Reiter ankommt und dann erst auf das Pferd. Gottlob kann man den Erfolg nicht einfach mit einem guten Pferd erkaufen. Diese Tatsache kann nicht oft genug ins Gedächtnis gerufen werden, besonders in der heutigen Zeit, in der versucht wird, alles nur in geldlichen Werten auszudrücken. Ist es doch eigentlich schon fast so weit gekommen, daß viele Reiter glauben, den unbestrittenen Sieg schon in der Tasche zu haben, wenn sie sich ein sehr teures Pferd – womöglich im Ausland – kaufen.

Mein vom Material her bestes Dienstpferd war »Teja«, ein sehr figuranter und gängiger Ungar aus dem Gestüt des Prinzen Ludwig von Bayern in Sárvár. Er wurde 1937 dort angekauft, weil der Pferdebedarf des Bundesheeres und der Polizei nicht mehr in Österreich allein gedeckt werden konnte. »Teja«, ein brauner Halbblutwallach, hatte wie die meisten Ungarn ein feuriges Temperament und einen sehr schwierigen Charakter. Später fand ich auch die Erklärung für sein scheues Wesen. Ich erfuhr, daß er bei der Musterung durch eine österreichische Pferdeankaufskommission in Budapest als Reitpferd für einen General erprobt worden war. Da er beim Aufsitzen aus Furcht vor dem unbekannten Reiter nicht stehenbleiben wollte, wurde er zunächst vom Ankauf zurückgestellt. Der Händler ließ nun in den folgenden Tagen wahllos alle Leute, deren er habhaft werden konnte, auf »Teja« aufsitzen und verprügelte ihn jedesmal beim leisesten Versuch, sich zu bewegen. Durch diese rüde Behandlung wurde »Teja« derart eingeschüchtert, daß er bei der nächsten Musterung keine Schwierigkeiten mehr zu zeigen wagte und angekauft wurde. In Wien ließ er aber seinen General dann doch nicht aufsitzen! So kam es, daß ich ihn als Chargepferd erhielt.

Bei diesem schwierigen Pferd kamen mir die mit »Otto« gesammelten Erfahrungen sehr zustatten, und ich ließ mich auch durch niemanden mehr vom eingeschlagenen Weg abbringen. Und »Teja« brachte wahrhaftig eine Fülle von Schwierigkeiten mit, gegenüber denen die mit »Otto« erlebten verblaßten. Es begann mit dem Widerstand beim Aufzäumen und beim Beschlagen bis zu den beim Reiten auftretenden Komplexen. So wollte er an entgegenkommenden Pferden nicht vorübergehen und drehte sich bei ihrem Anblick ganz unvermutet blitzartig um, was manchmal höchst unangenehm werden konnte, besonders im Anfang, als er noch nicht unter Kontrolle der Hilfen stand. Ich aber überging diese Ungezogenheiten jedesmal, führte ihn in voller Ruhe in die alte Richtung und setzte meine Arbeit fort, als ob gar nichts geschehen wäre. Oberbereiter Polak, der mich bei der Arbeit beobachtete und sah, wie »Teja« mir immer wieder die gleiche Schwierigkeit bereitete, wollte wissen, warum ich ihn nicht endlich einmal ordentlich bestrafe. Ich ließ mich aber diesmal nicht beirren, weil ich überzeugt war, mit Geduld besser ans Ziel zu kommen. Es dauerte zwar Monate, bis ich »Teja« diese Unart abgewöhnt hatte, aber dafür war der Erfolg dann bleibend. Meine Vermutung, daß nur Angst ihn zu seinen Mätzchen verleitete, fand dann in der Deutschlandhalle in Berlin 1939 ihre Bestätigung, als die Vorprüfungen auf zwei nebeneinanderliegenden Dressurvierecken abgehalten wurden, die nur durch ein einfaches Gatter voneinander getrennt waren. Als mir der Reiter auf dem anderen Viereck zum ersten Mal entgegenkam, starrte ihn »Teja« wie hypnotisiert an. Ich fühlte schon die Gefahr des plötzlichen Stehenbleibens heraufkommen, setzte mich tief in den Sattel und ließ ihn meine angelegten Schenkel vermehrt fühlen. Tatsächlich siegte das Vertrauen zu mir über seine Ängstlichkeit mit dem Ergebnis, daß er sich als Dritter knapp hinter den turniererprobten Pferden Oberst Bürkners und Herrn Lörkes plazieren konnte: ein schöner Erfolg für sein erstes Auftreten.

Und diesem Erfolg schlossen sich noch viele andere an bis zu den Prüfungen der Hohen Schule, in denen er besonders durch seine Piaffen, Passagen, Pirouetten und Eintempo-Changements glänzte. Aber noch höher als die reiterlichen Triumphe schätzte ich einen psychologischen Sieg ein.

Wie ich schon erwähnte, hatte er eine unüberwindliche Abneigung gegen das Beschlagen besonders der Hinterbeine und wehrte sich mit allen ihm zu Gebote stehenden Mitteln. Mit der Zeit wurde es statt besser immer schlechter, und hatte dieser Kampf zwischen Pferd und Mensch am Anfang nur Kratzwunden hinterlassen, so gab es später Verletzungen und veranlaßte den Schmied zum Einsatz immer schärferer Mittel, von der Longe angefangen, mit der er »Tejas« Hinterfuß aufzuheben versuchte, bis zum »Pfeiferl«, einem besonders peinigenden Zwangsinstrument, das die Oberlippe des Pferdes mit einem Strick und einem Knebel einschnürt, bis der Schmerz in der Lippe das Tier alles andere vergessen läßt. Ein Mittel, das selbst die Tierärzte noch bis vor wenigen Jahrzehnten mangels praktisch bewährter Narkosemethoden bei chirurgischen Eingriffen verwenden mußten.

Schließlich konnte man »Teja« überhaupt nicht mehr beschlagen, ohne ihn vorher mit Spritzen zu betäuben. Er bekam Morphiuminjektionen, die ihn vorübergehend willenlos machten, sodaß er die

Prozedur ohne Widerstand über sich ergehen ließ. Allerdings war die Wirkung besonders in psychischer Hinsicht dann noch einige Tage beim Reiten zu spüren. Er war noch nervöser, und obwohl er den Injektionsstich schon längst nicht mehr spüren konnte, durfte ich ihn am Hals nicht berühren. Später ließ er den Tierarzt – selbst ohne weißen Mantel – nicht mehr in seine Nähe kommen. Er witterte sogar die hinter dem Rücken versteckte Injektionsspritze und präsentierte sofort, zum Ausschlagen bereit, seine Hinterhand.

Nun bemühte ich mich auf psychologischem Wege dieser Schwierigkeit beizukommen. Ich saß nach der Arbeit auf der Reitbahn ab und versuchte sofort, seine Hinterfüße einzeln aufzuheben. Gleich merkte ich sein aufkommendes Mißtrauen und begnügte mich damit, daß er seine Hinterfüße nur eine oder zwei Sekunden unter vielem Schmeicheln aufheben ließ. Ich gab ihm Zucker und ließ ihn in den Stall führen. Am nächsten Tag ließ er dieselbe Prozedur bereits mit weniger Mißtrauen über sich ergehen und wurde darauf wieder zur Belohnung in den Stall gebracht. Bei der täglichen Wiederholung verlängerte ich die Zeit des Aufhaltens immer mehr, gab es aber sofort auf, wenn er unruhig zu werden begann. Nach einigen Wochen hatte ich erreicht, daß er auf der Reitbahn vor, während und nach dem Reiten widerstandslos die Hinterbeine bis zu einer Dauer von fünf Minuten und länger aufheben ließ.

Nun verlegte ich den gleichen Vorgang in den Stall, mußte aber wieder ganz von vorne beginnen, weil er das erste Mal deutliche Zeichen von Aufregung zeigte. Offenbar erinnerte er sich an die Beschlagsversuche im Stall. Als Zeitpunkt wählte ich die Mittagsfütterung, sodaß er zur Belohnung dann seinen Hafer verzehren konnte. Nach viel kürzerer Zeit konnte ich seine Hinterfüße hier im Stall genauso lange aufheben wie vorher auf der Reitbahn.

Hatte ich diese »Übungen« bisher immer allein durchgeführt, so ließ ich nun, da »Teja« sich vollkommen ruhig verhielt, den Schmied mit mir die Box betreten. Ich merkte sofort, daß »Teja« unruhig zu werden begann, und begnügte mich mit einer kürzeren Zeitspanne, die ich aber bald wieder zu verlängern begann. Der nächste Schritt war, daß der Schmied mit seinem Werkzeug in die Box kommen und damit am Huf herummanipulieren mußte, zuerst ganz sacht und kurz, dann allmählich fester und länger. Sechs Wochen später waren wir in der Lage, »Teja« ohne Gewalt und nur mit gutem Zureden zu beschlagen, ohne daß er Schwierigkeiten machte. Allerdings achtete ich darauf, daß sein Hinterfuß nie länger als fünf Minuten hochgehalten wurde, damit »Teja« sich wieder ausruhen und keine Schmerzen empfinden konnte. Denn wahrscheinlich ist seine ganze Abwehr nur daraus entstanden, daß sein Hinterfuß zu lange und zu hoch gehalten worden war, was beim Beschlagen oft passiert, dem Pferd aber Schmerzen verursacht. Da »Teja« sehr intelligent war, hatte er sich jedesmal sofort daran erinnert, wenn der Schmied in seine Nähe kam, und sich auf seine Weise zur Wehr gesetzt.

Obwohl diese Episode mit dem Reiten selbst nichts zu tun hat, konnte sie mir doch die zwei verschiedenen Arten der Dienstbarmachung des Pferdes mit allen daraus resultierenden Folgen vor Augen führen. Da ist einmal die bedingungslose Unterwerfung durch Gewalt und Strafen, die vielleicht rascher zum Ziel führt, aber nur dann, wenn es der Reiter mit gutmütigen und nicht zum Kampf neigenden Geschöpfen zu tun hat. Doch diese Art der Erziehung wird das Eigenleben der Tiere unterdrücken und zu einem Gehorsam aus Angst führen. Damit geht aber der Schmelz des Pferdes verloren, und es wird sich dem Menschen gegenüber teilnahmslos, ja sogar ablehnend verhalten.

Erfolgt aber die Erziehung des Pferdes durch Güte, durch reichliches Beruhigen und Belohnen sowie Eingehen auf sein Wesen, dann wird man erreichen, daß es gerne gehorcht, und auch bei dem vierbeinigen Partner Freude an der Arbeit erkennen. Vielleicht wird es etwas länger dauern als bei der anderen Methode, aber es wird nie zu einem häßlichen Kampf zwischen Tier und Mensch kommen. Charme und Glanz des Pferdes werden bewahrt, ja gefestigt und bis ins Alter erhalten bleiben.

»Tejas« Probleme lagen also weniger im Mechanisch-Reiterlichen als im Psychologischen, doch vielleicht gerade weil er anfangs so schwierig gewesen war, wurde unsere Verbundenheit um so stärker. Im Gegensatz zu »Nero« und »Otto« besaß er einen wunderbaren Vorwärtsdrang, der die Arbeit mit ihm sehr leicht und angenehm gestaltete. Er begriff sehr rasch, was von ihm verlangt wurde, und schien selbst Freude an der Bewegung zu haben. Sein raumgreifender Galopp stand dem eines Vollblüters nicht nach, und sein Trab war schwungvoll und federnd. Es war daher nicht schwer, aus diesem wunderbar gleichmäßigen Trab die Passage zu entwickeln, jene stolze und feierliche Bewegung, bei der sich das Pferd von einem diagonalen Beinpaar auf das andere schwingt und dazwischen einen Augenblick lang in der Luft schwebt, ohne den Boden zu berühren. Pferde, die sich etwa auf der Weide erregen oder unvermutet anderen Pferden begegnen, zeigen diesen wundervollen Gang in freier Natur, der einem erhabenen Trab im Zeitlupentempo gleicht.

Als erstes lehrte ich »Teja«, auf die leisesten Schenkelhilfen hin energisch und mit langen Tritten vorwärts zu gehen und sofort zu verkürzen, wenn ich das Kreuz anstellte. Dabei durften seine Tritte nicht langsamer werden, sondern sie mußten erhabener kommen, er sollte also die Beine, die er im Mitteltrab und noch mehr im starken Tempo raumgreifend vorwärts gestreckt hatte, höher heben, damit die Tritte kürzer werden konnten, ohne daß sich der Rhythmus veränderte.

Allmählich verkürzte ich die Intervalle zwischen dem Verstärken und dem Verkürzen des Tempos immer mehr. Nach vier oder drei und später noch weniger Tritten des energischen Vorwärtsgehens veranlaßte ihn mein angestelltes Kreuz bereits wieder zum Verkürzen. Aus diesem schwungvollen Verstärken und blitzartigen Verkürzen entstanden schließlich einige erhaben schwebende Tritte, aus denen sich dann die Passage entwickelte.

Diese Schilderung soll aber nicht den Eindruck erwecken, als hätte ich nichts anderes geübt und in kürzester Zeit diese Passagetritte erzielt. Vielmehr dauerte es ungefähr sechs bis sieben Wochen, bis ich von »Teja« diese ersten schwebenden Trabtritte erreichte und dann immer erst am Schluß seiner täglichen Lektion. Diese vorbereitenden Übungen stellen große Anforderungen an das Pferd, sowohl in körperlicher wie auch in geistiger Hinsicht, und so verlegte ich sie an das Ende der Arbeit, damit ich ihn dann zur Belohnung in den Stall schicken konnte. Selbstverständlich durften auch die anderen Übungen wie Seitengänge und Galopparbeit nicht vernachlässigt werden. Langsam und vorsichtig wurden dann diese wenigen Passagetritte vermehrt, »Teja« konnte sie eine halbe lange Wand entlang ausführen und schließlich eine ganze Länge. Nach einem halben Jahr war diese glanzvolle Übung der Hohen Schule so gefestigt, daß »Teja« sie auf der Mittellinie genauso schwung- und kraftvoll zeigte wie auf dem Hufschlag, wo die Wand dazu beiträgt, daß das Pferd gerade bleibt. Als er so weit war, konnte er auch die ganze Reitbahn in stolzer Passage umkreisen.

Ich habe bereits über den Unterschied zwischen runder und gestreckter Passage geschrieben. Die runde Passage ist besonders bei den Lipizzanern zu finden, während die gestreckte mehr den Voll- und Halbblütern zu eigen ist, deren geringere Knieaktion keine so erhabene Passage gestattet, hingegen einen sehr ausdrucksvollen starken Trab ermöglicht. Obwohl »Tejas« Trab schwungvoll und raumgreifend war, zeigte er in der Passage eine hohe Knieaktion und ein so kraftvolles Untertreten der Hinterbeine, daß seine Passage dem Vergleich mit der eines Lipizzaners standhalten konnte.

Leider wurde »Tejas« verheißungsvolle reitsportliche Karriere durch den Ausbruch des Krieges und dessen Folgen für fast 10 Jahre unterbrochen, und sein Können durfte sich nur im abgeschlossenen Rahmen bewähren. Ich war glücklich, daß ich ihn gemeinsam mit »Nero« über die schweren Zeiten hinweg an meiner Seite durchbringen konnte. 1948 nahmen wir an den Olympischen Spielen in London teil. Leider war die Erleichterung, die man den Dressurpferden dieser ersten Olympischen Spiele nach dem Kriege gewährte – ein Grand Prix ohne Piaffe und Passage –, für »Teja« ein ausgesprochener Nachteil, denn er beherrschte beide Übungen in vorbildlicher Weise. Dazu kamen noch andere Handicaps, deren Ursachen nicht im Reiterlichen zu suchen waren.

Immerhin hinterließ »Teja« einen so vorzüglichen Eindruck, daß ich von der British Horse Society eingeladen wurde, ihn bei der großen internationalen Horse Show in London im Juli 1949 vorzureiten. Diese Aufforderung erhielt ich, obwohl ich nicht zu den Medaillenträgern der Olympischen Spiele im vorangegangenen Jahr gehörte. Mit der Vorführung »Tejas« nach den Prinzipien der klassischen Reitkunst in London 1949 und in Dublin 1950 hatte dieser brave ungarische Halbblutwallach den Höhepunkt seiner Laufbahn erreicht. Es gelang ihm, nicht nur die Zuschauer in dem Riesenstadion, der White City, zu begeistern, sondern auch die größten Skeptiker und Gegner der Dressurreiterei in England von ihrer irrigen Voreingenommenheit zu kurieren. Der Chairman der British Horse Society, Colonel V. D. S. Williams, hatte mir Gelegenheit gegeben, »Teja« und die beiden Lipizzanerhengste »Pluto Theodorosta« und »Neapolitano Africa« einige Tage vor Beginn des Turniers auf seinem herrlich gelegenen Landsitz East Burnham Park in der Nähe von Windsor für ihre Aufgabe vorzubereiten. Er forderte mit meinem Einverständnis seine Freunde und Interessenten, aber auch alle Gegner der Dressur auf, mir bei meiner Arbeit zuzusehen. Diese Einladung fand so viel

Anklang, daß täglich einige Dutzend von Zuschauern kamen, unter denen viele aber nur darauf erpicht waren, etwas Negatives zu beobachten. Also mußte ich alle Erfahrung und Kenntnis sehr überlegt einsetzen, um einerseits meine Pferde für die bevorstehenden Aufgaben vorzubereiten und andererseits zu beweisen, daß die Dressurreiterei keineswegs so unnatürlich und grausam ist, wie man sie sich damals in England vorstellte. Anscheinend wurde diese Meinung dort noch durch die Erinnerung an die Gewaltmethoden des im 17. Jahrhundert lebenden Herzogs von Newcastle aufrechterhalten.

Hier erntete ich dank »Tejas« Leistungen meine ersten Erfolge, denn die Kritiker waren mehr an seiner Arbeit als an der der Lipizzaner interessiert, weil er dem Typ des englischen Pferdes näher stand. In Gesprächen versuchte ich, ihre Zweifel zu erfahren, um dann gerade das zu zeigen, was ihre Bedenken wachrief. Dieser Arbeit, die ohne Geheimnistuerei vor aller Augen vor sich ging, gelang es dann, die schärfsten Kritiker in interessierte Beobachter zu verwandeln. So äußerte sich einer der größten Zweifler und Gegner der Dressur, Colonel Cubitt, der Presse gegenüber, wie beeindruckt er von der Ausbildung meiner Pferde, insbesondere des Vollblüters (womit er »Teja« meinte) sei, denn es müsse ein Vergnügen sein, Pferde zu reiten, die so leicht in der Hand seien und sich im idealen Gleichgewicht befänden.

Als dann das Turnier begann, ritt ich täglich nachmittags und abends zuerst einen der Lipizzaner und dann »Teja« vor. Dadurch sollte den Zuschauern das Wesen der klassischen Reitkunst nähergebracht werden. Sie sollten sehen, daß die Kunst der Hohen Schule nichts anderes ist als die zu höchster Vollkommenheit geförderten natürlichen Bewegungen, die jedes Pferd auch ohne Reiter und in der freien Natur auszuführen imstande ist, und daß die grundlegende Schulung, auf die sich diese Reitkunst aufbaut, genau dieselbe ist, die jedes Pferd – Jagd-, Spring- oder Reitpferd – durchlaufen sollte. Ferner wurde bewiesen, daß auch dem englischen Typ ähnliche Pferde wie »Teja« für die Hohe Schule ebenso geeignet sein können wie die Lipizzaner.

Der Erfolg meines ersten Auftretens war überwältigend. Ich hätte nie gedacht, daß es mir gelingen könnte, mit meinem ersten Ritt die Herzen der Engländer zu erobern und als einzelner Reiter so viele Tausende zu begeistern. Eine Begeisterung, die von Tag zu Tag wuchs. Wenn ich mit meinen Pferden die Straße zum Turnierplatz überquerte, liefen mir die Kinder nach und riefen: »This is the dancing horse …«

Die gesamte Presse würdigte die große Begeisterung, die noch selten ein einzelner Reiter in dem weiten Rund der White City beim Publikum erwecken konnte, und ein Wochenmagazin berichtete in einem langen Artikel: »Nachdem Oberst Podhajsky die Hohe Schule auf einem Lipizzaner vorgeführt hatte, zeigte er das gleiche auf seinem englischen Vollblüter ›Teja‹ und demonstrierte damit, daß es der Reiter ist und nicht nur das Pferd, das zählt …«

»Teja« hatte, wie mir Colonel Williams immer wieder versicherte, wesentlich dazu beigetragen, das Interesse der Engländer zu erwecken, sodaß die bis dahin in Großbritannien fast unbekannte und beinahe verpönte Dressurreiterei in den beiden darauffolgenden Dezennien einen unvorstellbaren Aufschwung in diesem Lande nahm. Unser Erfolg veranlaßte die Royal Dublin Society, mich in einem offiziellen, an die österreichische Regierung gerichteten Schreiben einzuladen, mit meinen Pferden zur Spring Show 1950 – einer großen landwirtschaftlichen Ausstellung in Dublin – zu kommen. Es war das erste Mal, daß ein Dressurreiter Gelegenheit erhielt, im Lande der Jagd- und Springreiter sein Können zu zeigen. Ich löste die Aufgabe in gleicher Weise wie in England, ritt immer zuerst »Pluto Theodorosta«, daran anschließend »Teja« und erntete auch hier einen für Irland ungewöhnlichen, stürmischen Applaus. Die Tageszeitung »Evening Herald« berichtete unter anderem, es sei sehr gut gewesen, daß ich zwei verschiedene Pferdetypen mitgebracht habe. Damit sei demonstriert worden, daß es nicht notwendig sei, Pferde einer speziellen Zucht zu verwenden, um in der Dressur erfolgreich zu sein. »Teja«, der einem gutgezüchteten Reitpferd aus Irland gleichkomme, habe dies eindeutig bewiesen …

Übrigens hat »Teja« in Dublin meine Kreditwürdigkeit genauso bekräftigt, wie dies heute im Geschäftsleben ein Luxusauto zu bestätigen vermag. An einem Ruhetag ging ich in Zivil einiger Besorgungen wegen in ein Geschäft und merkte, als es ans Zahlen kam, daß ich nicht genügend Geld bei mir hatte. Ich bat den Inhaber, das Paket bis zum nächsten Tag aufzubewahren, doch er forderte mich auf, es gleich mit mir zu nehmen und ihm den Restbetrag später zu bringen. Auf meine erstaunte Frage, wieso er mir als Fremdem so viel Vertrauen entgegenbringen könne, antwortete er nur: »Es kennt Sie doch ein jeder, ganz Dublin spricht nur von Ihren Dressurpferden.«

Damit fand »Tejas« Auftreten in der Öffentlichkeit einen würdigen Abschluß, und ich konnte ihm noch einen schönen Lebensabend bei Freunden in der Schweiz sichern. In kreatürlicher Schönheit hat er auch sein irdisches Dasein beschlossen: Bei strahlendem Sonnenschein, die saftige Koppel genießend, erblickte er seine gütige Betreuerin und galoppierte ihr freudig entgegen. Plötzlich erhob er sich steil auf die Hinterbeine und stürzte leblos zu Boden. Ein Herzschlag hatte seinem Leben ein Ende bereitet.

Mein letztes Dienstpferd im österreichischen Bundesheer, ja mein letztes Militärpferd überhaupt, war der Vollblüter »Bengali«, der zwei Jahre hindurch auf der Rennbahn in der Freudenau erfolgreich gewesen war und von seinem Besitzer, Nikolaus Freiherr von Ditfurth, dem Bundesheer nur unter der Bedingung verkauft wurde, daß ich ihn zum Reiten bekam. »Bengali« war ein schöner schwarzbrauner Wallach mit guten Gängen, zeigte aber trotz seiner Rennleistungen nicht die geringste Ambition zum Vorwärtsgehen, wenn ich ihn allein ritt. Im Gegenteil, seine Reaktion auf jede Überraschung war ein blitzartiges Zurückeilen.

Ich hoffte, diese Unart am besten durch Geländeritte in der Gesellschaft anderer Reiter zu korrigieren, mußte dabei aber feststellen, daß er fürs Springen auch nicht viel übrig hatte. An einem schönen Oktobermorgen ritt ich mit einer Gruppe von Reitern den Donaudamm entlang, doch als wir an eine Barriere kamen, verweigerte »Bengali« den Sprung. Um es ihm leichter zu machen, ließ ich mich von zwei Reitern in die Mitte nehmen, bevor wir uns neuerlich zum Überwinden des Hindernisses anschickten. Zu dritt ritten wir flott gegen die Barriere, die beiden anderen Pferde setzten darüber, doch »Bengali« blieb trotz des Anlaufes und des guten Beispiels seiner beiden Nachbarn wiederum wie angenagelt stehen. Es wäre nicht so schlimm gewesen, wenn er sich nur auf das Stehenbleiben beschränkt hätte. Aber er ergriff sofort rückwärtstretend die Flucht vor dem Hindernis. Ich habe nie in meinem Leben ein Pferd gesehen, das so rasch rückwärts eilen konnte. Ich erlebte aber auch gottlob nie mehr die Überraschung, die mir »Bengali« nun bereitete. Er verfehlte die Richtung, geriet mit den Hinterbeinen auf den Steilhang des gepflasterten Dammes und stürzte, mit mir sich überschlagend, in die herbstkalte Donau. Nachdem ich aus dem Wasser herausgekrabbelt war, sah ich zu meinem Entsetzen »Bengali« in der Mitte des Stromes abwärts treiben. Die Donau ist an dieser Stelle sehr tief und fließt sehr rasch, sodaß ich in diesem Augenblick befürchtete, mein Pferd für immer verloren zu haben. Als ich instinktiv seinen Namen rief, war das nur ein schwacher Versuch, das unabwendbar erscheinende Schicksal aufzuhalten. Aber die vertraute Stimme wirkte wie ein Wunder: »Bengali« hob leise wiehernd den Kopf und kämpfte mit allen Kräften gegen die Strömung an, um bei mir ans Ufer zu kommen. Es war nicht leicht, ihn über den steilen und steinigen Damm heraufzuziehen.

Dieser Vorfall bestätigte wieder einmal, daß bei einem Vollblüter, selbst wenn er Rennen geht, der Schwung und Vorwärtsdrang nicht unbedingt vorausgesetzt werden kann. Es ist doch ein großer Unterschied, ob nur der Herdentrieb oder aber eigener Schwung zum Vorwärtsgehen veranlaßt. Neben dieser Bestätigung lernte ich aber auch das gute Gehör der Pferde und die Anhänglichkeit und Intelligenz des Vollblüters kennen. Seine Anhänglichkeit stellte »Bengali« einige Zeit später neuerdings unter Beweis. Er setzte mich während eines Ausritts durch einen unvermittelten Bocksprung ins Gras und schlug in seiner Freude über die plötzlich erlangte Freiheit in großen Sätzen den Heimweg ein. Für mich war es eine wenig erfreuliche Lage, da ich mich mehrere Kilometer von der Kaserne entfernt befand und keinen Begleiter hatte. Überdies war die Aussicht, nach einem langen Fußmarsch der Schadenfreude der Kameraden ausgesetzt zu sein, auch nicht gerade verlockend. Aus Leibeskräften rief ich den davonstürmenden »Bengali« beim Namen, ohne mir jedoch viel davon zu erwarten. Er kam aber wirklich, als er meine Stimme hörte, im großen Bogen zu mir zurück und ließ sich willig wieder besteigen.

Da Pferde, wie schon erwähnt, viel besser hören als sehen, spielt die Stimme des Menschen eine große Rolle, und ein Pferd kann die Stimme seines Herrn – und damit auch dessen Stimmung – sehr wohl von der eines Fremden unterscheiden. Ich erinnere mich an eine Episode mit »Nero«, den ich, gerade von einer Reise heimgekehrt, nachts in dem mir fremden Krankenstall meiner deutschen Garnison in Fürstenwalde bei Berlin suchte. Ich konnte ihn bei der schwachen Notbeleuchtung unter etwa 40 Pferden nicht finden und wollte schon traurig den Stall verlassen. Als letzten Versuch rief ich halblaut seinen Kosenamen »Burschi«, und sogleich antwortete »Nero« mit einem leisen Wiehern aus der entferntesten Ecke des Stalles.

Nun wieder zurück zu »Bengali«, der bei diesen Ausritten langsam lernte, die Schenkelhilfen anzunehmen und vorwärts zu gehen. Auch wußte ich jetzt, daß er plötzlich stehenbleiben konnte, wenn er vor irgend etwas schreckte, und ich trachtete, ihn mit zurückgenommenem Oberkörper am Rückwärtseilen zu hindern. Mit diesen Fortschritten wurde auch sein Schwung zusehends besser, und ich begann, mit ihm abwechselnd auf der Reitbahn und im Gelände zu arbeiten. Beim geringsten Verlust des Schwunges stellte ich die Reitbahnarbeit ein, um unter keinen Umständen irgendwelche Rückschläge aufkommen zu lassen. Die Tendenz zum Rückwärtseilen hatte ihre Ursache ja auch nur im mangelnden Vorwärtsdrang.

Aber neben dem fehlenden Schwung beschäftigte mich in der ersten Zeit unserer gemeinsamen Arbeit noch ein anderes Problem. »Bengali« ließ ein langes Stück seiner Zunge auf der linken Seite heraushängen, was mich am Anfang nicht sonderlich beunruhigte, da ich aus Erfahrung wußte, daß viele von der Rennbahn kommende Pferde zu dieser Unart neigen. Überdies kann man durch genaues Anpassen des Zaumes und die richtige Auswahl des Gebisses viel zu einer ruhigen Maultätigkeit beitragen. Am wirksamsten erweist sich immer, den Nasenriemen unter dem Gebiß zuzuschnallen, um die ständige Kieferbewegung etwas zu beschränken. Natürlich darf dieser Nasenriemen nur so eng geschnallt werden, daß das Pferd noch in der Lage ist, Zucker oder andere dargebotene Leckerbissen entgegenzunehmen. Oft spielt bei den auftretenden Maulschwierigkeiten die Stärke des Gebisses eine Rolle. Je dünner die Trense ist, um so schärfer wirkt sie, und je dicker sie ist, um so sanfter macht sie sich bemerkbar. Aber bei »Bengali« blieben alle diese Versuche ohne Erfolg, die Zunge hing unverändert links aus dem Maul. In den Ankaufspapieren fand ich die Bemerkung, daß er ein Zungenblecker sei – so nennt man ein Pferd, das die Zunge heraushängen läßt. Also war diese Unart sogar schon der Ankaufskommission bei der Musterung aufgefallen. Es ist gar nicht so leicht, einem Zungenblecker seine schlechten Gewohnheiten auszutreiben.

Abgesehen davon, daß ein Pferd mit heraushängender Zunge keinen schönen Anblick bietet, nimmt es keine gleichmäßige Anlehnung an das Gebiß. Infolgedessen können die Zügelhilfen nicht wirksam werden, das Pferd versteift sich gegen die Hand des Reiters, und die Zügelanzüge können die Aktion der Hinterbeine nicht beeinflussen, wie das bei einem gutgerittenen Pferd der Fall sein muß. Ein Pferd mit offenem Maul oder heraushängender Zunge konzentriert sich keineswegs auf seinen Reiter, es befindet sich vielmehr in Opposition und läßt das seelische und damit auch das körperliche Gleichgewicht vermissen. Ein offenes Maul oder eine heraushängende Zunge deuten auf Fehler in der Grundausbildung und meist auch auf eine harte oder ungeschickte Hand des Reiters hin.

Als letztes Mittel in solch verzweiflungsvoller Lage kann man noch einen Zungenriemen anwenden, ein dünnes Lederriemchen, mit dem man die Zunge im Maul fixiert. Da ich jedoch seit jeher ein Feind von Gewaltmethoden war, versuchte ich, »Bengali« mit möglichst leichter Anlehnung zu reiten. Nach einigen Tagen konnte ich feststellen, daß er in diesem Falle die Zunge nicht so beständig heraushängen ließ, besonders dann nicht, wenn der linke Zügel, also der Zügel auf der Seite, auf der er die Zunge herausstreckte, kaum in Anlehnung war. Des weiteren fiel mir auf, daß er bei einem kurzen Durchziehen der Trense durch vermehrtes Anstellen des Zügels bereit war, die Zunge einige Sekunden im Maul zu behalten. Als er nach mehreren Wochen bei diesen Versuchen eine ganze Seite der Reitbahn lang die Zunge im Maul behielt, saß ich sofort ab, belohnte ihn und entließ ihn in den Stall. Und siehe da, dieses Mittel wirkte Wunder, denn ich konnte dieselbe Prozedur mit gleichem Erfolg am nächsten Tag wiederholen und nach und nach erreichen, daß er die Zunge immer länger im Maul behielt, bis er schließlich das Zungenblecken ganz vergaß. Das erinnerte mich an die Bemerkung eines Reitlehrers, man müsse dem Pferd die Zunge von hinten hereinreiten, was ich einst nicht recht verstanden hatte. Jetzt begriff ich, wie das gemeint war: Gleichzeitig mit dem Zügelanzug, der die Zunge in Ordnung bringen sollte, mußte ich »Bengali« mit den Schenkeln energisch vortreiben, denn sonst wäre er auf den Zügelanzug hin stehengeblieben oder hätte das Tempo verkürzt. So aber brachte die vortreibende Schenkelhilfe gleichzeitig auch die Zunge in Ordnung.

Natürlich ist diese Art der Korrektur eines Zungenbleckers kein Allheilmittel, wie es überhaupt beim Reiten keine ganz starren Rezepte gibt. Darin liegt ja die Kunst des Reiters, sein Wissen und Können, seine Erfahrung und seine Intuition so einzusetzen, daß er für jede Aufgabe und jedes Problem bei jedem seiner Pferde das geeignete Mittel zu finden vermag, um Fehler zu beheben und Erfolg zu erzielen.

Leider mußte ich mich bei »Bengali« mit diesen schönen Anfangserfolgen begnügen, denn der Krieg unterbrach unsere gemeinsame Arbeit, und ich erkrankte kurz darauf. Im Jahre 1940 wurde er das Opfer der an der Spanischen Hofreitschule ausgebrochenen Brustseuche, die für Monate jeden Reitbetrieb an diesem Institut lahmlegte.

In den folgenden Jahren ritt ich ausschließlich Lipizzanerhengste, über die ich in einem eigenen Kapitel berichten werde, doch hatte ich bei Freunden Gelegenheit, deren Dressurpferde zu sehen und zu reiten und manche interessante Beobachtung zu machen. Durch viele Jahre hindurch hatte ich nur von mir selbst geförderte Pferde geritten, und es war für mich eine neue Erfahrung, Dressurpferde in verschiedenen Stadien der Ausbildung kennenzulernen und sozusagen »fremde« Pferde zu reiten.

So begegnete ich im Jahre 1950 »Pilgrim«, Mrs. Williams englischem Vollblüter. Die Gattin des Chairman der British Horse Society zählte zu den »Opfern« meines reiterlichen Auftretens in London. Sie, die als passionierte Jagdreiterin der Dressur stets ablehnend gegenübergestanden war, fand nach meinem zweimaligen Aufenthalt in England, da sie auch Gelegenheit hatte, meine Pferde zu reiten, so viel Gefallen an diesem Zweig des Reitsports, daß sie »Pilgrim« für Dressurprüfungen vorzubereiten begann. Während meiner Englandbesuche konnte ich ihr raten und helfen.

In »Pilgrim« lernte ich ein sehr williges Pferd kennen, dem jedoch am Anfang durch die zu hohe Aufrichtung – ein Fehler, den man in der jahrhundertelangen Geschichte der Reitkunst immer wieder finden kann – das Untertreten der Hinterbeine schwerfiel. Dadurch ließ sein Gleichgewicht zu wünschen übrig, seine Bewegungen waren sehr hart, und natürlich mißlangen ihm viele Übungen. Zur Korrektur trachtete ich danach, daß er mit langem und mehr in die Tiefe gerichtetem Hals eine leichte Anlehnung suchte und fleißig vorwärts ging. Den auf diese Art gewonnenen Schwung konnte ich dann beim Verkürzen des Tempos und beim Versammeln für seine Gymnastizierung verwerten. Abgesehen davon, daß er jetzt alle Übungen, die ihm vorher Schwierigkeiten bereiteten, mit großer Leichtigkeit ausführte, wurde er ganz weich in seinen Bewegungen, sodaß man wie in einem Fauteuil auf seinem Rücken sitzen konnte. Mrs. Williams war so beeindruckt von diesem Unterschied in der Bewegung, daß sie mit doppeltem Eifer »Pilgrims« Ausbildung betrieb, sich von mir schriftlich Ratschläge einholte, die sie auch strikt befolgte; schließlich war sie sogar in der Lage, mit »Pilgrim« bei den Olympischen Spielen 1956 in Stockholm im Grand Prix anzutreten und viele Dressurprüfungen im In- und Ausland zu gewinnen. Sie war eine der ersten englischen Dressurreiterinnen, die auf dem Kontinent starteten.

Von »Pilgrim« lernte Mrs. Williams so viel, daß sie bei den Olympischen Spielen 1960 in Rom mit dem Schimmel »Little Model« durch ihre hervorragenden Leistungen den Blick der Öffentlichkeit auf sich zog und später viele Preise gegen schwerste Konkurrenz gewinnen konnte. Was aber das Schönste war – sie hatte »Little Model« ganz allein bis zu diesem hohen Niveau gefördert, denn ich hatte nach der

Rückkehr der Spanischen Hofreitschule nach Wien keine Zeit mehr, ihr zu helfen, und mußte mich auf schriftliche Ratschläge beschränken. Mir aber bewiesen die Erfahrungen mit »Pilgrim« wieder einmal, wie ungeheuer wichtig eine solide Basis ist, nämlich das Gehen des durchgymnastizierten Pferdes im Gleichgewicht. Es hat schon seine tiefe Bedeutung, wenn ein alter Reitmeister sagte: »Zuerst muß das Pferd gehen lernen, bevor man von ihm Übungen verlangt.« Muß nicht auch der Mensch zuerst gehen können, bevor er anfängt zu tanzen?

Diese Auffassung fand ich viele Jahre später neuerlich in England bestätigt, als ich nach meiner Pensionierung von der Spanischen Hofreitschule das Ehepaar Colonel Williams, mit dem mich eine aufrichtige Freundschaft verbindet, in East Burnham Park besuchte und sie mir einen schönen fünfjährigen Fuchswallach zeigten, der ihnen mehr Ärger als Freude bereitete und den sie wegen Ungehorsams, ständigen Scheuens und anderer Schwierigkeiten verkaufen wollten. »Forty Winks« sollte zu einem meiner interessantesten Dressurpferde werden. Ich sah sofort, daß seine Ausbildung etwas forciert vorangetrieben worden war. Dann hatte er herausgefunden, wie er sich dagegen wehren könnte, und er bot nun Mrs. Williams bei jeder sich bietenden Gelegenheit Widersetzlichkeiten, sodaß sie eine ausgesprochene Aversion gegen ihn faßte.

Ich selbst konnte sehen, wie er ihr nach dem Aufsitzen vor dem Stall Schwierigkeiten machte. Er wollte nicht den Hof verlassen und beantwortete die Aufforderung zum Vorwärtsgehen mit Steigen – ein völlig ungleicher Kampf, der besonders auf dem Betonpflaster nicht ungefährlich für die Reiterin war. Ich schlug vor, »Forty Winks« vorerst auf der Wiese, auf der geritten wurde, zu besteigen, was Mrs. Williams zu der Bemerkung veranlaßte: »Aber ein Pferd muß seinen Reiter doch überall aufsitzen lassen!« Ich versprach ihr, dieses Ziel in einiger Zeit zu erreichen, doch wollte ich mich auf keinen Fall auf einen Kampf auf Betonboden einlassen, bei dem ich nur unterliegen konnte. Ich bin zwar ein Feind von Kompromissen, aber ebensowenig geneigt, einen aussichtslosen Kampf zu beginnen. Abgesehen davon finde ich, daß es nach Möglichkeit nicht zum Kampf mit dem Pferd kommen soll, das man ja nicht unterwerfen, sondern unterordnen will, was ein ganz wesentlicher Unterschied ist.

Als ich »Forty Winks« das erste Mal ritt, konnte ich sofort feststellen, daß er sehr verhalten war, also nicht vorwärts gehen wollte. Er nahm den Zügel nicht an und richtete sich zu viel im Hals auf. Außerdem sperrte er das Maul auf und hatte für alles andere mehr Interesse als für seine Arbeit. So fühlte ich mich recht unbehaglich auf diesem wirklich sehr schwierigen Pferd. Zuerst machte ich wieder nichts anderes, als ihn richtig gehen zu lehren, wozu ich hauptsächlich lange Linien auf der dafür geeigneten großen, ebenen Wiese ritt und nur leichttrabte. Ich wollte ihn sozusagen erst abtasten. Aber so einfach ging das am Anfang auch nicht, weil er buchstäblich vor allem schreckte oder sich ablenken ließ. Ein Pferd auf der Straße oder auf dem Nebenfeld nahm er genauso zum Anlaß zu scheuen wie ein Auto oder ein Gebüsch, das er sicher schon hunderte Male gesehen hatte. Oft war es nur der rote Pullover einer Zuschauerin, der ihn zu einem wilden Satz veranlaßte. Trotzdem fühlte ich, als ich seine Mentalität besser kennenlernte, daß es sich bei ihm weit weniger um Bösartigkeit handelte als vielmehr um Angst und zum Teil auch um Unvermögen.

Nachdem ich zu diesem Urteil gekommen war, stand für mich fest: Das oberste Gebot hieß Vertrauen gewinnen! Jetzt mußte ich derjenige sein, der sich nicht aus der Ruhe bringen lassen durfte, auch wenn sich derselbe Fehler aufreizend oft wiederholte. Immer wieder führte ich »Forty Winks« an die Objekte seines Schreckens heran, besonders die Autos der Zuschauer, die rund um die Wiese standen, ließ ihn sie genau von allen Seiten betrachten und mußte diese Prozedur täglich wiederholen, denn er merkte es sofort, wenn ein neuer

Wagen erschienen war, den er noch nicht kannte. Als zweites Gebot legte ich mir die Verpflichtung auf, keine Übungen zu verlangen, ehe die Grundlage genügend gefestigt war. Aber gerade dieses zweite Gebot erforderte besondere Selbstbeherrschung, weil »Winkys« Besitzerin mit brennender Ungeduld auf Fortschritte wartete und außerdem täglich 80–100 Zuschauer aus allen Gegenden Englands herbeikamen, die auch etwas mehr sehen wollten als das Gehenlernen eines Pferdes. Ich konnte aber feststellen, daß die Engländer wirklich viel »horse sense« besitzen, denn sie konnten, obwohl ihnen die Dressurreiterei noch fremd war, tatsächlich auch die Fortschritte im Gleichgewicht, die ich fühlte, erkennen. Dagegen wurden »Winkys« Fortschritte im Gewinnen des inneren Gleichgewichts – dem Zunehmen des Vertrauens – schon deutlicher sichtbar, denn er verminderte und verkürzte die Momente des Scheuens immer mehr, bis er es nach einigen Wochen schließlich ganz unterließ. Am Ende meines zweimonatigen Aufenthalts konnte ich ihn im starken Trab auf die Autos zu und dazwischen hindurchreiten, ohne daß er die Regelmäßigkeit seiner Tritte veränderte oder ein Versteifen zu fühlen war.

Als sich sein Vertrauen festigte, hielt ich den Augenblick für gekommen, ihn im Hof bei den Stallungen zu besteigen, was auch reibungslos vor sich ging. Nur das plötzliche Zusammenzucken beim geringsten Lärm bestätigte mir wieder, daß alle seine Schwierigkeiten von einem Angstkomplex herrührten, den er übrigens später fast vollständig verlor. Hand in Hand mit dem Vertrauensgewinn ging nun die Steigerung der Anforderungen. Es war der Zeitpunkt gekommen, vermehrt im ausgesessenen Trab zu arbeiten und durch Wechseln des Tempos die Geschmeidigkeit zu kultivieren. Der Erfolg dieser Arbeit machte sich auch im Galopp bemerkbar, der besonders schlecht gewesen war, solange noch Reste seiner Verhaltenheit in ihm steckten. Häufiges Angaloppieren aus dem Trab und flüssige Übergänge aus dem Galopp in den Trab sollten nicht nur seine Hinterhand mehr aktivieren und damit den Galoppsprung verbessern und erhabener gestalten, sondern auch zu einem lebhaften und energischen verkürzten Trab beitragen. Bei diesen Übungen geschah es einmal, daß er plötzlich nach sehr häufigem Angaloppieren auf dem Zirkel auf der linken Hand – wo auch die Galoppbewegungen weniger gut waren – nicht mehr anspringen wollte und nach langer Zeit der Willigkeit Widerstand zu leisten versuchte. Auf meine Arbeit an diesem Tag zurückblickend, stellte ich fest, daß ich »Forty Winks« sehr lange und intensiv gearbeitet hatte und er wahrscheinlich aus Ermüdung meiner Aufforderung nicht nachkommen wollte. So verzichtete ich auf das Angaloppieren, ritt noch eine Runde im flotten Mitteltrab und schickte ihn dann in den Stall. Ich bin überzeugt, daß mancher meiner Zuschauer dies als Schwäche deutete und meine Handlung nicht verstand. Und doch war es in diesem Fall das einzig Richtige, den eigenen Fehler rechtzeitig zu erkennen und auch sofort die Konsequenz zu ziehen. Tatsächlich arbeitete »Winky« am nächsten Tag so, als ob niemals die geringste Mißstimmung zwischen uns geherrscht hätte, und er machte mir auch nie mehr die geringsten Schwierigkeiten beim Angaloppieren. Also hatte ich aus seinem Verhalten den richtigen Schluß gezogen.

Noch einmal machte ich eine ähnliche Beobachtung. Mit dem Erlernen von Seitengängen im Trab und Galopp, den verschiedenen korrekten Übergängen in den Gangarten durch Steigern (zum Beispiel vom Trab in den Galopp) und Vermindern (zum Beispiel vom Trab in den Schritt) und vor allem den Tempowechseln begann er, einen sehr ausdrucksvollen starken Trab zu zeigen. Natürlich hatte auch ich meine Freude daran und beging den Fehler – in den man als Reiter leider sehr leicht verfällt –, zu lange Reprisen im starken Trab zu verlangen. Plötzlich merkte ich ein leichtes Widerstreben, ich gab mich mit wenigen guten Tritten zufrieden und beendete die Arbeit.

»Forty Winks« Besitzerin fand, ich hätte vor seiner Ungezogenheit kapituliert, doch hatte sie damit unrecht, denn der Fehler lag in meiner Überforderung. Er konnte mir ja nicht zurufen: »Ich kann doch nicht mehr!«

Nicht oft genug kann sich der Reiter beim Auftreten irgendwelcher Schwierigkeiten die Frage stellen: Will das Pferd nicht, versteht es mich nicht oder kann es die Arbeit nicht leisten? Die Antwort muß in gewissenhafter Überlegung gefunden werden. Im Zweifelsfall soll der Reiter lieber annehmen, daß sein Pferd nicht imstande ist, die geforderte Übung auszuführen, was viel besser sein wird, als sie mit Gewalt von ihm zu erzwingen. Ein eventuelles Versäumnis ist lange nicht so schlimm wie eine ungerechte Forderung.

»Forty Winks« war überhaupt ein spätreifes Pferd, er brauchte bei jeder Übung sehr lange, bis er sie begriff, und obwohl er kräftig war und sich durch die Arbeit seine Muskeln formten, mußte man seiner Entwicklung Rechnung tragen. Interessant ist übrigens, daß er am Beginn der Arbeit immer sehr kräftig schwitzte, vor allem an Hals und Brust, ein Zeichen, daß er sich aufregte und auch noch nicht kräftig genug war. Später, als die Arbeit ihn widerstandsfähig gemacht hatte, blieb seine Vorhand trocken und nur an der Hinterhand war Schweiß zu sehen, ein Zeichen dafür, daß er richtig mit den Hinterbeinen arbeitete.

»Forty Winks« war das erste Pferd, das mir beim Rückwärtsrichten Schwierigkeiten machte. Bei keinem meiner Pferde war diese Übung ein Problem gewesen. »Winky« jedoch legte sich auf den Zügel, kropfte den Hals und rührte sich nicht von der Stelle. Ich versuchte nach dem Absitzen, ihm diese Übung begreiflich zu machen, indem ich mich vor ihn hinstellte und ihn durch leichten Druck auf die Trensenringe veranlaßte, Schritt für Schritt zurückzutreten. Die Ursache seiner Weigerung war seine mangelnde Durchlässigkeit, er versteifte sich gegen den Zügelanzug, und außerdem ließen seine

Anlehnung und Versammlung zu wünschen übrig. Anstatt mich nun weiter auf das Zurücktreten zu konzentrieren, übte ich das Anreiten. Ich hatte nämlich bemerkt, daß »Winky« sich angewöhnt hatte, die Bewegung aus dem Halt ohne Anlehnung anzutreten. Beim ersten Schritt kam er für einen Augenblick über den Zügel, um erst dann wieder die korrekte Kopfstellung einzunehmen. Dieser kurze Augenblick genügte aber, daß »Winky« sich versteifte und Widerstand zu leisten begann. Durch Tage versuchte ich nun – neben der Trab- und Galopparbeit –, schon den ersten Schritt in korrekter Anlehnung zu erreichen. Anreiten – ein paar Schritte – halten – wieder anreiten, bis er die Bewegung völlig gelöst und leicht am Zügel stehend antrat und in unveränderter Anlehnung wieder zum Stillstand kam. Dann versuchte ich, ihn durch leichten Zügelanzug im Moment des Anreitens dazu zu bringen, die Beine statt nach vorwärts nach rückwärts zu setzen. Nach zwei geglückten Tritten saß ich ab und gab ihm Zucker, für den er besonders empfänglich war. Langsam steigerte ich nun die Anzahl der Tritte, und zwar immer am Ende der Arbeit, damit ich ihn dann zur Belohnung in den Stall schicken konnte, wie ich es schon früher mit meinen Pferden getan hatte.

Ein zweites Problem war der Galopp, bei dem sich »Winkys« Verhaltenheit sehr störend bemerkbar machte. Es bedurfte einer konzentrierten Galopparbeit mit häufigem Tempowechsel und Angaloppieren, bis die Hinterbeine aktiv unter den Körper sprangen. Es war für mich nicht leicht, meinem Leitspruch vom Zeithaben treu zu bleiben, wenn Zuschauer und Besitzer in gleicher Weise sehnsüchtig auf die Sensation des ersten fliegenden Galoppwechsels warteten. Doch blieb nichts anderes übrig, als Geduld zu bewahren, um so mehr, als Mrs. Williams mit »Forty Winks« bei einigen Dressurprüfungen der leichten Klasse antreten wollte und das Forcieren dieser neuen Übung sein inneres Gleichgewicht gestört und den Erfolg bei der Prüfung in Frage gestellt hätte. Doch die langwährende vorbereitende Arbeit, die den Galopp weich, geschmeidig und kraftvoll machte, fand ihre Belohnung in der Selbstverständlichkeit, mit der »Winky« nach den Turnieren und vor meiner Abreise seinen ersten fliegenden Galoppwechsel ausführte und mit der Mrs. Williams später Changements nach vier, drei und zwei Sprüngen gelangen.

Obwohl ich mit »Winky« stets sehr konzentriert arbeitete, gewann ich sein Vertrauen und seine Freundschaft, die er mir auch dadurch bewies, daß er nach dem Absitzen ruhig bei mir stehenblieb, selbst dann, wenn ich ihn nicht am Zügel hielt. Auch blieb er ruhig liegen, wenn ich ihn am Nachmittag im Stall besuchte. Da Pferde alle Lebewesen ihrer Umgebung überragen, ist es für sie ungewohnt und beängstigend, wenn der Mensch plötzlich ihre Box betritt, während sie liegen; deshalb stehen sie fast immer sofort auf. Es war daher ein besonderer Vertrauensbeweis, daß »Forty Winks« seine Siesta nicht unterbrach, sondern mich ruhig näher kommen ließ, um liegend Zucker aus meiner Hand zu nehmen.

Durch die psychologische Vorgangsweise und die spätere bedingungslose Mitarbeit seiner Besitzerin erzielte ich in relativ kurzer Zeit die schönsten Erfolge, denn »Forty Winks« gewann nicht nur das Championat für junge Pferde und viele Dressurprüfungen in England, sondern er gab Mrs. Williams bei allen ihren Starts auch einen angenehmen Ritt und erfüllte somit die Hauptforderung, die an jedes Dressurpferd gestellt werden muß. Es soll ja nicht nur in den verschiedensten Übungen glänzen, sondern vor allem ein weiches, geschmeidiges und gehorsames Reitpferd sein.

Gleichzeitig mit »Forty Winks« ritt ich für einige Wochen ein zweites interessantes Pferd, den zwölfjährigen Vollblüter »Valentine«, der einem Oberst gehörte. Es war erstaunlich, wieviel ihm sein Herr, der erst spät zur Dressurreiterei gekommen war, beigebracht hatte und wieviel er ihn noch lehren wollte, wie ich aus seinen Fragen nach Piaffe, Passage und Eintempo-Changements entnehmen konnte. Doch die Verwirklichung hochfliegender Pläne bedarf einer soliden Grundausbildung, die »Valentine« nicht besaß. Er war ein überdimensional großer Schimmel, steif und schlacksig, unglaublich gutmütig und willig, aber glanzlos und langweilig. Sein Herr führte mir ein vollständiges Programm vor, das eine erstaunliche Anzahl von Übungen enthielt, aber meist so ausgeführt, als wollte er demonstrieren, wie man es nicht machen soll. »Valentine« ging brav mit schief in die Bahn gestellter Hinterhand, oft ungeregelten Tritten und offenem Maul und ohne jede Spur von Versammlung. Der Galopp war so holpernd, wie ich ihn noch nie bei einem Vollblüter gesehen hatte.

Ich muß gestehen, daß ich mit wenig Freude an die Arbeit ging, vor allem, da nur acht Wochen vor mir lagen, um diese Fülle von Fehlern auszumerzen. Doch dann reizte mich die Aufgabe, weil ich fühlte, wieviel in diesem braven Kerl steckte. Ich mußte ganz von vorne beginnen und »Valentine« zuallererst richtig gehen lehren. Seine Hinterhand war von Natur aus überbaut, seine Kruppe also etwas höher als sein Widerrist, und es war für ihn viel leichter, schief zu gehen statt gerade; denn um mit den Hinterfüßen in die Hufspuren der Vorderbeine zu treten, also gerade zu gehen, mußte er die Hinterbeine biegen, was bei deren Steifheit besonders anstrengend war. Ich bin sicher, daß »Valentine« in der ersten Zeit unserer Zusammenarbeit oft Muskelkater verspürt hat. Doch schon nach wenigen Wochen wurde eine Veränderung spürbar. Die einfachen gymnastischen Übungen wie Geraderichten, Tempowechsel, große und kleine Touren und später Schulterherein machten »Valentine« geschmeidig, er bewegte sich im Gleichgewicht und hielt sein Maul geschlossen. Durch das korrekte Untertreten der Hinterbeine senkte sich seine Hinterhand und ließ ihn vorne höher erscheinen. Nun war es auch möglich, ihn zu versammeln. Durch die Geschmeidigkeit der Hinterbeine wurde auch der Galopp federnd und weich, und eines Tages gelangen ihm korrekte und taktmäßige Pirouetten.

Die Auswirkung der täglichen Arbeit war nicht nur in seinen Bewegungen zu spüren, sondern wurde auch in seinem Äußeren deutlich sichtbar. »Valentine« wurde nicht nur durch die kräftige Muskelbildung schöner, sondern er blickte auch viel aufgeweckter und lebhafter in die Welt. »Seit du ihn reitest, ist er um fünf Jahre jünger geworden«, sagte mir der Präsident eines Olympischen Komitees, der seinen Englandaufenthalt benützte, um mich reiten zu sehen.

Ich fand an der Arbeit mit »Valentine« schließlich große Freude und Befriedigung, denn das Schönerwerden des Pferdes ist der beste Beweis für die korrekte Ausbildung. Als ich England verließ, befand sich »Valentine« auf dem besten Weg zur Olympiareife. Ob er sie allerdings je erreichen wird, ist eine Frage, die offen bleibt, nicht, weil dem Pferd die Eignung fehlte, sondern weil sein Reiter zu oft die Richtung ändert und zu vielen neuen Einflüssen erliegt. Reiten ist keine geheimnisschwangere Wissenschaft, die mit mathematischen Formeln ergründet werden kann. Neben dem wohlfundierten Können und Wissen ist es eine Sache des Gefühls, das man, wenn es von Grund auf fehlt, nicht erlernen kann. Schade! Ich hätte mich glücklich geschätzt, wären mir in meinem Leben immer so gute Pferde zur Verfügung gestanden, wie »Valentine« ihrer eines ist.

Den Reigen der Dressurpferde beschließt vorläufig »Norman«, ein achtjähriger schöner Fuchswallach, der von einem Trakehnerhengst abstammt. Er kam aus dem Norden Deutschlands zu Freunden nach Kanada und überstand den Flug und die dreitägige Bahnreise ohne Schwierigkeiten. Als ich ihn zwei Monate später zu reiten begann, hatte er sich schon vollständig akklimatisiert. Dieses schöne Pferd war für den äußersten Westen Kanadas eine Sensation, denn obwohl dort viel geritten wird, weiß man sehr wenig um die korrekte Ausbildung eines Pferdes. Es kam sogar vor, daß unsere Freundin, die ausschließlich im Damensattel ritt, von Vorübergehenden gefragt wurde, ob sie nur ein Bein habe!

»Norman« hatte von seinem Züchter in Deutschland schon allerlei gelernt, er führte Seitengänge aus, Galoppwechsel und eine Art Passage. Das war wohl eine ganze Menge, aber das meiste davon nicht so korrekt, wie es sich seine neue Besitzerin wünschte, die aus einer sehr reellen Schule hervorgegangen war. »Normans« Vorwärtsdrang ließ zu wünschen übrig, und oft bot er unaufgefordert eine Passage an, jedoch nicht die kunstgerechte erhaben feierliche Bewegung, sondern einen gespannten Schwebetrab, der aus Verhaltenheit entstand. So verlockend es für die Eitelkeit eines Reiters wäre, diese angebotene Übung anzunehmen, so grundfalsch würde es sich auf die Ausbildung auswirken. Der Sinn der Dressur ist, die natürlichen Bewegungen des Pferdes zu verbessern und zu kultivieren, sodaß das Pferd sie auf die leisesten Hilfen des Reiters hin ausführt. Kommt es den Hilfen zuvor, so läßt nicht nur der Gehorsam zu wünschen übrig, sondern das Pferd trachtet, sich seine Arbeit leichter zu machen. Es führt die Übungen dann natürlich nicht korrekt aus, und das Niveau der gesamten Ausbildung sinkt. In einem solchen Fall muß der Reiter die Arbeit unterbrechen und wieder auf die Grundausbildung zurückgreifen. Gehorsam ist eines der ersten Gebote.

So seltsam es klingt, die größten Schwierigkeiten machte uns das Angaloppieren aus dem Trab; entweder versuchte »Norman« davonzueilen, oder er bot seine »Passage« an. Er hatte das Angaloppieren nur aus dem Schritt gelernt und wurde durch die ungewohnte Forderung nervös und aufgeregt. Doch ist es eine sehr wichtige Übung, die neben der Geschmeidigkeit und Durchlässigkeit auch den Vorwärtsdrang und den Gehorsam fördert und daher für die Gymnastizierung unentbehrlich ist. Außerdem ist es für das Pferd viel natürlicher, aus dem Trab anzugaloppieren. Dennoch brauchte ich ziemlich lange, bis »Norman« dieses ihm ungewohnte Angaloppieren begriff, eine Zeitspanne, die man ihm aber einräumen mußte, um ihn nicht aufzuregen und zu verwirren.

Wiederum griff ich auf dasselbe Mittel zurück – man könnte es fast als ein Allheilmittel bezeichnen: das Pferd richtig und geschmeidig gehen zu lehren und es dazu zu bringen, den Reiter restlos zu verstehen und ihm zu vertrauen. So begann ich, »Norman« den gleichen Ausbildungsweg zu führen, den ich mit meinen jungen Pferden beschritten hatte, nur daß ich mich viel kürzer bei den einzelnen Abschnitten aufhielt, nämlich sofort weiterging, wenn ich sah, daß er meine Forderungen verstanden hatte und auch ausführen konnte. Natürlich beobachtete ich ihn genau und fand heraus, daß einige Runden am Beginn der Arbeit im Schritt am hingegebenen Zügel es mir rascher ermöglichten, sein Vertrauen zu gewinnen, und er sich dann viel weniger in der Gegend umsah, als dies bei angestelltem, besonders bei zu fest angestelltem Zügel der Fall war. Vermutlich argwöhnte er, daß der Reiter ihn so davon abhalten wollte, sich die Umgebung genauer anzusehen. Was aber mochte dort alles verborgen sein!

Auf diese Art besah sich »Norman« den offenen Reitplatz und die angrenzenden Weiden ganz gelassen und konzentrierte sich dann auf mich. Ein Pferd muß auch das Recht haben, einen Blick um sich zu werfen, bevor es mit der ernsten Arbeit beginnt. Dann wird es auch durch die Dressur nicht »sauer« werden. »Norman« begann die Arbeit nie mit einer Spannung, was sich in allen seinen Bewegungen wohltuend bemerkbar machte. Allerdings verlangte ich auch am hingegebenen Zügel einen raumgreifenden Schritt und ließ nie die geringste Verhaltenheit aufkommen. Ein solcher Schritt ist ein wunderbares Erziehungsmittel.

Auch die erste Trabarbeit begann ich mit kurzen, lässigen Tritten und losem Zügel, um ihn in ähnlicher Art zu lösen und zu entspannen, wie es Sportler vor dem eigentlichen Training tun. Auf diese Art vergaß er am ehesten seine passageartigen Schwebetritte, die seiner Besitzerin anfangs so viel zu schaffen machten. Der Erfolg dieses Lösens wurde dann in den flüssigen Übergängen aus dem Galopp in den Trab und umgekehrt offenbar, die in bezaubernder Losgelassenheit und Geschmeidigkeit vor sich gingen und das Reiten zur wahren Freude machten. Diese Geschmeidigkeit befähigte »Norman« auch, den bereits sehr schwungvollen Trab noch ausdrucksvoller und mit ungemein aktiver Hinterhand zu zeigen, sodaß ein vorübergehender junger Bursch seiner Mutter zurief: »Dieses Pferd mußt du dir anschauen, ich habe nicht gewußt, daß man so reiten kann!«

Mit »Norman« versuchte ich übrigens ein ganz neues Experiment. Da sich seine Besitzerin auf eine längere Europareise vorbereitete, kam es zur Sprache, wie »Norman« während ihrer Abwesenheit zu bewegen sei. Ist die Frage der Pferdepfleger in Europa schon schwierig, so stellt sie in diesem Teil der Neuen Welt ein ernsthaftes Problem dar. Jimmy, der Pferdewärter, war zwar ein braver Bursche, aber er konnte »Norman« natürlich nicht reiten. An der Spanischen Hofreitschule wurden meine Hengste während meiner Abwesenheit von meinem getreuen Flasar longiert und später, als er in Pension gegangen war, täglich eine Stunde lang an der Hand spazierengeführt. Es ist jedoch ein Ding der Unmöglichkeit, dies von einem wenn auch noch so braven kanadischen Pferdepfleger zu verlangen. Ebenso ausgeschlossen war es, Jimmy »Norman« longieren zu lassen, da ihm dafür jegliche Eignung und Erfahrung fehlte. Da fiel mir ein, daß ich zum Beispiel »Teja« und auch meine Lipizzanerhengste am Schluß der täglichen Arbeit für ein paar Minuten frei herumlaufen ließ und sie auf mich zukamen, wenn ich sie rief.

An seinem Ruhetag gewöhnte ich »Norman« nun daran, an der Longe ruhig im Schritt zu gehen und zu traben. Wenn ich ihn anrief, kam er zu mir, um ein Stück Zucker in Empfang zu nehmen. Als ich sicher war, daß er auf »Come here« zu mir kommen würde, ließ ich ihn ohne Longe, aber ausgebunden, frei im Schritt gehen. Erst blieb er genau auf dem Zirkel, den er an der Longe um mich herum beschrieben hatte, und ging dann, als ich ihm die Peitsche gegen die

Nasenspitze hielt, brav die Wand entlang. Es galt zu erreichen, daß er nicht zu stürmen anfing und auf meinen Anruf sofort zu mir kam. Dabei sprach ich englisch mit ihm, mit Rücksicht auf Jimmy, der später diese Übungen mit »Norman« durchführen sollte und sich auch sehr interessiert und anstellig zeigte. Auf diese Weise wurde »Norman« eine halbe Stunde lang im Schritt und Trab bewegt. Galopp kam nicht in Frage, denn dabei hätte er sich aufgeregt und wäre außer Kontrolle gekommen. Im Schritt hieß es aufpassen, besonders in einer Ecke durfte er nicht stehenbleiben. Wenn er mit dem Vorderfuß im Sand zu scharren anfing, so waren das Anstalten, sich niederzulegen, was natürlich nicht geduldet werden durfte.

Nachdem »Normans« Grundlage genügend gefestigt war, verlangte ich von ihm die Passage, und nun zeigte er diese Bewegung der Hohen Schule so, wie sie sich gehört, mit aktiver Hinterhand und einer Brillanz, die man im allgemeinen nur von Lipizzanern erwartet. Die in kaum zwei Monaten erzielten Erfolge – es darf allerdings nicht vergessen werden, welche Vorbildung er schon mitbrachte – waren um so erfreulicher, als »Normans« Ausbildung noch eine besondere Erschwernis aufwies. Täglich wurde er eine halbe Stunde von mir gearbeitet und die zweite halbe Stunde unter seiner Reiterin im Damensattel. Daß er diese tägliche Umstellung von Reiter und Sattel so mühelos bewältigte, zeugte nicht nur von dem hervorragenden Gleichgewicht, das er gefunden hatte, sondern auch von seinem ausgeglichenen Charakter. Und um Größeres zu erzielen, ist bei Mensch und Tier ein guter Charakter erforderlich. Mit Recht sagt daher eine alte reiterliche Erfahrung, daß Fehler im Körperbau leichter zu beheben sind als Mängel im Charakter.

Reiten ist Charaktersache, und der erzieherische Wert dieses Sports wurde oft genug betont. Die veredelnde Wirkung der Zusammenarbeit von Pferd und Reiter kann bei beiden aber nur zur Geltung kommen, wenn die charakterliche Grundlage vorhanden ist.

KAPITEL 6

Meine Lipizzanerhengste

Wenn ich meine Erfahrungen bei der Ausbildung von Lipizzanerhengsten in einem eigenen Kapitel zusammenfasse, soll daraus nicht der falsche Schluß gezogen werden, die Vertreter dieser ältesten Pferderasse Europas würden nach einer anderen Methode herangebildet als Dressurpferde oder – mindestens in der Grundausbildung – auch Springpferde. Ich möchte vielmehr durch diese Trennung meine Tätigkeit als Direktor der Spanischen Hofreitschule während 26 Jahren, in denen ich hauptsächlich, zuletzt sogar ausschließlich Lipizzaner ritt, übersichtlicher darstellen.

Der Ausbildungsvorgang, aufgebaut auf die in Jahrhunderten gesammelten Erfahrungen und Lehren zahlreicher hervorragender Reitmeister, ist für alle Pferde der gleiche. Nur die Nuancierung wird, durch die Stärken und Schwächen der einzelnen Pferderassen bedingt, verschieden sein. Ohne Abstufungen oder Akzentverschiebungen in der Methode wäre das Reiten ein Sportzweig, der im Handwerksmäßigen steckenbleibt und sich nicht zur Kunst entfalten kann.

Die heute im Turniersport verwendeten Halb- und Vollblüter, besonders letztere, sind im Galopp leichter zu arbeiten als die Lipizzaner. Die Entfaltung des starken Trabs ist bei ihnen nicht schwierig, und die Bewegungen sind im allgemeinen weich und daher leicht auszusitzen. Dagegen bereitet diesen Pferden das Verkürzen im Trab, wenn dabei die Tritte gleich lebhaft bleiben sollen, und damit die Piaffe und Passage größere Schwierigkeiten. Außerdem aber sind die meisten Voll- und Halbblüter keine so ausgeprägten Individualisten wie die Lipizzanerhengste und fügen sich eher ihrem Reiter. Sie nehmen die Unterwerfung an Stelle der Unterordnung meistens gelassener hin und sind infolgedessen leichter und oft auch auf primitivere Art zu reiten. Lehnt sich einmal ein solches Geschöpf auf, wird es einfach zum »Verbrecher« gestempelt und aufgegeben, was bei der großen Masse an Pferden heute nicht sonderlich beachtet wird.

Der Lipizzaner bringt von Natur aus mehr Lebhaftigkeit im Trab mit, der noch durch die höhere Knieaktion an Ausdruck gewinnt. Doch bereitet ihm der starke Trab Schwierigkeiten, weil der Lipizzaner in seiner allgemeinen Lebhaftigkeit dazu neigt, schnellere statt längere Tritte zu machen. Seine oft wuchtigen Bewegungen bringen es mit sich, daß er schwerer auszusitzen ist als ein Vollblüter. Der Galopp liegt den meisten Lipizzanern nicht sehr, eine Tatsache, die der Pferderasse oft die Bemerkung eingetragen hat, sie sei nicht eigentlich ein Reit-, sondern mehr ein Wagenpferdtyp. Die mit Kraft gepaarte Klugheit dieser Pferde erfordert ein genaues Erfassen ihres Wesens und eine ganz individuelle Behandlung, mit anderen Worten, die Ausbildung darf nie zum Schematismus entarten. Die Vorzüge des Lipizzaners, besonders in der Piaffe und Passage, habe ich schon erwähnt.

Um den Vergleich zwischen den verschiedenen Pferderassen zu vervollständigen, erscheint es noch notwendig, darauf hinzuweisen, daß an der Spanischen Hofreitschule nur Hengste gearbeitet werden, während als Turnierpferde Stuten, Wallache und, erst seit den letzten Jahrzehnten, vereinzelt Hengste verwendet werden. Im Militär-Reitlehrerinstitut hatte ich seinerzeit Gelegenheit, Lipizzanerstuten zu reiten, und bin daher in der Lage, Vergleiche mit ihren männlichen Rassegenossen zu ziehen. Während diese Stuten im allgemeinen einfacher als die Hengste zu reiten waren, wenn man von ihrer höheren Nervosität absieht, konnten sie sich jedoch nicht annähernd mit denen anderer Pferderassen messen und zwangen sogar den Liebhaber der Lipizzanerrasse zu dem Urteil, daß die Verwendung als Wagenpferde ihnen angemessener sei. Tatsächlich wurden auch seinerzeit die vom Hofgestüt Lipizza an den Wiener Kaiserhof überstellten Stuten ausschließlich als Wagenpferde verwendet, und Kaiser Franz Joseph benützte sie besonders gern auf seiner täglichen Fahrt vom Schloß Schönbrunn in die Hofburg.

Nach dem Zweiten Weltkrieg hatte ich wiederholt mit Lipizzanern an Dressurprüfungen bei internationalen Turnieren im In- und Ausland teilgenommen und mußte immer wieder erfahren, daß die Richter sie als Dressurpferde ablehnten. Diese Ablehnung ging einmal so weit, daß ein Richter zu einer Reiterin sagte: »Wenn Sie mit Ihrem Lipizzaner daherkommen, können Sie machen, was Sie wollen, auf keinen Fall bekommen Sie von mir mehr als die Note sechs!« (Also eine mittelmäßige Note, denn die höchste ist zehn.) Eine grundfalsche und der Verantwortung eines Dressurrichters hohnsprechende Einstellung. Während der Dressurprüfung hat sich der Richter keinesfalls um Rasse, Exterieur oder Schönheit des Pferdes (oder der Reiterin!) zu kümmern. Allein ausschlaggebend für die Beurteilung muß die Korrektheit der Ausbildung und der Vorstellung, die Reinheit der Gänge und der Gehorsam des Pferdes sein.

Das Handicap der Lipizzaner ist die geringe Körpergröße von 1,47 bis 1,55 m Stockmaß, der starke Hengsthals, der den Hengst im Hals zu kurz erscheinen läßt, und der im Verhältnis zur Größe oft zu wuchtig wirkende Körperbau. Alle diese zweifellos vorhandenen Minuspunkte fallen weniger auf, wenn die Lipizzaner unter sich bleiben. Vielmehr erscheinen die Tiere dann durch ihre stolze Kopfhaltung und die kräftigen und federnden Bewegungen größer, als sie wirklich sind. Dies konnte ich immer den Äußerungen der Zuschauer entnehmen, wenn sie nach einer Vorführung die einzelnen Vorführungspferde im Stall sehen wollten und dann meinten: »Aber die sind doch viel kleiner als jene, die wir auf der Reitbahn gesehen haben.« Auf den Turnierplätzen fällt der Größenunterschied natürlich sofort auf, wenn ein Lipizzaner neben einen Vollblüter, Trakehner oder gar Hannoveraner mit Körpergrößen bis zu 1,70 m Stockmaß und mehr gerät. Bei den Turnieren konnte ich zwar stets Erfolge mit Lipizzanern erringen, mußte aber doppelt so gut sein wie meine Konkurrenten, um zu reüssieren.

Die Spanische Hofreitschule leitet ihren Namen von dem spanischen Pferdematerial ab, das bei ihrer Gründung vor ungefähr 400 Jahren für die »gewaltigen Luftsprünge und zierlichen Bewegungen der Reitkunst« verwendet wurde. Diese von andalusischen Stuten und Araber- oder Berberhengsten abstammenden spanischen Pferde wurden ab 1580 im Hofgestüt Lipizza unweit Triest weitergezüchtet und erhielten den Namen Lipizzaner. Die Spanische Hofreitschule in Wien verwendet ausschließlich Pferde dieser Rasse. Sie diente zur reiterlichen Ausbildung der jungen Edelleute und der Angehörigen des Hofes, da zu jener Zeit die Beherrschung der Hohen Schule zur feinen Lebensart gehörte. Auch wurden Offiziere aus dem In- und Ausland zur Fortbildung an das Institut kommandiert. Nach dem Zusammenbruch der österreichisch-ungarischen Monarchie übernahm das Landwirtschaftsministerium die Verwaltung der Schule, die seither allgemein zugängliche Vorführungen abhielt. Es wurden auch zahlende Zivilschüler aufgenommen, da die finanzielle Situation des Instituts sehr prekär war. Im Jahre 1925 wurde sogar der Gedanke an die Auflösung der Spanischen Hofreitschule erwogen und nur dank der energischen Reaktion der Öffentlichkeit, vor allem im Ausland, wieder fallengelassen. Solange noch Kavallerie-Regimenter existierten, erfuhr die Kommandierung von begabten Offizieren aus dem In- und Ausland keine Unterbrechung.

Ein glückliches Geschick fügte es, daß die Spanische Hofreitschule bei der Angliederung Österreichs an Deutschland im Jahre 1938 unter das Kommando der deutschen Wehrmacht kam und so jedem Einfluß der politischen Partei entzogen wurde. Doch erwuchs der Schule dadurch eine Verpflichtung. Denn die vorgesetzten Offiziere, die durchwegs eine jahrelange Reitausbildung genossen hatten, ließen sich nicht vom silberglänzenden Fell der Lipizzaner blenden. Vielmehr wurde oft unverblümt gefragt, was denn die Spanische Hofreitschule für das Heer zu bedeuten habe und welche Aufgabe sie erfüllen könne. Besonders Generaloberst Fromm, selbst ein Reiter und bis zum Attentat auf Hitler am 20. Juli 1944 Oberbefehlshaber des Ersatzheeres, war ursprünglich ein ausgesprochener Gegner der Spanischen Hofreitschule. Er hatte im Jahre 1938 eine Vorführung gesehen und war von dem ungenügenden Vorwärtsgehen der Lipizzaner sehr enttäuscht.

So also war die Lage, als ich 1939 zum Kommandeur der Spanischen Hofreitschule ernannt wurde. Der erste Lipizzaner, den ich zu reiten begann, war »Pluto Presciana II«, ein von Oberbereiter Polak angerittener und etwas schnell gearbeiteter Hengst. Das schnelle Arbeiten war ein wenig Polaks Art und hatte zwei Ursachen: die Ambition, die Spanische Hofreitschule mit genügend Vorführungspferden zu versorgen, und das Bestreben, sein Können immer wieder unter Beweis zu stellen und dadurch den Eifersüchteleien der anderen Bereiter die Spitze zu nehmen. Für den unter meiner Leitung begonnenen Ausbau der Reitschule – bei dem der Pferdebestand von 30 auf 70 Hengste erhöht wurde – setzte Polak seine ganze Kraft ein, und da konnte es geschehen, daß er, das Ziel eines höheren Pferdebestandes vor Augen, manche Klippen in der Ausbildung zuwenig beachtete. »Pluto Presciana II« war ziemlich weit gefördert, als ich ihn übernahm. Er gab das berühmt gute Gefühl, das alle Pferde Polaks dem Reiter schenkten – leichte Anlehnung, großer Fleiß, lebhafte Tritte und federnd schwingender Rücken –, doch wurde er im starken Trab zu eilig und zeigte eine ganz schlechte Passage. Er warf sich in dieser Gangart mit dem ganzen Körpergewicht von einer Schulter auf die andere, sodaß die Vorderbeine stark überkreuzten, eine sehr unschöne Bewegung, durch die die Passage auch unkorrekt wurde. Ich strich daher die Passage aus seinem Ausbildungsprogramm und versuchte, den Hengst in den verkürzten Gängen mehr zu setzen, also das Gewicht auf die Hinterhand zu verlagern. Durch kurzes Zugeben im Tempo trachtete ich, seine Tritte zu verlängern, und schaltete dazwischen längere Reprisen Mitteltrab im Leichtreiten ein.

Bei dieser Arbeit geriet ich in einen kleinen Konflikt mit den drei Oberbereitern, die einst meine Lehrer gewesen waren. Sie behaupteten, daß durch jedes vermehrte Vorwärtsreiten die Passage an Ausdruck verlieren müsse. Ich bin aber seit jeher ein Vorwärtsreiter gewesen und verdanke diesem Bestreben meine Erfolge – oft mit weniger gutem Pferdematerial. Dieses Argument setzte ich in einer langen Besprechung den Einwänden meiner drei Oberbereiter entgegen. Auch erinnerte ich sie daran, daß jeder Reiter eine Kontrolle benötigt und daß während des mehrhundertjährigen Bestandes der Spanischen Hofreitschule das reiterliche Niveau stets vom Oberstallmeister, oft sogar vom Kaiser selbst kontrolliert wurde, die beide Fachleute und aktive Reiter waren. In der ersten Republik unterstand die Spanische Hofreitschule dem Landwirtschaftsministerium, also Beamten, die weder Reiter noch reiterliche Fachleute waren und daher keine Kontrolle des Leistungsstandes ausüben konnten. Ich verwies sodann auf die Meinung der vorgesetzten deutschen Offiziere, denen man mangelndes Verständnis nicht vorwerfen konnte, denn sie waren durchwegs Reiter. Schließlich erinnerte ich daran, daß schon Feldmarschalleutnant Exzellenz von Holbein, der einige Jahre für die Ausbildung an der Wiener Hofreitschule verantwortlich gewesen war, in seinen 1889 erlassenen »Directiven« ausdrücklich festhielt: »Es muß aber grundsätzlich ein Schulpferd in dem Grad, als es sich in verkürzten Schulbewegungen auszeichnet, auch in schnelleren Gangarten zu benützen sein, also nach vorwärts geritten werden.« Dieser Hinweis zerstreute den letzten Einwand, daß meine Forderung der Tradition widerspreche.

Meinem Bestreben, den Schwung der Lipizzaner zu fördern, kam dann noch die Verlegung der Pferde in die Sommerquartiere im Lainzer Tiergarten am Rande Wiens sehr zustatten. Dort wurden auch die Schulhengste zweimal wöchentlich ins Gelände geritten, eine Neuerung, die die Oberbereiter ebenfalls mit Stirnrunzeln zur Kenntnis nahmen. Der Erfolg war aber ganz groß und Oberbereiter Polak der erste, der es zugab. Wir mußten einmal mitten aus dem Sommerbetrieb die Schulhengste mit Lastwagen in die Winterreitschule in der Stadt bringen und sie ohne weitere Vorbereitung einer Abordnung hoher ausländischer Reiteroffiziere in einer kompletten Vorführung vorstellen. Die Darbietungen verliefen nicht nur fehlerlos, sondern glänzten durch ihre besondere Frische. Gerade die Passage der Schulhengste zeigte einen zauberhaften Ausdruck. Daraufhin waren auch die Bereiter einhellig überzeugt, daß das Vorwärtsreiten der Ausbildung nicht geschadet, sondern sie sogar wesentlich gefördert hatte. Wenige Wochen später hatten wir eine Vorführung vor Generaloberst Fromm, der anschließend zu den Bereitern sagte, diesmal sei er von dem Gesehenen, besonders von dem Schwung der Pferde, beeindruckt; er habe erkannt, daß die Spanische Hofreitschule doch auch für die Ausbildung des Heeres einen Wert habe. Eine Methode, die als Ergebnis einen derartigen Vorwärtsdrang der Pferde zeitigt, sei auch für jedes Militärpferd brauchbar. So war es gelungen, einen bisherigen Gegner zum Freund zu gewinnen. Das von allen Reiterführern gepredigte Wort »Vorwärts« hatte wieder einmal einen vollen Erfolg gebracht.

In diesem Zusammenhang erinnere ich mich einer kleinen Episode. Kurz nach der Einverleibung Österreichs ins Deutsche Reich wurden die Truppenteile des österreichischen Bundesheeres vor ihrer Auflösung oder Überleitung in die deutsche Wehrmacht von hohen deutschen Offizieren besichtigt. Die berittenen Einheiten inspizierte Generalleutnant von Perfall. Bevor er die von mir kommandierte Heeresremontenabteilung besichtigte, kam er zum Militär-Reitlehrerinstitut und zum Dragoner-Regiment. Mir wurden Gerüchte zugetragen, wonach der General mit dem vorgefundenen reiterlichen Ausbildungsstand sehr unzufrieden war, und ich sah der Besichtigung mit recht gemischten Gefühlen entgegen. Aber meine Reitabteilungen fanden große Anerkennung.

Viele Monate später, in einer Gefechtspause während der Herbstmanöver in Fürstenwalde, erzählte der General den zwanglos um ihn stehenden Offizieren von dieser Besichtigung und schloß seine Schilderungen mit der Bemerkung, er habe bei der Heeresremontenabteilung, deren Kommandeur leider einen sehr schwierigen Namen gehabt hätte, schwungvoll vorwärts gehende, ruhige und vertraute Pferde gefunden, die ihn von dem richtigen Ausbildungsgang überzeugten. Generalleutnant von Perfall war dann erstaunt, als er mich unter den Offizieren sah und als den Major erkannte, dessen Namen er nicht behalten konnte.

Wie auf die anderen Schulhengste hatten das Vorwärtsreiten und besonders die Geländeritte auch auf »Pluto Presciana II« einen sehr guten Einfluß; ich konnte wieder vorsichtig mit der Passage beginnen. Als Vorbereitung übte ich mit ihm die Piaffe, die er bei Oberbereiter Polak in der Arbeit an der Hand gelernt hatte und jetzt mit großem

Fleiß und Ausdruck, tatsächlich einem Symbol der gebändigten Kraft gleichend, unter dem Reiter ausführte. Er regte sich aber dabei innerlich so auf, daß er nicht zu piaffieren aufhören wollte, und, wenn es ihm schließlich zuviel wurde, mit einem großen Satz wegsprang. Da es immer leichter ist, eine lebhafte Gehlust – wie sie auch die Piaffe erfordert – zu verringern, als sie zu erzeugen, war »Pluto Presciana II« Übereifer durch Üben von nur kurzen Piaffereprisen sehr bald beseitigt. Nicht so rasch ging es mit dem Fehler in der Passage. Ich konnte nach dem Vorwärtsreiten feststellen, daß er ganz wenige korrekte Tritte in der Passage ausführte – manchmal waren es nur zwei bis drei –, bevor er die Vorderbeine wieder zu kreuzen begann. Dies trat immer dann ein, wenn die Geschlossenheit seines Körpers durch diese sehr viel Kraft erfordernde Gangart verlorenging, also die Versammlung etwas nachließ und die Hinterbeine nicht mehr so weit unter den Körper traten. Deshalb begnügte ich mich mit wenigen korrekten Tritten und beendete die Passage beim ersten Anzeichen einer Neigung zu neuerlichem Kreuzen mit einem Übergang in flotten Mitteltrab. Ein Beenden der Passage mit dem Übergang in den Schritt hätte er als Belohnung auffassen können, ein Mißverständnis, das den bisher erreichten Erfolg leicht wieder in Frage gestellt hätte. Nach einigen Wochen gelang schließlich durch allmähliches Vermehren der korrekten Tritte doch eine tadellose Passage. Die Neigung zum Kreuzen der Vorderbeine blieb bei »Pluto Presciana II« aber erhalten, nachdem ich ihn gegen »Neapolitano Africa« ausgetauscht hatte, und trat immer wieder auf, wenn er es mit einem schwächeren Reiter zu tun hatte. Vier Jahre später fiel mein Quadrillepferd zwei Tage vor einer Vorführung durch Krankheit aus; ich mußte »Pluto Presciana II« als Ersatz nehmen, und leider kreuzte er wieder etwas in der Passage. Ich begann ihn nun kurz so vorzubereiten wie vor Jahren, und zwei Tage später in der Vorführung ging er einwandfrei.

Für die Ausbildung seiner Nachfolger gab er mir zwei Regeln mit:

Nie die Passage lehren, bevor ein Pferd genügend versammelt ist und richtig mit den Hinterbeinen untertreten kann. Selbstverständlich muß auch genügend Schwung vorhanden sein, denn nur dieser Schwung vermag die verlängerte Schwebe zu bewirken und damit die Passage zu fördern.

Sobald die geringste Neigung zum Kreuzen der Vorderbeine oder manchmal auch der Hinterbeine feststellbar ist, heißt es vorwärts reiten und durch vermehrtes Treiben oder Nachhilfe mit der Peitsche die Hinterbeine zum Untertreten veranlassen.

»Neapolitano Africa« wurde einer meiner ersten großen Schulhengste, die ich selbst ausgebildet habe. Es ist nicht uninteressant, daß bei der Übernahme dieses vierjährigen Hengstes aus dem Gestüt Piber sowohl Graf van der Straten, mein Vorgänger, als auch der Gestütsdirektor für den sofortigen Verkauf dieses Hengstes eintraten. Ich war aus zweierlei Gründen dagegen. Um den bevorstehenden Ausbau der Spanischen Hofreitschule von 30 auf 70 Hengste durchzuführen, benötigte ich jeden Lipizzaner. Außerdem hatte ich schon vor meiner Ernennung zum Kommandeur des Instituts beobachten können, daß durch den bis dahin üblichen Verkauf direkt vom Gestüt ohne Erprobung der jungen Remonten oft bessere Hengste in private Hand kamen und mindere an der Spanischen Hofreitschule blieben. Darum entschied ich, daß »Neapolitano Africa« zur Schule kam, die damit – wie sich später zeigte – um einen Spitzenhengst bereichert wurde. Ich aber lernte an diesem Fall die tatsächliche Spätreife der Lipizzaner kennen und berücksichtigte sie künftig bei den Musterungen. Ein Lipizzaner steht den anderen Pferderassen in der Entwicklung um ein bis zwei Jahre nach. Und jeder Fachmann weiß, daß man bei sehr jungen Pferden mit seinem Urteil vorsichtig sein muß. Wie oft wird aus einem häßlichen Entlein später ein Schwan. Eine Bestätigung dafür fand ich im Jahr 1943, als der große Hippologe Gustav Rau, der die Oberaufsicht über die im Krieg nach Hostau in der Tschechoslowakei verlegte Lipizzanerzucht führte, bei einer Besichtigung der Spanischen Hofreitschule in Wien den Hengst »Maestoso Batosta IX« als hervorragend klassifizierte, denselben Hengst, den er zwei Jahre vorher als Dreijährigen im Gestüt ausmustern wollte. Damals mußte auch Rau, der davon bisher nichts hatte wissen wollen, die Spätreife der Lipizzaner zugeben.

»Neapolitano Africa« war ein sehr braver und fleißiger Hengst, der sich aber wegen jeder Kleinigkeit schrecklich aufregen konnte, also eine richtige Mimose. Unterlief ihm ein Fehler, so geriet er außer sich, sodaß ich ihn durch Abklopfen und Streicheln beruhigen mußte, um ihm damit zu verstehen zu geben, daß jedem einmal Fehler unterlaufen können und daß sie keineswegs so tragisch zu nehmen sind, wie sie im ersten Moment erscheinen mögen. Ich behandelte mein »Seelchen« noch zarter als alle meine bisherigen Dressurpferde und erreichte in relativ kurzer Zeit – in drei Jahren – mit ihm das Niveau, das von einem Olympia-Dressurpferd gefordert wird. Und der brave »Neapolitano Africa« sollte ein Stück Geschichte meines Landes und meiner reiterlichen Erfolge miterleben, denn sein Können übertraf fast »Neros« Fähigkeiten, was bei den Erfolgen, mit denen sich dieser treue Vollblüter gegen die Weltklasse durchsetzen konnte, schon viel heißen will.

Ein bedeutungsvoller Tag für uns beide war der 7. Mai 1945. An diesem Tag fand in St. Martin in Oberösterreich nach dem Einmarsch der amerikanischen Truppen jene denkwürdige Vorführung vor General Patton und dem Staatssekretär Patterson statt, in der sich das Schicksal der Spanischen Hofreitschule und des Lipizzanergestüts, das zu dieser Zeit in der Tschechoslowakei verschollen war, entscheiden sollte. Die beiden hohen Gäste waren eigens von Frankfurt am Main mit einem Flugzeug zur Vorführung gekommen, und nun galt es, sie nicht zu enttäuschen oder zu langweilen, sondern so zu stimmen, daß sie gewillt waren, mich als Bittsteller anzuhören. Für mich war es also eine sehr aufregende Vorführung und die vielleicht bedeutungsvollste für die alte Schule; man hätte sie fast betiteln können: »Lipizzaner bitten für Lipizzaner!«

Nach einem Pas de Deux, den Schulen über der Erde und der Quadrille ritt ich »Neapolitano Africa« als Solovorführung auf blanker Kandare – übrigens unser erstes Soloauftreten. Selbst bei den schwersten Übungen, in den Seitengängen, Pirouetten, Sprungwechseln, in Piaffe und Passage führte ich »Neapolitano Africa« nur mit dem Stangenzügel in der linken Hand und hielt die Gerte getreu dem klassischen Vorbild nach oben gerichtet in der Rechten. Ich bemerkte, daß General Patton, der selbst Reiter war, fasziniert jeder einzelnen Bewegung folgte. Seine Begeisterung stand außer Zweifel – und erleichterte mir mein Vorhaben wesentlich.

Ich beendete meine Vorführung damit, daß ich in der Passage auf die Tribüne der Ehrengäste zuritt und dort nach einer kurzen Piaffe den Zweispitz abnahm, um meine Bitte um Schutz dem General zu unterbreiten. Es war einer der bedeutungsvollsten Augenblicke meines Lebens. In einem kleinen Dorf in Oberösterreich standen sich zwei Männer gegenüber, die einst beide um olympischen Lorbeer für ihr Land gekämpft hatten, der eine im Jahre 1912 in Stockholm, der andere 1936 in Berlin. Obwohl sie sich heute in so ungleichen Positionen begegneten, der siegreiche Feldherr in einem mit so viel Erbitterung geführten Krieg und der Angehörige einer unterlegenen Nation, stand über diesem Zusammentreffen das Fluidum olympischen Geistes. Ich bat General Patton, der sich von seinem Sitz erhoben hatte, und den Staatssekretär um Schutz für die Spanische Hofreitschule, der gerade in dem Chaos der damaligen Zeit so notwendig war, und um Hilfe bei der Suche des Lipizzanergestüts und seiner Rückführung nach Österreich. Und beide Bitten sollten Erfüllung finden. Die Spanische Hofreitschule war aus den Trümmern des Zweiten Weltkriegs gerettet.

Während meiner und General Pattons Rede stand »Neapolitano Africa« unbeweglich, als sei er sich der schicksalhaften Stunde bewußt. Als die Spanische Hofreitschule in den ersten Nachkriegsjahren begann, Gastspielreisen ins Ausland zu unternehmen, war »Neapolitano Africas« Solo stets der Höhepunkt der Vorführungen. Obwohl er sich so leicht aufregte, wenn etwas Neues auf ihn eindrang, konnte ich mich immer auf ihn verlassen. Ich erinnere mich der Begeisterung, die seine Leistungen in Österreich, der Schweiz, Italien und Deutschland auslösten, und an unser Auftreten in London in den Jahren 1948 und 1949.

Ich nahm ihn zu den Olympischen Spielen 1948 als Reservepferd für »Teja« mit, um für alle Eventualitäten gerüstet zu sein. Am Tag nach der Olympia-Dressurprüfung, in der ich »Teja« geritten hatte, wurde ich von der British Horse Society aufgefordert, »Neapolitano Africa« nach der Dressurprüfung der Military als Schaunummer vorzureiten. Als ich diese Einladung nicht gleich annehmen wollte, wurde ich darauf aufmerksam gemacht, daß die Aufforderung eine Anerkennung meiner Leistungen darstelle. Ich sagte zu, nicht ahnend, welch großer Triumph mir bevorstand.

So ritt ich nach dem letzten Militaryreiter mit »Neapolitano Africa« in das bis auf den letzten Platz besetzte Stadion in Aldershot bei London ein und zeigte ein besonders schwieriges Programm, in dem bis zur Piaffe und Passage (die bekanntlich bei diesen Olympischen Spielen nicht im Großen Dressurpreis verlangt wurden) alles enthalten war, was man von einem Pferd in den Schulen auf der Erde verlangen kann – Levaden, Courbetten und Kapriolen gehören zu den Schulen über der Erde. Die Zuschauer aus der ganzen Welt folgten in andächtigem Schweigen den Evolutionen des Hengstes und brachen, als ich am Ende meiner Kür grüßend den Zylinder senkte, in Beifallsstürme aus, wie sie in diesem Stadion bei den Dressurprüfungen noch nicht gehört worden waren. Der Erfolg war so durchschlagend, daß ich gebeten wurde, zwei Tage später, nach dem Jagdspringen der Vielseitigkeitsprüfung, mein Vorreiten zu wiederholen.

Einer der Richter der Großen Dressurprüfung, General Decarpentry, erklärte, die Vorführung von »Neapolitano Africa« sei von solcher Perfektion gewesen, daß dieser Hengst die Goldmedaille in der Dressur gewonnen hätte, wenn er an Stelle von »Teja« vorgeritten worden wäre. Eine Ansicht, die ich nicht teilen konnte, denn der Lipizzaner wäre durch den Wegfall von Piaffe und Passage noch mehr gehandicapt gewesen als der ungarische Halbblüter. Außerdem hätten ihn die Richter sicherlich als »barockes Pferd« mit den anderen Konkurrenten in negativer Weise verglichen.

Ein Jahr später, 1949, erlebte ich mit »Neapolitano Africa« und meinen beiden anderen Pferden – wie ich schon im Abschnitt über »Teja« berichtete – meinen größten persönlichen Erfolg in London. Dieser brave Nachkomme der alten Spanier half mir nicht nur, für die klassische Reitkunst zu werben, sondern bewies auch eine seltene Verläßlichkeit und ein rührendes Vertrauen. Eines Abends wurde ich gebeten, meine Vorführung im Scheinwerferlicht zu absolvieren. Ich hatte dies noch nie versucht, und eine Probe war nicht möglich. Im Vertrauen auf meinen braven »Neapolitano Africa« sagte ich zu, obwohl mich der bekannte britische Springreiter Colonel Llewellyn kameradschaftlich davor warnte, weil er bei einer Ehrenrunde im Kegel eines Scheinwerfers schlechte Erfahrungen gemacht hatte. Das grelle Licht blendete sein Pferd »Foxhunter«, und es wollte nicht in die vor ihm gähnende Dunkelheit treten. Auch versuchte es, über seinen eigenen Schatten zu springen, wenn es ihn im Scheinwerferlicht erblickte. So galoppierte ich mit sehr gemischten Gefühlen in das stockfinstere Stadion der White City, umgeben und gefolgt von einem nur Pferd und Reiter umschließenden Lichtkreis von vier grellen Scheinwerfern. Die Sicht voraus betrug nur zwei Meter. Wenn einer der Blumentöpfe, die das Viereck markierten, im Lichtkegel auftauchte, wußte ich, daß ich wenden mußte. »Neapolitano Africa« mußte eine vollkommen gerade Linie einhalten, um nicht durch Verfehlen der Merkpunkte auf dem weitläufigen Platz die Orientierung zu verlieren. Das war wohl die strengste Prüfung für gerades Vorwärtsgehen und vollkommenes Gleichgewicht. Das geringste Schwanken in den Seitengängen oder im Galoppwechsel oder eine nicht korrekt ausgeführte Pirouette mußte zum Verfehlen der Markierungspunkte führen. Außerdem war es die größte Probe für »Neapolitano Africas« Gehorsam und Vertrauen. Im starken Trab oder Galopp ließ er sich von mir in die tiefschwarze Finsternis führen, ohne auch nur den Bruchteil einer Sekunde zu zögem.

Das Publikum raste vor Begeisterung und verlangte an den folgenden Abenden eine Wiederholung der Vorführung im Scheinwerferlicht. Aber der Präsident der Horse Show, Colonel Williams, lehnte sie mit der Begründung ab, daß die von Reiter und Pferd gezeigte Kunst viel zu groß sei, um eine Unterstreichung durch Lichteffekte zu benötigen.

Ich erkrankte in London an einer schweren Gelbsucht, die mich für einige Monate ins Krankenhaus verbannte, mein braver und treuer »Neapolitano Africa« aber holte sich im Spätherbst des gleichen Jahres beim Gastspiel der Spanischen Hofreitschule in Zürich den Todeskeim. Die Hengste mußten eine Stunde durch die Straßen Zürichs geführt werden, um von den Ställen zum Vorführungsort zu gelangen, da keine Pferdetransporter zur Verfügung standen. »Neapolitano Africa« erkältete sich dabei so stark, daß die Erkrankung mit einem chronischen Lungenleiden endete, von dem er sich trotz jahrelanger fürsorglicher Pflege nicht mehr erholte. Mit den einmaligen Erfolgen in London 1949 hatte die glänzende Laufbahn dieses wunderbaren Pferdes den Höhepunkt erreicht. Er hatte mir wieder einmal bestätigt, daß gegenseitiges Vertrauen vieles zu überbrücken vermag und daß die Ruhe des Reiters selbst den nervösesten und aufgeregtesten Partner zum freudigen Mitarbeiter erziehen kann.

Wie so oft in der Natur ein helles Aufleuchten das Ende einleitet, sollte es auch bei »Neapolitano Africa« sein, als er erst gegen Ende der langen Amerikatournee im Jahre 1950 noch einmal in seinem Solo in Toronto gezeigt werden konnte. Es war ihm ein großer Ruf vorausgeeilt, also eine große Verpflichtung, denn zu den schlimmsten Erfahrungen im Leben gehört wohl die Enttäuschung. Der Hengst löste aber seine Aufgabe in alter Treue, ging mit einer vorbildlichen Präzision und einem derartigen Glanz, daß er nicht nur seinen Ruf rechtfertigte und stürmischen Applaus erntete, sondern auch in der gesamten Presse Kanadas gefeiert wurde, deren Berichte über reitsportliche Ereignisse sonst immer nur bescheidenen Raum einnahmen. Damals ahnte ich noch nicht, oder ich wollte es nicht wahrhaben, daß dieser Erfolg der letzte der langen Reihe seiner Triumphe sein würde.

Es ist kaum möglich, über »Neapolitano Africas« Kunst zu sprechen, ohne seine Spezialität zu erwähnen, die Pirouette in der Piaffe. Eine Übung, die sehr selten zu sehen ist – auch an der Spanischen Hofreitschule – und fast nie in der Vollkommenheit, mit der sie »Neapolitano Africa« vollführte. In gleichmäßigen und ungemein eindrucksvollen Piaffetritten wendete er die Vorhand fast im Zeitlupentempo um die auf der Stelle tretenden und sich kräftig abstoßenden Hinterbeine und beschrieb so eine Pirouette. Ich bin der glückliche Besitzer eines Filmstreifens, in dem diese Bewegung des edlen Hengstes fortlebt als ein Beweis für seine Kunst.

Es war sehr traurig für mich, daß mein treuer vierbeiniger Freund mich schon in seinem 19. Lebensjahr verlassen mußte. Ich tat mein Bestes, ihm die Jahre des Siechtums zu erleichtern.

Ein anderer Lipizzanerhengst, der während 19 Jahren mein Begleiter sein sollte, war »Pluto Theodorosta«. Obwohl ihm Schönheit schon in die Wiege gelegt worden war, konnte man seine glänzende

Laufbahn nicht voraussehen. Wenn die jungen vierjährigen Hengste aus dem Gestüt zur Spanischen Hofreitschule kommen, werden sie zuerst longiert und dann zur ersten Arbeit den verschiedenen Bereitern zugeteilt. Durch die Passivität seines Bereiters schien »Pluto Theodorosta« zur ewigen Remonte verurteilt zu sein, denn nach fünf Jahren Arbeit reichte sein Können nicht weiter als zu den Anforderungen, die der Abteilung der jungen Hengste gestellt werden. Sie leiten immer die Vorführung ein und beschränken sich auf die drei Grundgangarten Schritt, Trab und Galopp. In dieser Gruppe stellte er allerdings durch seinen schwungvollen Gang alle anderen Lipizzaner in den Schatten. Da ich damals infolge meiner Herzerkrankung noch nicht wieder reiten durfte und es mir leid tat, dieses herrliche Pferd langsam verkümmern zu sehen, bat ich Oberbereiter Polak, sich seiner anzunehmen. Der große Meister war entsetzt über die harten Bewegungen und die Steifheit des Hengstes. Er wollte das Versäumte rasch nachholen, und es kam zu manchen Kämpfen zwischen den beiden. Als Oberbereiter Polak im Jahr 1942 infolge eines Herzanfalls während einer Vorführung vom Pferd sank und nach wochenlanger Krankheit starb, nahm ich »Pluto Theodorosta« unter meine besondere Obhut. Ich arbeitete ihn an der Hand, führte ihn also ausgebunden die Wand entlang und verlangte einige kurze trabartige Tritte, um ihn etwas geschmeidiger zu machen. Da passierte es einmal, daß er meine vermehrte Aufforderung mit der Gerte mit einer Erhebung zur Levade und einem Sprung nach vorwärts beantwortete, eine Bewegung, die gewisse Begabung für Schulsprünge erkennen ließ. Ich bildete ihn in der Handarbeit dann auch für Kapriolen aus, unterließ es aber wieder trotz vielversprechender Anfangserfolge, weil ich merkte, daß mit dieser Arbeit seine Steifheit auch nicht schwinden würde.

Als ich dann endlich wieder reiten durfte, bestätigte mir das Gefühl, das er mir gab, die Richtigkeit meiner Vermutung. »Pluto Theodorostas« Bewegungen waren so steif und so hart, daß ich in den ersten Wochen kaum eine lange Wand im Trab aussitzen konnte, da er einen sehr starken Stoß hatte. Durch seine harten Bewegungen wurde ich im Sattel förmlich geworfen.

Ich mußte nun langsam seinen schwungvollen Mitteltrab, den sein langjähriger Reiter fast als einzige Übung praktiziert hatte, zu einem kürzeren Tempo bringen. Dies tat ich aber nicht, wie bei meinen anderen Pferden, im Aussitzen, sondern im Leichttraben, weil bei seinem mächtigen Stoß mein Sitz zu unruhig geworden und seine Steifheit nicht gelöst, sondern eher das Gegenteil bewirkt worden wäre. Auch achtete ich darauf, seine zu feste Anlehnung allmählich durch Vermehren seiner Selbsthaltung leichter zu machen. Als es nach einigen Wochen gleichbleibender Arbeit gelang, versuchte ich im Trab einige Tritte auszusitzen und konnte feststellen, daß seine Bewegungen um vieles weicher geworden waren. Das Aussitzen verlängerte ich immer mehr, schaltete Volten und Übergänge in den Schritt und Galopp ein und stellte mit Freuden fest, wieviel angenehmer es sich nun auf ihm sitzen ließ. Ein Ergebnis der zunehmenden Geschmeidigkeit, die sich in allen seinen Bewegungen bemerkbar machte.

An den nur langsamen Fortschritten und der darum viel längeren Grundausbildung erkannte ich wieder einmal, daß es leichter ist, ein junges Pferd richtig anzureiten, als ein verdorbenes zu korrigieren. Denn bei der Korrektur spielt nicht nur das Ausmerzen einer eingefleischten Gewohnheit, sondern auch das Älterwerden des Pferdes eine Rolle. Bei Pferd und Mensch gilt also das gleiche: Was Hänschen nicht lernt, lernt Hans nur sehr schwer!

Sobald »Pluto Theodorosta« aber durch die abwechslungsreiche Arbeit mehr körperliche Geschmeidigkeit und geistige Wendigkeit gewonnen hatte, folgte der weitere Aufstieg sehr rasch. Nach eineinhalb Jahren konnte ich ihn bei der historischen Vorführung für General Patton im Mai 1945 das erste Mal an der Spitze der Quadrille

vorreiten.
Vier Jahre später begleitete er »Teja« gemeinsam mit seinem Stammesbruder »Neapolitano Africa« zu den Vorführungen im Rahmen des CHIO in London 1949, zählte also schon zu den Spitzenpferden der Spanischen Hofreitschule. Nur solche konnten ja der Aufgabe gerecht werden, durch ihr Einzelauftreten im weiten Rund der White City viele Zehntausende von Zuschauern zu fesseln und zu begeistern. Und alle drei Pferde haben dies vermocht; ja »Pluto Theodorosta« wurde von vielen Pferdefachleuten Englands sogar dem »Neapolitano Africa« vorgezogen, weil seine flacheren Gänge mehr jenen der englischen Pferde entsprachen.

Ein Jahr später, 1950, warb er mit Erfolg gemeinsam mit »Teja« auf dem Reitturnier im Rahmen der Spring Show der Royal Dublin Society um das Interesse an der Dressur. Er gefiel den Irländern ebensosehr wie »Teja«, obwohl sie der Lipizzanerrasse, wegen deren hoher Knieaktion, nicht sehr zugetan waren. Wie ich schon erwähnte, konnte es »Pluto Theodorosta« im Trab und Galopp gangmäßig mit jedem Vollblüter aufnehmen, was nicht bei allen Lipizzanern der Fall ist.

»Pluto Theodorosta« besaß ein sprühendes Temperament, das die stets fleißigen und lebhaften Gänge förderte und seiner ganzen Erscheinung erhöhten Glanz verlieh. Auch zeichnete er sich durch großen Gehorsam und restloses Vertrauen zu seinem Reiter aus. Dies hinderte ihn zu scheuen oder aus Übermut Unbedachtsamkeiten zu begehen.

Sein sprühendes Temperament bewies er übrigens recht anschaulich auf der Rückreise von Dublin 1950, als er offenbar den etwas desolaten Zustand seines Waggons der französischen Staatseisenbahnen als eine Zumutung oder vielleicht als nicht standesgemäß empfand und auch über das unaufhörliche Poltern und Rasseln sehr empört schien. Für eine Weile ließ er sich von seinem Pferdewärter, dem getreuen Flasar, besänftigen, dann wurde es ihm jedoch zu bunt; er machte sich mit einem mächtigen Satz frei und begann derart zu toben, daß der Mann, der immer ein Herz und eine Seele mit »Pluto Theodorosta« gewesen war, sich nur mehr durch Flucht retten konnte. Er zwängte sich durch einen schmalen Spalt der Schiebetür nach außen, schob die Waggontür wieder zu und versuchte, am Trittbrett angeklammert, sich dem Zugpersonal bemerkbar zu machen, was ihm schließlich auch gelang. Der Zug hielt auf offener Strecke, damit Flasar sich wieder in das Innere des Waggons wagen, die Pferde beruhigen und zur Ordnung bringen konnte. Der randalierende »Pluto Theodorosta« hatte nämlich auch »Teja« in Aufregung versetzt, also eine richtiggehende Rebellion inszeniert. Die Folge seiner Auflehnung war, daß der Waggon in der nächsten Station gegen einen besseren ausgetauscht wurde.

Auf der ersten Tournee der Spanischen Hofreitschule nach Nordamerika im Herbst 1950 mußte »Pluto Theodorosta« für den treuen »Neapolitano Africa« einspringen, der, weil scheinbar wiederhergestellt, mit von der Partie war, jedoch in Harrisburg neuerlich erkrankte. Dies bedeutete eine neue Aufgabe für den temperamentvollen Hengst. Bisher war er immer mit den anderen Lipizzanern zusammen in der Quadrille aufgetreten, hatte sie zwar angeführt, aber sich doch stets in Gesellschaft der ihm vertrauten Pferde befunden. Nun hieß es, allein im Scheinwerferkegel in einer völlig abgedunkelten Halle anzutreten, ohne daß ich vorher die Möglichkeit gehabt hätte, ihn an das grelle Licht zu gewöhnen. Für ein Pferd, das als Herdentier sehr stark an seine Gewohnheiten gebunden ist, hat das Alleinauftreten auch ohne Scheinwerferlicht etwas Beängstigendes. Überdies war es für »Pluto Theodorosta« eine sehr starke Inanspruchnahme, da er zweimal täglich in der Solovorführung wie auch in der Quadrille mitzuwirken hatte. Er löste seine Aufgabe glänzend, und ich wurde mir seiner Fähigkeiten erst richtig bewußt, als er, ungerührt durch die fremde Umgebung und die ungewohnten Lichtverhältnisse, ganz allein auf weitem Rund, nur auf blanker Kandare geführt, in absolutem Gehorsam und voller Harmonie die schwersten Übungen ausführte.

Durch die Erfolge angeregt, die »Pluto Theodorostas« Vorführungen in der White City in London und der Royal Dublin Society Show ernteten, entschloß ich mich, mit ihm in Dressurprüfungen anzutreten. Er war der erste Lipizzaner, den ich in Dressurkonkurrenzen ritt, und es wurde mir bald klar, daß ich von ihm doppelt so gute Leistungen verlangen mußte, wollte er als Lipizzaner dem Vergleich mit anderen Pferden standhalten. Die Gründe für die strengere Beurteilung der Lipizzaner durch die Richter habe ich bereits erwähnt.

»Pluto Theodorostas« erstes Erscheinen im Jahre 1950 in der Rolle eines Dressurpferdes war ein voller Erfolg. In Frankfurt am Main rangierten wir als Zweite hinter dem Idol Deutschlands, Otto Lörke, in einer Dressurprüfung der mittleren Klasse und gewannen die schwere Klasse bei demselben Turnier. Gleich darauf siegte er in einer Olympiade-Dressurprüfung in Hamburg. Es war das erste Mal, daß ein Lipizzaner einen Grand Prix gewann.

Ich ging nur selten mit »Pluto Theodorosta« zu Turnieren, aber dort, wo er erschien, siegte er. Seinen Höhepunkt auf diesem Gebiet erreichte er beim Reitturnier in Stockholm, als wir in der Kür sieben der besten Teilnehmer, die nach den Olympischen Spielen von Helsinki gekommen waren, hinter uns ließen, darunter auch den Gewinner der Goldmedaille in der Olympischen Dressurprüfung, den schwedischen Major St. Cyr, und dies in dessen eigenem Lande. In dieser Kür zeigte der Hengst das erste Mal eine dreifache Pirouette in einer derartigen Vollkommenheit, daß ihm bei seinen auch im übrigen guten Leistungen der Sieg nicht mehr zu nehmen war. In gleichmäßigen verkürzten Galoppsprüngen wendete er sich in unverändertem Rhythmus wie ein Kreisel dreimal um die Hinterhand, die sich in taktmäßigen Sprüngen auf einem Rund in der Größe eines kleinen Tellers drehte, und setzte dann genau dieselbe Linie fort, die er durch die Pirouette unterbrochen hatte. Mir aber schenkte er das herrliche Gefühl, daß ich noch weitere Pirouetten hätte verlangen können, daß ich nur zu denken brauchte und er meine Gedanken ausführte, das unvergleichliche Gefühl der vollkommenen Harmonie.

In Stockholm sollte der Treue sich auch zu einem der Höhepunkte seines Daseins steigern. Die Vorführungen der Spanischen Hofreitschule im Rahmen des Turniers fanden im großen Stadion statt, das im Jahre 1912 Schauplatz der Olympischen Spiele gewesen war. Damals hatten erstmalig auch Reiter an der Olympiade teilgenommen. Als der erste Teil unseres Programms mit meinem Solo auf »Pluto Theodorosta« beendet war, bat mich der Veranstalter, in der Pause allein zu Pferd zu einer besonderen Ehrung in die Arena zu kommen. Hätte ich geahnt, was uns bevorstand, wäre ich nicht so ruhig gewesen. Im verkürzten Galopp begab ich mich in das im völligen Dunkel liegende Stadion und erreichte im Licht der mir folgenden Scheinwerfer den Vorführungsplatz. Nun harrte ich, ganz allein im erhellten Kreis stehend, der Dinge, die da kommen sollten, und hörte dann über mir einen Hubschrauber, der mit grell erleuchteter Kanzel langsam zu Boden glitt. »Pluto Theodorosta« entdeckte den sich herabsenkenden, leuchtenden und lärmenden Körper und machte Anstalten, den Platz fluchtartig zu verlassen, was ihm wirklich nicht zu verdenken gewesen wäre. Ich war bestürzt bei der Vorstellung, er könnte unter dem Gelächter der 22000 Zuschauer panikartig auf der weiten Fläche des Stadions herumrasen, und glaubte mich vor der größten Blamage meines Lebens. Denn das Erhabene und das Lächerliche liegen nur zu oft dicht nebeneinander. Als letzten Versuch zur Rettung meiner Reputation stellte ich dem aufgeregten Hengst die Zügel an und vermehrte mit aller Kraft den Druck meiner Schenkel, um ihn fühlen zu lassen, daß ich bei ihm war, und um ihn an seinen in jahrelanger Arbeit aufgebauten Gehorsam zu erinnern. Ich war mir aber des Erfolges nicht sicher und nie der Verzweiflung so nahe gewesen. Doch siehe, der Gehorsam war stärker als die Panikstimmung, »Pluto Theodorosta« blieb am Platz! Er blieb auch stehen, als das leuchtende Ungetüm unter immer tosenderem Lärm näher kam und uns der Propellerwind um die Ohren pfiff. Unbeweglich wie ein Monument stand dieser heißblütige Lipizzanersproß; meine angepreßten Schenkel spürten nur das Zittern seines Körpers.

Der Hubschrauber setzte etwa 20 Meter vor uns auf, und ein Kinderpärchen in schwedischer Tracht entstieg der Kanzel. »Pluto Theodorosta« gehorchte auch jetzt, als ich ihn aufforderte, sich in der Passage den vor dem Flugzeug stehenden Kindern zu nähern. Dort überreichte mir das Mädchen einen großen Blumenstrauß und der Junge eines der bekannten schwedischen Glückspferde, jedoch in der Größe eines ausgewachsenen Pudels. Kaum hatte ich mich von meinem Staunen über das Gewicht dieser Gabe erholt, als ich merkte, daß sich alle Personen in die Dunkelheit zurückgezogen hatten und ich wieder allein in der Arena stand, die Hände voll mit Zügel, Gerte, Zweispitz, Blumenstrauß und Schwedenpferd. Wie sollte ich in dieser Verfassung mit Anstand aus dem Stadion gelangen? Ich setzte »Pluto Theodorosta« im kurzen Galopp in Richtung des Tores in Bewegung, begleitet von den uns folgenden Scheinwerfern und umbraust vom aus der Finsternis kommenden Jubel der Zuschauer. Der Ballast, besonders das Glückspferd, wurde mir immer schwerer und »Pluto Theodorosta« immer schneller, aber wir kamen, zwar schweißgebadet, doch heil auf den Sattelplatz, wo Flasar mich von den Zutaten befreite und die mich umringenden Kavallerieoffiziere und Fachleute mir zu dem Gehorsam »Pluto Theodorostas« gratulierten und ihn als das perfekteste Dressurpferd priesen.

Dieses Prädikat unter Beweis zu stellen, erhielt er ein Jahr später, 1953, in London noch einmal Gelegenheit. Anläßlich des Auftretens der Spanischen Hofreitschule beim CHIO in der White City fand nach einer Abendvorführung ein Empfang des Herzogs von Beaufort im Kensington Palace statt. Dort begegnete ich im kleinsten Kreis Königin Elizabeth II. und ihrem Gemahl, dem Herzog von Edinburgh, und Ihre Majestät sprach längere Zeit mit mir. Dieses Gespräch mit der Königin wird für mich ein unvergeßliches Erlebnis bleiben. Ihr großes Interesse für Pferde und ihre Anteilnahme am Schicksal der Spanischen Hofreitschule nach dem Zusammenbruch der Donaumonarchie und während des Krieges machten einen tiefen Eindruck auf mich. Besonders erstaunte mich, wieviel die Königin über diese alte Reitschule wußte. Der Herzog von Beaufort erklärte mir später, sie hätte mein Buch über die Spanische Hofreitschule, das er ihr geborgt habe, sehr genau gelesen. Auch ihre scharfe Beobachtungsgabe lernte ich kennen, besonders als sie mit Begeisterung über »Pluto Theodorosta« sprach und sagte: »Ich habe an Ihrem Hengst bewundert, daß er, obwohl er nur mit einer Hand auf blanker Kandare geführt wurde, alle schweren Übungen mit voller Gleichmäßigkeit ausgeführt hat. Vor allem imponierte mir aber, daß er in der Passage, obwohl er in die Pfützen trat und sich anspritzte, nicht einen einzigen ungleichen Tritt getan hat. Wieviele Pferde würden versuchen, den Wasserlachen auszuweichen …« Es war nämlich vor unserer Vorführung ein wolkenbruchartiger Regen niedergegangen.

Dann erkundigte sich die Königin über zahlreiche Ausbildungsdetails, und in diesem Zusammenhang fiel ihre Frage, ob ich glaubte, daß auch sie in der Lage wäre, »Pluto Theodorosta« zu reiten. Nach meiner Erwiderung, daß dies eine große Ehre für mich wäre, zögerte die Königin einen Augenblick und gab mir keine dezidierte Antwort, obwohl sie der Herzog von Edinburgh anfeuerte: »So reite ihn doch, wenn du Gelegenheit hast!« Kurz danach verließ die Königin die Party. Der Herzog von Beaufort, der sie hinausgeleitet hatte, kam gleich darauf zu mir und sagte, die Königin habe ihn beauftragt, ausfindig zu machen, ob ich wirklich gemeint habe, sie könne mein Pferd reiten, ober ob mein Angebot nur eine Höflichkeitsfloskel gewesen sei. Als ich antwortete, ich hätte ihr allen Ernstes vorgeschlagen, »Pluto Theodorosta« zu reiten, erklärte der Herzog, er werde der Königin davon Mitteilung machen.

Die Absicht Königin Elizabeths, einen Lipizzanerhengst zu reiten, erregte die Gemüter der maßgeblichen Persönlichkeiten des Hofstaates mehr, als ich mir vorstellen konnte. Die Gegner dieses Reitexperimentes führten ins Treffen, es sei unverantwortlich, die Königin der Gefahr auszusetzen, durch ein fremdes Pferd, ausgebildet von einem fremden Reiter aus einem fremden Land, Schaden zu erleiden.

Aber am 25. Juli 1953 wurde »Pluto Theodorosta« mit einem Transportauto in den Buckingham Palace gebracht, und die Königin ritt ihn in der gedeckten Reitbahn. Als Elizabeth II. aufgesessen war und die Zügel ergriffen hatte, erkundigte sie sich, wer sonst außer mir »Pluto Theodorosta« reite. Auf meine Antwort hin, daß er in meiner Abwesenheit immer nur geführt werde, sagte sie: »Und da soll ausgerechnet ich der erste fremde Reiter sein, den er zu tragen hat?«

Ich gebe zu, daß auch ich aufgeregt war, als die Königin zu reiten begann, zumal »Pluto Theodorosta« während der letzten 10 Jahre ausschließlich von mir geritten worden war. Ich hielt mich daher möglichst in der Nähe der Reiterin auf, jederzeit bereit hinzuzuspringen, wenn es erforderlich werden sollte. Aber es ging im Schritt, Trab und Galopp ausgezeichnet, die Königin führte alle meine Korrekturen prompt durch und sagte in einer kleinen Atempause: »Wie weich ist doch dieser Hengst in allen seinen Bewegungen, und wie willig galoppiert er auf beiden Händen gleichmäßig an. Bei meinem Pferd geht das Angaloppieren nicht so einfach, es will immer nur auf der rechten Hand galoppieren.« Als die Königin noch einige Bewegungen in den Grundgangarten ausgeführt hatte, erkundigte ich mich, ob sie auch Piaffe und Passage versuchen wolle. Sie antwortete: »Oh ja. Ich möchte es sehr gerne, nur weiß ich nicht, was ich dabei zu tun habe.« Nun gab ich kurze Anleitungen, half etwas mit der Gerte nach, und »Pluto Theodorosta« war sich offenbar der größten Stunde seines Lebens bewußt und ging die beiden Gangarten mit einem Schwung, einer Gleichmäßigkeit und Harmonie, die auch mich erstaunten. Ich hatte ihn ja nie unter einem anderen Reiter gesehen. Die Königin bekam rote Backerln und rief, als sie schließlich anhielt: »I am thrilled.« Ich aber dachte, eine Königin auf einem königlichen Pferd!

Diesen Ritt Königin Elizabeths II. auf »Pluto Theodorosta« empfand ich als krönende Bestätigung meiner reiterlichen Arbeit. Der Sinn der Dressurausbildung muß darin gipfeln, ein Pferd so heranzubilden, daß es jederzeit und für jedermann ohne Ergründung irgendwelcher Geheimnisse oder Gebrauchsanweisungen angenehm zu reiten ist. Daß die Königin gerade »Pluto Theodorostas« Bewegungen, die zu Beginn des Trainings unvorstellbar hart gewesen waren, so weich fand, stellte für mich in jeder Hinsicht »höchste Anerkennung« dar.

Auch für »Pluto Theodorosta« war es die Krönung seiner Laufbahn, denn nun ging sein Ruf in die ganze Welt hinaus. Nach dem Ritt der Königin setzte eine wahre Völkerwanderung zu den Stallzelten neben der White City ein; alle wollten den berühmten Hengst sehen, den die junge Königin geritten hatte. Der Name »Pluto Theodorosta« wurde so geläufig, daß ich einige Monate später einen für mich bestimmten Brief mit der Anschrift »To Mr. Pluto Theodorosta, Austria« bekam, weil der Briefschreiber meinen Namen nicht behalten hatte, wohl aber den des berühmten Hengstes.

Wie sehr er bekannt war, sollte ich acht Jahre später anläßlich des Staatsbesuches des amerikanischen Präsidenten in Wien erfahren. Nach der Vorführung der Spanischen Hofreitschule fragte Mrs. Jacqueline Kennedy mich nach dem Lipizzanerhengst, den Königin Elizabeth II. geritten hatte. Sie sah sich dann im Stall den neunundzwanzigjährigen »Pluto Theodorosta« mit sichtlichem Interesse an und erkundigte sich, ob ihn die Königin im Damensattel geritten habe. Auf meine Antwort, sie habe auf meinem Sattel gesessen, sagte sie sofort: »Aber sie hat ihn doch nicht in der Hohen Schule geritten?« Meine Erwiderung, Königin Elizabeth habe »Pluto Theodorosta« auch in der Piaffe und Passage geritten, verstärkte ihr Erstaunen, und sie fragte: »Wieso konnte die Königin den Hengst in der Hohen Schule reiten?« Ich erklärte ihr, daß »Pluto Theodorosta« in diesen Bewegungen der Hohen Schule von mir ausgebildet war und daß ich die Königin beim Ausführen der schweren Übungen unterwiesen hatte. Worauf mich Mrs. Kennedy fragte: »Würden Sie mir auch helfen, einen von Ihren Lipizzanern zu reiten?« Der hinter uns stehende Bundeskanzler war um das Protokoll besorgt und flüsterte mir aufgeregt zu: »Was machen wir denn, wenn sie jetzt reiten möchte?« Ich konnte ihn mit dem Hinweis beruhigen, daß Mrs. Kennedy gegenwärtig ohnehin nicht reiten könne, weil sie keine Reitkleidung trage.

Diese kleine Begebenheit muß aber doch einen nachhaltigen Eindruck hinterlassen haben. Denn kurze Zeit darauf erhielt ich aus dem Weißen Haus in Washington einen Brief, in dem Mrs. Kennedy schrieb, daß der Besuch der Spanischen Hofreitschule den Höhepunkt ihrer ganzen Europareise dargestellt habe. Am Ende des Briefes fügte sie handschriftlich hinzu: »Do not forget you promised me one day I can sit upon one of your Lipizzaners. I will be very careful and very honoured! Until that happy day, thank you again …«

(Vergessen Sie nicht, daß Sie mir versprochen haben, ich könne eines Tages auf einem von Ihren Lipizzanern sitzen. Ich werde sehr vorsichtig sein und mich sehr geehrt fühlen. In Erwartung dieses glücklichen Tages danke ich Ihnen nochmals.)

London 1953 war wohl der Höhepunkt meiner Arbeit mit »Pluto Theodorosta«, aber nicht das Ende seiner Laufbahn. Zwar ging ich nach seinem Sieg in Stockholm und dem Ritt Königin Elizabeths zu keinem Turnier mehr, doch wirkte er stets bei allen Vorführungen der Spanischen Hofreitschule mit. Als er dann älter wurde, erleichterte ich ihm die Arbeit dadurch, daß ich ihn statt im Solo nur in der Quadrille vorführte. Die Übungen in der Quadrille erreichen den Schwierigkeitsgrad der Solovorführungen nicht. Als er das 29. Lebensjahr erreichte, wollte ich ihn in den wohlverdienten Ruhestand versetzen. Dies schien ihm aber gar nicht zu behagen. Denn eines Tages benützte er die Gelegenheit, die immer offenstehende Box eigenwillig zu verlassen und über den Renaissancehof der Stallburg in die gegenüberliegende Winterreitschule zu laufen. Der ihm nacheilende Pferdewärter erstarrte vor Schrecken, als zu gleicher Zeit ein Autobus durch die Augustinerstraße kam, die der Hengst gerade überqueren wollte. Aber »Pluto Theodorosta« hielt an, wartete und überquerte die schmale Gasse erst, nachdem er sich überzeugt hatte, daß sie frei war. Seinen Eifer erkennend, ritt ich ihn daraufhin noch ein Jahr lang schonend in der herrlichen Reithalle, um ihm den Übergang zum Ruhestand zu erleichtern und ihn dann das letzte Jahr seines Lebens nur mehr reiter- und sattellos führen zu lassen. Als er 31 Jahre alt war, begann sein so mutiges Herz müde zu werden, bis es schließlich an einem heißen Sommertag zu schlagen aufhörte.

Sein hohes Alter war nicht nur ein Beweis für den Wert der Lipizzanerrasse, sondern bestätigte auch die Richtigkeit der Ausbildung, die ihn trotz der geforderten Leistungen bis zuletzt gesund und kräftig erhalten hatte.

»Maestoso Alea« hieß ein weiterer Lipizzaner, der 15 Jahre mein Begleiter werden sollte. Der Majestätische war zwar besonders schön und hatte prachtvolle Gänge, zählte aber zu den schwierigsten Pferden meines Lebens.

Nie zuvor hatte ich ein Pferd geritten, das so wechselhaft in seinen Leistungen war und dessen Wesen ich so schwer ergründen konnte. Die Arbeit mit ihm erforderte einen Aufwand an Kraft und Geduld, mit dem ich in der gleichen Zeit drei Pferde hätte ausbilden können. Da ich die Spanische Hofreitschule leitete, war meine Lage ungleich schwieriger als die jedes anderen Reiters des Instituts. Kam ein Bereiter mit seinem Pferd nicht zurecht, so konnte ohne Prestigeverlust ein Pferdewechsel vorgenommen werden. Hatte ich aber selbst Schwierigkeiten, so durfte ich den Hengst keineswegs an einen anderen Bereiter abgeben, denn der Direktor mußte doch in allen Dingen Vorbild sein. Einem Bereiter, der von mir ein Pferd übernahm, hätte jederzeit die Entschuldigung offengestanden: »Der Chef konnte ihn ja auch nicht reiten.« Jeder Korrektur meinerseits wäre dadurch die Autorität entzogen worden. Ein Vorgesetzter kann nur verlangen, was er selbst zu zeigen imstande ist. Also mußte ich durchhalten; denn an einen Verkauf an einen privaten Interessenten konnte auch nicht gedacht werden.

Eine zusätzliche Erschwernis bedeutete für mich der Umstand, daß »Maestoso Alea« bereits acht Jahre alt war, als ich ihn zu reiten begann, und daß er vorher von verschiedenen Bereitern geritten worden war. Sie hatten versucht, ihm mit allen möglichen Mitteln – nicht immer mit den sanftesten – beizukommen, und dennoch war keiner mit ihm fertig geworden. Ist es, wie bereits erwähnt, ohnehin schon viel schwieriger, ein verdorbenes Pferd zu korrigieren, als ein junges auszubilden, so kam bei »Maestoso Alea« noch eine Unergründbarkeit hinzu, die den Vergleich mit einem Menschen nahelegte, der nicht immer zurechnungsfähig ist. Von allen meinen Pferden führte er mir wohl am deutlichsten die alte Tatsache vor Augen, daß Fehler und Unterlassungssünden, die während der ersten Ausbildung begangen wurden, später entweder nie mehr oder doch nur mit großen Schwierigkeiten zu beheben sind.

»Maestoso Alea« war besonders empfindlich für jeden Wechsel der Umgebung. Das Neue nahm ihn derart gefangen, daß er alles, was er gelernt hatte, vergessen konnte und sich mit den ihm zur Verfügung stehenden Mitteln gegen jede Unterordnung zur Wehr setzte. In solchen Fällen wollte er nicht am Zügel bleiben, nahm den Kopf hoch und erschwerte es mir damit, seine Versammlung zu erreichen.

Auch für ihn selbst wurde die Arbeit schwieriger, denn die Kopfhaltung verursachte ihm im Rücken Unbehagen. Das Unbehagen wiederum machte ihn noch widersetzlicher. Dabei steigerte er sich in immer größere Aufregung und war durch nichts zu beruhigen. Ich mußte meine ganze Geduld aufbieten und ihn immer wieder in die Tiefe reiten, damit er sich in Momenten der Aufregung nicht zu viel aufrichtete. Glaubte ich, endlich einen dauernden Fortschritt erreicht zu haben, so überzeugte er mich gleich darauf ohne besonderen Anlaß vom Gegenteil. Einmal riß er den Kopf so heftig hoch, daß er mein Kinn traf und mir Hören und Sehen verging. Ich ließ seine Zähne kontrollieren; seine Zäumung wurde genauestens untersucht und auch ausgewechselt; doch ließ sich nichts finden, das ihn hätte irritieren können.

Es gelang mir zwar, in Dressurprüfungen bis zu den olympischen Anforderungen mit ihm Siege zu erringen, aber ebensogut konnte ich ein völliges Versagen erleben. Bei einem Turnier in Hannover gewann »Maestoso Alea« überlegen eine Prüfung der schweren Klasse, um mich gleich darauf in Dortmund auf den vierten Platz zu verweisen. Er begann die große Dressurprüfung in so wunderbarer Manier, daß der Sieg bereits gewiß schien. Doch plötzlich und ohne irgendeinen erkennbaren Grund schlug er heftig mit dem Kopf, und unsere Chancen waren dahin.

Er konnte so unterschiedlich sein, daß ihn Fachleute oft nicht wiedererkannten. In Dortmund beispielsweise fragte mich eine befreundete Reiterin nach der Vorführung der Spanischen Hofreitschule, in der ich mit »Maestoso Alea« die große Schulquadrille angeführt hatte: »Warum haben Sie gestern nicht diesen Hengst geritten statt ›Maestoso Alea‹?« Es war aber an beiden Tagen derselbe Lipizzaner gewesen. So wurde unser Verhältnis immer wieder getrübt, trotz der gemeinsamen Erfolge. »Maestoso Alea« konnte an seinen guten Tagen hinreißend wirken und Tausende von Menschen durch seine Schönheit und den Glanz seiner Bewegungen bezaubern und verzaubern. Sogar in Romanen wurde er erwähnt. Er vermochte auch die Fachleute zu überzeugen, obwohl sie ihn immer besonders scharf unter die Lupe nahmen. Erstens, weil sie von seinen Schwierigkeiten gehört oder sie sogar gesehen hatten, und zweitens, weil er eben ein Lipizzaner war.

Gelernt habe ich von diesem Hengst nicht viel, weil ich ihn in seinen Rückschlägen nicht verstehen konnte. Er schenkte mir nur das Wissen um die Notwendigkeit des vollen Verstehens zwischen Lehrer und Schüler. Wie schwer es war, »Maestoso Alea« zu verstehen, möchte ich durch zwei Vorfälle illustrieren. Einmal stand er gesattelt und gezäumt bereit, auf die Reitbahn geführt zu werden, vor der halboffenen, großen, in Eisenrahmen gefaßten Glastür seines Stallabteils. Irgend etwas muß ihn erschreckt haben, denn er schlug mit dem Kopf, wobei sich der Knebel der Trense in der Türklinke verklemmte. Er geriet, den Widerstand spürend, in noch größere Erregung, bäumte sich auf den Hinterbeinen auf und riß die hohe Tür mit einem Ruck aus den Angeln. Fünf Mann waren notwendig, um die schwere Tür wieder einzuhängen. Natürlich war an diesem Tag mit ihm nichts mehr anzufangen; ich konnte ihn nur durch ruhiges Vorwärtsreiten mit langem und tiefgestelltem Hals zu beruhigen suchen.

Der zweite Vorfall ereignete sich am Flugplatz von Baltimore, wo die Hengste zur großen Amerikatournee 1964 landeten. Ich hatte Schwierigkeiten während des zweiundzwanzigstündigen Fluges von Wien nach Amerika befürchtet, »Maestoso Alea« belehrte mich indes eines Besseren. Er ging ohne die geringste Aufregung die steile Gangway des Flugzeugs hinauf und herunter und verhielt sich auch während des ganzen Fluges viel ruhiger als alle anderen Pferde, obwohl auch er kein Beruhigungsmittel bekommen hatte. In Baltimore angelangt, wurden die Lipizzaner nach einem kaum halbstündigen Spaziergang auf der Piste des Flugplatzes – selbst dazu hatte ich die Genehmigung bei den höchsten Stellen in Washington erwirken müssen – in die bereitstehenden Pferdetransportautos gebracht, um dort ihre Freigabe nach Vorliegen des Ergebnisses der Blutprobe abzuwarten. Dies dauerte zwar einige Stunden, bedeutete aber immerhin eine Verkürzung der sonst üblichen zweitägigen Quarantäne. Alle Hengste hatten sich in ihr Schicksal gefügt – statt im Flugzeug standen sie nun eben in einem Transportauto –, und ich war gerade im Begriff, den Flugplatz zu verlassen, als ein trommelartiges Geräusch aus der Wagenkolonne meine Aufmerksamkeit erweckte. Schon kam mein Pferdepfleger im Laufschritt auf mich zu, um mir mitzuteilen, »Maestoso Alea« benehme sich wie ein Irrsinniger, piaffiere ohne Unterlaß in seinem Stand, und auch die Nachbarhengste würden schon unruhig. Und tatsächlich, »Maestoso Alea« piaffierte in beispielhaftem Rhythmus – bei einer Dressurprüfung hätte er dafür den ersten Preis erhalten müssen –, er war mit weißem Schaum bedeckt, hörte und sah nichts und nahm meine Beruhigungsversuche gar nicht wahr. Sein Blick war starr in die Ferne gerichtet, und seine Hufe trommelten unentwegt auf den Holzboden des Transporters. Ich hatte das Gefühl, daß ihn der Lärm immer mehr in Ekstase versetzte, und befürchtete einen Herzschlag als unausbleibliche Folge. Deshalb nahm ich ihn mit Hilfe meines Pferdepflegers aus dem Auto, das er willig verließ, selbst noch auf der Rampe piaffierend. Erst auf dem festen Boden kam er zur Besinnung, gab das Tanzen auf und ließ sich von mir ruhig eine Stunde lang herumführen, um dann abgeklärt in sein Auto zurückzukehren und so zu tun, als ob niemals etwas vorgefallen wäre. Wie so oft, konnte ich die Ursache seines Verhaltens nicht ergründen. Der Pferdepfleger meinte nur achselzuckend: »Der spinnt heut wieder.«

Wenn es mir dennoch gelang, »Maestoso Alea« sogar im Solo auf blanker Kandare erfolgreich vorzuführen, um den älter werdenden »Pluto Theodorosta« zu entlasten, so bewies dies nur, daß gewissenhafte Arbeit vieles zu überbrücken vermag. Beseitigen kann sie jedoch nicht ein Gefühl der Unsicherheit und manche Versäumnisse in der Jugend, eine Tatsache, die jeder Erzieher bestätigen wird. Und diese Versäumnisse lagen sowohl am Unvermögen als auch an der Unkenntnis seiner ersten Reiter. Ich aber zog die Lehre daraus, mir zukünftig nur junge und unverdorbene Hengste zur Ausbildung auszusuchen.

Ist es nicht seltsam, daß ich trotz all des Ärgers, den er mir oft bis zur Depression bereitete, auch an »Maestoso Alea« nur in Liebe denken kann und ihm für die schönen Erfolge dankbar bin? Oft sind es gerade die Sorgenkinder, an denen die Eltern besonders hängen. So tut es mir leid, daß diesem Hengst nicht der schöne Lebensabend vergönnt sein sollte, den ich meinen Pferden stets zu bereiten suchte. Nach meiner Verabschiedung von der Spanischen Hofreitschule wurde der Majestätische als Longepferd verwendet, und er, der nie krank gewesen war, mußte wiederholt wegen Lahmheit wochenlang an die tierärztliche Hochschule überstellt werden.

Durch meine Erfahrungen mit »Maestoso Alea« gewarnt, begann ich den nächsten Lipizzaner gleich nach Verlassen des »Kindergartens« – dem Satteln, Longieren und ersten Anreiten – selbst zu arbeiten. Die jungen Hengste kommen erst mit dreieinhalb Jahren vom Gestüt an die Spanische Hofreitschule und dürfen im ersten Jahr nur sehr schonend beansprucht werden. Der viereinhalbjährige »Maestoso Mercurio« zeigte im Wesen viel Ähnlichkeit mit »Neapolitano Africa«, er war anschmiegsam und liebebedürftig, eines jener Pferde, die einem Stück Zucker die Liebkosung ihres Herrn vorziehen. Dabei war er fleißig, grundanständig, nie launenhaft, nur leicht erregbar und sehr schreckhaft. Vor allem Dinge, die er nicht kannte, beunruhigten ihn und ließen ihn dann die Aufmerksamkeit mir gegenüber völlig vergessen. Um ein festes Fundament zu schaffen und auf die

Spätreife der Lipizzaner Rücksicht zu nehmen, ging ich bei der Ausbildung sehr langsam vor. Ich gebe zu, daß es einem Reiter, der gewöhnt ist, Pferde auf einer höheren Dressurstufe zu reiten, nicht immer leichtfällt, junge Pferde zu arbeiten, ohne sich dabei entweder zu langweilen und deshalb viele der Steinchen, aus denen sich das Fundament der Ausbildung zusammensetzt, zu übersehen oder aber viel zu früh verschiedene Übungen zu verlangen, besonders dann, wenn es den Anschein hat, das Pferd biete sie an. Aus dieser Überlegung ließ ich auch die jungen Pferde im ersten Jahr der Ausbildung von jungen Reitern unter Anleitung eines älteren Bereiters anlernen. Erstens hatten die jungen Reiter ein geringeres Gewicht als die meisten Bereiter, zweitens war ihr Können noch bescheidener, sodaß sie sich schon freuten, wenn das Reiten ohne größere Störungen vor sich ging, und drittens wußten sie, daß die endgültige Pferdezuteilung erst nach Ablauf dieses ersten Jahres erfolgte. Daher konnten die jungen Reiter keine falschen Ambitionen hegen und nicht mehr verlangen, als das Alter der Pferde erlaubte.

Zuerst wollte ich in »Maestoso Mercurio« das Vertrauen zu mir aufbauen. Er sollte wissen, daß ich ihn nie einer Gefährdung aussetzen oder von ihm Unmögliches verlangen würde. Ich ließ ihn alle fremden Gegenstände ansehen und nach Möglichkeit unter dauerndem Schmeicheln beschnuppern. Das war am Anfang gar nicht so einfach, weil die Bereitschaft zum Umdrehen und Fluchtergreifen zu groß war. Nur sehr zögernd ließ er sich an den »Stein des Anstoßes« herantreiben, um aber am nächsten Tag wieder das gleiche Manöver zu vollführen. Anfangs brachte mich seine Schreckhaftigkeit manchmal zur Verzweiflung, doch es gab nur eines: Ruhe zu bewahren und diese Versuche so oft zu wiederholen, bis er wirklich volles Vertrauen zu mir hatte. Dabei konnte ich feststellen, daß die Schwierigkeiten im gleichen Maße schwanden, in dem seine Anlehnung, die Verbindung zwischen dem Pferdemaul und der Hand des Reiters, zunahm.

Nicht umsonst schrieben die alten Meister, das Pferd solle die Anlehnung an die Hand des Reiters suchen und nicht umgekehrt. Durch Anlehnung wird es ein ähnliches Vertrauen zum Reiter gewinnen wie ein Mensch zum stärkeren Mitmenschen, bei dem er Zuflucht findet.

Als »Maestoso Mercurios« Vertrauen gefestigt war und er gelernt hatte, gerade vorwärts zu gehen, war es bei seiner Intelligenz und Willigkeit nicht schwer, ihn all das zu lehren, was von einem Schulhengst verlangt und in den Vorführungen der Spanischen Hofreitschule gezeigt wird. Meine Arbeit mit ihm warf keine Probleme auf und schien ihm selber Freude zu machen. In gewisser Hinsicht geschah sie jedoch unter erschwerten Bedingungen. Während dem Dressurreiter auf den Turnieren im allgemeinen ein allmählicher Aufstieg von der Anfängerklasse über die Mittelklasse bis zur schwersten möglich ist, darf der Lipizzanerhengst nach einer kurzen Vorstellung in der Abteilung »junge Hengste« erst dann in die Öffentlichkeit treten, wenn er die Hohe Schule vollkommen beherrscht. Dadurch entfällt auch für den Reiter die Möglichkeit, seine Arbeit von Stufe zu Stufe bewerten und die Richtigkeit seiner Ausbildungsmethode bestätigen zu lassen, wie dies in den Dressurprüfungen der Fall ist. Er ist darauf angewiesen, sich ständig selbst zu kontrollieren.

»Maestoso Mercurios« Fortschritte hatten eine solide Grundlage und drückten sich darum in großer Präzision aus. Seine Gangarten waren korrekt, wenn der starke Trab auch nicht die Brillanz erreichte, die seine Vorgänger »Maestoso Alea« und »Pluto Theodorosta« besaßen, da er dem Typ der Lipizzaner mit hoher Kniereaktion angehörte. Die einzige Schwierigkeit, die sich in der höheren Ausbildung ergab, war seine Neigung zum leichten Kreuzen der Vorderbeine, die er von seinem Vater geerbt hatte. Im Trab konnte diese Neigung durch Vermehren von Schwung und Untertreten der Hinterbeine leicht verhindert werden, in der Handarbeit aber, als Vorbereitung der Piaffe, trat sie so stark in Erscheinung, daß ich nach kurzer Zeit davon

Abstand nehmen mußte und ihn entgegen meiner sonstigen Gepflogenheit zuerst die Passage, an der Hofreitschule auch Spanischer Tritt genannt, lehrte, die er sehr bald vorbildlich ausführen konnte.

Der Ausbilder muß eben Phantasie besitzen, um es seinem Pferd zu erleichtern, Fortschritte zu erzielen und Schwierigkeiten zu überwinden. Diese Gabe kann sich aber nur dann erfolgreich auswirken, wenn sie sich auf solides theoretisches Wissen, Fingerspitzengefühl und Naturverbundenheit stützt. Da die französischen Reitmeister aus dem 17. und 18. Jahrhundert die Piaffe als eine Passage auf der Stelle definierten – also nicht als einen Trab auf der Stelle, wie die meisten anderen Lehrer –, kam ich auf den Gedanken, »Maestoso Mercurio« die Piaffe aus der Passage beizubringen. Durch kurze weiche Zügelanzüge, einem wiederholten Anstellen und Nachgeben, suchte ich seinen Raumgewinn zu vermindern, während ihn meine angelegten Schenkel vorwärts trieben und das angestellte Kreuz seine Hinterbeine zu immer lebhafterem Untertreten veranlaßte, bis er schließlich ein bis zwei Tritte auf der Stelle ausführte. Bei dieser Methode kreuzte er die Vorderbeine nicht, wie es bei der Arbeit an der Hand der Fall gewesen war. Vorsichtig vermehrte ich die Anzahl der Piaffetritte, bis die Übung gefestigt war und das unschöne Kreuzen auch bei längeren Reprisen unterblieb. »Maestoso Mercurio« ist das einzige Pferd, das ich die Piaffe nicht an der Hand, sondern unter dem Sattel lehrte. Nicht nur nach Rom führen viele Straßen, auch in der Reitkunst gibt es verschiedene Wege, nur muß man immer das Ziel vor Augen behalten, um sich nicht im Irrgarten der verschiedenen Möglichkeiten zu verlieren.

In vierjähriger Arbeit fanden »Maestoso Mercurio« und ich uns in voller Harmonie zusammen; er war stets bemüht, mich zufriedenzustellen, und ich wußte, daß ich mich auf ihn verlassen konnte. Wenn ich nach beendeter Arbeit absaß, ließ ich ihn auf einem großen Kreis frei um mich herumlaufen. Obwohl noch andere Pferde in der Halle waren, versuchte er nie auszubrechen, und wenn ich ihm »komm her« zurief, trabte er auf mich zu, um seinen Zucker entgegenzunehmen. Diese kleine Zeremonie diente neben der Belohnung, die das freie Herumlaufen für das Pferd bedeutete, noch einem reiterlichen Zweck. Ich konnte meinen Hengst in der Bewegung beobachten, seinen Rhythmus und sein Gleichgewicht studieren und mir dabei Anregungen für meine weitere Arbeit holen.

»Maestoso Mercurios« Vertrauen war so gefestigt, daß ich ihn gleich das erste Mal in der Solovorstellung auf blanker Kandare mit der linken Hand führte. Da schien das Publikum für ihn nicht zu existieren, da gab es für ihn keine Schreckobjekte mehr, sondern nur ein Ziel: den Willen seines Reiters zu erlauschen. Während seiner jahrelangen Zugehörigkeit zur Spanischen Hofreitschule hatte er die Ehre, vor gekrönten und ungekrönten Staatsoberhäuptern sein Können zu zeigen, vor König Gustav VI. Adolf von Schweden, vor König Frederik IX. und Königin Ingrid von Dänemark, vor Königin Juliane von Holland und Prinz Bernhard, vor dem Schah von Persien, vor König Bhumibol und Königin Sirikit von Thailand, vor den Bundespräsidenten Professor Dr. Theodor Heuss und Heinrich Lübke und vielen anderen hochgestellten Persönlichkeiten.

Den Höhepunkt seiner Karriere erreichte »Maestoso Mercurio« auf der langen Nordamerikatournee 1964, als er viele Wochen hindurch sein Solo in den Städten Philadelphia, Washington, Boston, Chicago, Detroit, New York, Toronto und Montreal zu zeigen hatte. In den vollkommen verdunkelten Hallen nahm er zwischen den Pilaren Aufstellung und blieb auch regungslos stehen, wenn mein Name genannt wurde und uns vier Scheinwerfer anstrahlten und ich feierlich den Zweispitz zog. Erst nach Beendigung des Grußes und beim Einsetzen der Musik begann er, von mir nur mit einer Hand auf Kandare geführt, im Kegel der Scheinwerfer »Alle Gänge und Touren der Hohen Schule«. Sein Gehorsam und sein Vertrauen waren wunderbar. Unbeirrt durch die stets wechselnde Umgebung leistete er meinen Aufforderungen Folge und stürmte im starken Galopp oder Trab gegen eine Wand von Finsternis nach vorwärts. Besonders glänzend waren seine mehrfachen Pirouetten, die, auf der Mittellinie ausgeführt, größte Genauigkeit erforderten, weil wir doch nach dieser Übung zwischen den Pilaren hindurch mußten, die immer erst im letzten Augenblick aus der Dunkelheit auftauchten. »Maestoso Mercurio« ging aber so gerade und machte alle Übungen so exakt, daß er einmal sogar nach einer siebenfachen Pirouette – die höchste Anzahl von Pirouetten, die ich je in einer Folge ausführte – nicht die Richtung verfehlte und genau zwischen den Pilaren hindurch weitergaloppierte. Dabei bewegte er sich in allen Pirouetten im gleichen Rhythmus und stieß sich wie ein Gummiball vom Boden ab, sodaß er in dieser schweren Übung sogar »Pluto Theodorosta« übertraf.

In New York wurde sein Vertrauen einmal auf eine harte Probe gestellt. Wie immer ritt ich am Ende meiner Solovorführung, den gesenkten Zweispitz in der Hand, in Passage auf den durch einen rot-weiß-roten Vorhang verschlossenen Ausgang zu. Irgend etwas schien nicht zu stimmen, denn als der Vorhang endlich aufging, war »Maestoso Mercurio« schon fast am Ausgang angelangt. In der nächsten Sekunde aber schlug der schwere Vorhang über seinem Kopf wieder zusammen, sodaß ich einen Augenblick lang keinen Pferdekopf vor mir hatte, sondern den gestreiften Stoff. Dann ging das Tuch nochmals hoch und gab den Weg frei. Der mit der Bedienung des Vorhangs beauftragte Mann hatte mit jemandem geplaudert und war dann so erschrocken, daß er den kaum hochgezogenen Vorhang wieder fallen ließ. »Maestoso-Mercurio« verlor nicht einen Augenblick seine Fassung und verließ die Halle, als ob nichts vorgefallen wäre, umbraust vom stürmischen Beifall der Zuschauer. Am nächsten Tag fand ich in meiner Garderobe eine weiße Orchidee mit folgenden Zeilen: »To Mercurio – for performing heroically beyond duty and beyond that d … d red curtain!« (Für Mercurio – für eine heldenhafte Leistung über jede Pflicht hinaus und auch über den ver … roten Vorhang.)

Auf beiden Amerikatourneen, 1950 und 1964, konnte ich beobachten, welch erzieherische Wirkung die Repräsentanten einer alten Kultur, wie sie die Lipizzaner in ihren Vorführungen zweifellos sind, ausüben können. In den riesigen ausverkauften Hallen herrschte andächtiges Schweigen, keine Bewegung war zu hören, und am Ende fand die Begeisterung durch Händeklatschen ihren Ausdruck, nicht durch Pfeifen, wie es sonst in diesem Lande üblich ist. Und da die Spanische Hofreitschule immerhin in 38 Vorführungen fast eine halbe Million Zuschauer versammelte, war dieses Verhalten wohl keineswegs ein Zufall.

Auf dem Höhepunkt seiner Leistungen mußte ich mich von meinem braven »Maestoso Mercurio« trennen: Kurz nach der triumphalen Amerikatournee wurde ich wegen Erreichens der Altersgrenze in Pension geschickt. Es war ein schmerzhafter Abschied, denn »Maestoso Mercurio« war mein treuester Freund geworden, gleichsam ein Stück von mir. Außer den beiden Maestoso-Sprößlingen »Alea« und »Mercurio« verblieben der Spanischen Hofreitschule noch zwei von mir vollausgebildete Schulhengste: »Conversano Soja« und »Maestoso Flora«.

»Conversano Soja« war einer der wenigen Söhne von »Conversano Bonavista«, dem Lieblingspferd des Oberbereiters Lindenbauer. Von seinem Vater hatte er Schönheit, aber auch etwas schwache Sprunggelenke und leichte Erregbarkeit mitbekommen. Ich übernahm »Conversano Soja« gleich nach der ersten Longearbeit, die ich noch durch längere Zeit hindurch fortsetzte. Dabei wurden seine von Natur aus guten Gänge und sein Gleichgewicht verbessert, sodaß er bereits an der Longe einen ausdrucksvollen starken Trab mit weichen Übergängen in das verkürzte Tempo ausführen konnte und einen schön gesetzten Galopp zeigte. Die lange Arbeit an der Longe gab mir Gelegenheit, sein Temperament, seinen Charakter und seine Veranlagung zu studieren, bevor ich mit der Arbeit unter dem Sattel begann. Ich stellte fest, daß er ein sehr sensibler Hengst war und eine große Zuneigung zu seinen Stammesbrüdern hegte, die er mit kräftigem Wiehern begrüßte, wenn sie die Reitbahn betraten oder ihm nahe kamen. Er glich hierin seinem Vater, der auch zu den vierbeinigen Sängern gehörte.

In späteren Jahren steigerte sich diese Zuneigung manchmal, wenn er einen anderen Hengst dicht vor sich sah, zu triebhafter Erregbarkeit. In solchen Momenten siegte sein Temperament über seinen Gehorsam; er wollte sich wiehernd auf seinen Kollegen stürzen, keine angenehme Situation für den Reiter. Dieses Verhalten war nicht Bösartigkeit, sondern der übermächtige Hengsttrieb. Im Grunde war der Charakter des Pferdes einwandfrei: »Conversano Soja« war bestrebt, meinen Forderungen nachzukommen, und auch bemüht, die eigenen Temperamentsausbrüche einzudämmen. Bereits während des Longierens verriet er mir die seinem Temperament entsprechende Veranlagung für bestimmte Übungen, zum Beispiel für fliegende Galoppwechsel, und gab mir damit wertvolle Hinweise für seine spätere Ausbildung.

Er machte dann auch unter dem Reiter erstaunliche Fortschritte, führte alle Übungen mit der an der Spanischen Hofreitschule geforderten Präzision aus, zeigte schwungvolle und raumgreifende Verstärkungen und schien sich zu einem außergewöhnlichen Schulpferd zu entwickeln. Diese Annahme wurde dann noch durch seine Gelehrigkeit beim Erlernen der Piaffe an der Hand bestätigt.

Noch einen weiteren Beweis, richtige Arbeit geleistet zu haben, erhielt ich, als Prinzessin Irene von Holland den Wunsch äußerte, ein Schulpferd der Spanischen Hofreitschule zu reiten. Ich stellte ihr »Conversano Soja« zur Verfügung, der zwar zu diesem Zeitpunkt noch nicht vorführungsreif war, aber immerhin die Lektionen von

Dressurprüfungen bis zur Klasse S beherrschte. Ich ließ ihn auf Trense gezäumt in die Reithalle bringen und unterrichtete die Prinzessin. Ich war erstaunt, wie gut »Conversano Soja« das erste Mal unter einem anderen Reiter ging, wie schön er in Haltung blieb, wie korrekt er Volten und Touren ausführte und welch geschmeidige und schwungvolle Tempowechsel er zeigte. Die Prinzessin ritt auch lebhaft tretende Seitengänge und fliegende Galoppwechsel heraus, saß dabei schön zu Pferd und war von »Conversano Sojas« weichen Bewegungen in Trab und Galopp begeistert. Dies stimmte mich froh und stolz und machte mich etwas leichtfertig. Leichtfertig insofern, als ich, durch die Freude der Prinzessin angestachelt, ihr gleichsam als Belohnung meinen Starhengst »Maestoso Mercurio« zu reiten gab. Sie fühlte sich aber nicht so wohl auf ihm, weil er noch viel sensibler als »Conversano Soja« auf alle Hilfen reagierte, eine viel leichtere Führung verlangte und bei stärkerem Anstellen der Zügel zu eilen begann. Im Trab ging es noch einigermaßen, im Galopp dagegen wurde es kritisch. »Maestoso Mercurio« führte bei der leisesten Verschiebung des Sitzes seiner Reiterin einen fliegenden Galoppwechsel aus. Durch diese Bewegung rutschte die Prinzessin nach der anderen Seite, und der Hengst changierte prompt wieder, ging also sehr ungeregelt und vollführte in seiner Verwirrung zum Schluß sogar Eintempo-Changements. Das Ende war, daß wir alle drei sehr unglücklich dreinsahen und daß der Höhepunkt, mit dem ich diese Reitstunde abschließen wollte, ausblieb. Damals wurde mir klar, daß das Können des Reiters sich dem Schulpferd viel mehr anpassen muß als etwa dem Springpferd.

Die schönen Fortschritte mit »Conversano Soja« wurden leider eines Tages unterbrochen, weil der Hengst stark lahmte. Der tierärztliche Befund lautete: beiderseitiger Spat, also eine Erkrankung der Sprunggelenke, bei der einige der kleinen Knochen, die diese Gelenke bilden, miteinander verwachsen. Dadurch werden die Sprunggelenke allmählich versteift. Sollte meine dreijährige Arbeit kurz vor der Vollendung zunichte gemacht werden? Mein Freund an der tierärztlichen Hochschule, Professor Überreiter, erklärte sich bereit, eine Spatoperation durchzuführen. Er hatte bei solchen Fällen bereits viele Heilungen erzielt, doch war »Conversano Soja« das erste Schulpferd, an dem er die Operation vornahm. Ein Schulpferd unterschied sich insofern von seinen früheren Patienten mit gleichem Leiden, als seine Sprunggelenke durch das vermehrte Biegen der Hinterbeine gerade in der Piaffe, Passage und den Pirouetten besonders beansprucht werden.

Die Operation gelang glänzend, »Conversano Soja« blieb danach sechs Wochen in der Klinik. Auch nach seiner Rückkehr in den heimatlichen Stall mußte er noch einige Wochen still in seiner Box ausharren, dann erst konnte er täglich, anfangs nur wenige Runden, spazierengeführt werden. Ich befolgte gewissenhaft die Anweisungen des Professors und begann erst nach einigen Monaten, »Conversano Soja« vorsichtig zu reiten. Es war eigentlich nur ein Bewegen des Hengstes, das langsam von anfangs fünf Minuten auf längere Reprisen gesteigert wurde. »Conversano Soja« kräftigte sich zusehends, und ein Jahr nach der Operation konnte ich die Arbeit wieder voll aufnehmen und ihn die letzte Perfektion der Hohen Schule lehren. Ein halbes Jahr später betrat er an der Spitze der Schulquadrille das erste Mal in einer Vorführung die Reithalle, begeisterte durch seine Schönheit und seine harmonischen Bewegungen und legitimierte sich mit seinem teilweise noch dunkelgrauen Haarkleid und der schwarzen Mähne als das jüngste Mitglied der Gruppe.

Eines jedoch wollte er nie so ganz lassen: seine wiehernde Begrüßung, die mich immer wieder an seinen Vater erinnerte. Zwar gab mir einmal ein sehr bekannter Reitmeister Deutschlands den Rat, den Hengst beim ersten Wiehern mit der Gerte kräftig über den Kopf zu schlagen und dies so lange zu wiederholen, bis er keinen Ton mehr von sich gebe. Obwohl der Meister mit seiner Methode »Erfolg« hatte, sträubte sich alles in mir, sie anzuwenden. Ich nahm lieber den Gesang »Conversano Sojas« in Kauf, der übrigens nicht immer gleich intensiv war und oft ganz ausblieb, sodaß ich hoffte, ihm das unzeitige Wiehern durch vermehrte Konzentration und Versammlung schließlich ganz abzugewöhnen.

Am ärgsten war es immer, wenn er andersfarbige Pferde sah, wie zum Beispiel die noch dunkel gefärbten Junghengste. Einmal aber sollte ich erleben, daß ihn auch andersfarbige Menschen erregen konnten. Es geschah anläßlich des Staatsbesuches des Präsidenten eines neuen afrikanischen Staates, daß »Conversano Soja« beim Eintreten an der Spitze der Quadrille auf der Mittellinie plötzlich den Ehrengast in der Parterreloge anstarrte und ganz gegen seine sonstige Gewohnheit nur mit Mühe dazu zu bewegen war, vorwärts zu gehen. Plötzlich aber begann er, überlaut zu wiehern, und wiederholte seinen schmetternden Gesang jedesmal, wenn er des dunkelhäutigen hohen Gastes aus Afrika ansichtig wurde. Wollte er den Vertreter jenes Erdteiles begrüßen, von dem die männlichen Ahnen der Lipizzanerrasse gekommen waren? Ich konnte es nicht ergründen.

Übrigens sollte seine Lust zum Wiehern auch bei den Aufnahmen für den Walt-Disney-Film »Die Flucht der weißen Hengste« ungelegen kommen. Der Film handelte vom Schicksal der Spanischen Hofreitschule in den letzten Tagen des Zweiten Weltkrieges und von der Rettung des Lipizzanergestüts durch die amerikanischen Truppen. Der amerikanische Schauspieler Robert Taylor stellte mich als Leiter der Spanischen Hofreitschule in den Spielszenen dar. Ich war sein Double in allen reiterlichen Szenen, in denen ich mich somit gewissermaßen selbst spielte. Nun benötigte Mr. Hiller, der Regisseur, einige Nahaufnahmen von Robert Taylor zu Pferd, und zwar nur im Halt und Schritt. Also bestieg Robert Taylor, der wiederholt in Western zu Pferd zu sehen gewesen war, »Conversano Soja«, saß aber, als dieser unruhig wurde und zu wiehern anfing, sofort wieder ab. Alle meine Hinweise, daß der Hengst dies nach kurzer Zeit unterlassen werde, konnten den Schauspieler nicht dazu bewegen, diesen temperamentvollen Hengst wieder zu besteigen. Ich mußte mich nach einem Ersatz umsehen, und das war wegen »Conversano Sojas« noch schwarzer Mähne nicht ganz einfach. Mr. Hiller meinte jedoch, es mache nichts, wenn der Ersatzhengst eine weiße Mähne habe, er werde den Film schon entsprechend zusammensetzen. So gab ich Robert Taylor einen alten, schon ganz weißen und abgeklärten Longehengst, der sich durch nichts aus der Ruhe bringen ließ. Der Film wurde so geschickt zusammengestellt, daß ich, als ich ihn das erste Mal sah, mich über eine Trabfigur Robert Taylors wunderte, da ich die Aufnahme dieser Szenen nie gesehen hatte. Erst als ich entdeckte, daß der Hengst eine schwarze Mähne hatte, begriff ich, daß hier nicht Robert Taylor, sondern ich selbst zu Pferd saß.

»Conversano Soja« nahm auch an der kurzen Vorführung teil, die im Jahre 1962 über den neuen Telstar gesendet wurde. Dann unterbrach er seine künstlerische Tätigkeit, um sich als Stammeserhalter im Lipizzanergestüt Piber zu betätigen. Die Erfahrungen haben gelehrt, daß Lipizzanerhengste, auch wenn sie jahrelang als Deckhengste im Gestüt verwendet wurden, sich nach ganz kurzer Zeit des Trainings wieder in ihre Rolle an dieser ältesten Reitschule hineinfinden. Der weiteren Laufbahn »Conversano Sojas« als Schulhengst der Spanischen Hofreitschule Wien steht also nichts im Wege.

Mein letzter Lipizzaner, den ich an der Spanischen Hofreitschule ausbildete, war »Maestoso Flora«. Er war ein sehr kräftiger Hengst – im Gegensatz zu »Conversano Soja« hatte er sehr starke Sprunggelenke – mit schönen Gängen, eines jener Pferde, die ein zärtliches Abklopfen wohl sehr gerne haben, denen aber ein Stück Zucker bei weitem lieber ist. Nach einer relativ kurzen Ausbildungszeit konnte er in den Vorführungen der jungen Hengste ein Jahr lang gezeigt werden. Doch dann schien es, daß er damit sein Ziel erreicht habe, denn über diesen bescheidenen Anfang kam er nicht hinaus. In der Vorführung bestach er zwar durch seinen ausdrucksvollen Trab, fiel aber durch große Störungen, die er infolge seiner Schreckhaftigkeit verursachte, unangenehm auf. Wenn die jungen Hengste nach der Winterarbeit öffentlich vorgestellt werden, kommt es bei den ersten Vorführungen immer wieder vor, daß sie vom Applaus des Publikums erschreckt auseinanderfahren. Nach einigen Vorführungen gewöhnen sie sich daran und scheinen an dem Beifall sogar Gefallen zu finden. Nicht so »Maestoso Flora«. Er wartete offenbar nur auf Gelegenheiten, seinen Reiter durch Schrecksprünge in Nöte zu bringen.

Da seine verschiedenen Reiter mit ihm nicht weiterkamen, entschloß ich mich endlich, ihn selbst in die Arbeit zu nehmen. Zwar wurde ich damit meinem Vorsatz untreu, nur mehr ungerittene und unverdorbene Pferde auszubilden, doch tat es mir leid, diesen schönen und sicherlich auch talentierten Hengst verkümmern zu lassen. Wieder begann ich mit dem Longieren, um neben dem taktmäßigen Regulieren seiner Gänge eine stetige Anlehnung zu erzielen. Denn seine wechselnde Anlehnung, einmal leicht über dem Zügel, dann wieder zu fest auf dem Zügel liegend, schien mir die Hauptursache dafür, daß die Reiter seiner Schreckhaftigkeit nicht beikommen konnten. Da ich außer ihm noch drei oder vier andere Schulhengste ritt und zwei bis drei Hengste an der Hand arbeitete, ließ ich »Maestoso Flora« wechselweise auch von meinem alten Pferdewärter Flasar longieren, der, meinen Anleitungen folgend, seine Sache ausgezeichnet machte.

Nach einigen Monaten Longearbeit begann ich, »Maestoso Flora« zu reiten, und konnte erfreut feststellen, daß er eine stete, aber nicht zu feste Anlehnung nahm und mit sehr viel Schwung vorwärts ging. Er suchte aber immer wieder nach einem Anlaß, sich von seiner Arbeit ablenken zu lassen, und machte nur allzugern seinem Übermut durch eine Kapriole Luft. Anlehnung und Schwung trachtete ich zu erhalten und zu festigen, seine Schreckhaftigkeit nach Möglichkeit zu übersehen und ihn immer wieder geduldig an die Stellen zu führen, an denen er sich bedroht fühlte. Seinen Kapriolen hingegen schenkte ich nicht die geringste Beachtung, ich bemühte mich nur, im Sattel zu bleiben und die Arbeit so fortzusetzen, als ob nichts vorgefallen wäre. Ich wollte seinem jugendlichen Übermut nicht mit Strafen begegnen. Und ich behielt recht, denn nach wenigen Wochen gab »Maestoso Flora« seine Launen auf, fing an, sich auf mich zu konzentrieren, und die aufbauende Arbeit mit Wechseln von Gangarten und Tempo, das Lehren von Seitengängen, angefangen beim Schulterherein als der besten Grundlage bis zum ganzen und halben Travers, konnte beginnen. Je weiter seine Ausbildung fortschritt, desto mehr legte sich seine Schreckhaftigkeit. Sein Vertrauen zu mir wuchs, er blieb unbeweglich stehen, wenn ich meine Gerte an seinen Ohren vorbei zischend durch die Luft zog. Er wußte, daß ihm bei mir kein Leid geschehen würde. Die Wirkung solchen Vertrauens wurde deutlich, als eines Tages während der Morgenarbeit ein Regenschirm von der Zuschauergalerie herunterfiel und seine Schulter streifte. »Maestoso Flora« setzte seinen Weg fort, als ob nichts geschehen sei.

Beim Lehren der Traversalverschiebungen – einer Bewegung, in der das Pferd vorwärts und seitwärts tritt, mit dem Körper parallel zur Wand, von der es sich entfernt – mußte ich die Beobachtung machen, daß er jeden halben Travers in richtiger Stellung und gleichmäßigem Rhythmus begann, nach sechs bis acht Metern aber die Stellung aufgab, nicht mehr in die Bewegungsrichtung schauen wollte und aus dem Takt kommend zu eilen begann. Als wirksames Mittel erwies es sich, bei dieser Unart sofort den Seitengang zu beenden und auf einer geraden Linie, parallel zur Wand, auf einfachem Hufschlag nach vorwärts zu reiten, wobei die Hinterbeine in die Spur der Vorderbeine treten, zum Unterschied vom doppelten Hufschlag oder Seitengang, wo sie daneben treten. Dies war die erste Korrektur, aber bald fand ich ein bei »Maestoso Flora« viel wirksameres Mittel. An eine Traversalverschiebung nach links schloß sich sofort eine nach rechts an, sobald das erste Anzeichen seines Fehlers zu bemerken war. Und schon bald trat er in der Traversalverschiebung unverändert taktmäßig; wir brauchten uns bei dieser Übung nicht mehr lange aufzuhalten. Wieder einmal erkannte ich, daß es zu den Aufgaben eines denkenden Reiters gehört, die Methoden zu finden, die seinem Pferd die Arbeit am leichtesten gestalten. Vollkommenheit wird niemand je erreichen, die Frage ist nur, wie man ihr näher kommen kann. Die Vorahnung der Vollkommenheit aber muß wie ein magisches Licht wirken, das den Reiter anzieht.

Durch fleißiges Angaloppieren auf beiden Händen aus dem Trab und Schritt bereitete ich »Maestoso Flora« für die fliegenden Galoppwechsel vor, nachdem er sich im Galopp voll Energie in verkürzten Sprüngen fortbewegen konnte. Tatsächlich gelang nach dieser Vorbereitung der erste Versuch eines fliegenden Galoppwechsels nach rechts. Nach links dauerte es etwas länger, denn wie wir Menschen sind auch die Pferde fast immer auf einer Seite geschickter als auf der anderen. Als endlich das Changement nach links gelang, beging ich den Fehler, die Ausführung nicht gleich von meinem getreuen Flasar kontrollieren zu lassen. Nach einigen Tagen fand ich heraus, daß »Maestoso Flora« beim Galoppwechsel nach links nicht so gleichmäßig mit den Hinterbeinen untersprang wie beim Wechseln nach rechts, was er aber durch die Weichheit der Bewegung so verdeckte, daß der Fehler gefühlsmäßig nicht zu erfassen war. So wurde ich wiederum an den Ratschlag des greisen Generals von Pongràcz erinnert, die Arbeit immer kontrollieren zu lassen. Die Korrektur dieses Fehlers nahm weit mehr Zeit in Anspruch als das Lehren der Übung selbst, denn ich mußte mit dem fliegenden Galoppwechsel nach rechts wieder ganz von neuem beginnen.

Für die »Arbeit an der Hand« brachte »Maestoso Flora« so viel Schwung mit, daß es ihm nicht schwerfiel, im Trab immer kürzer zu treten, bis er schließlich die ersten Tritte auf der Stelle, also eine Piaffe, ausführte. Die Freude, die wir beide an der Arbeit fanden, war wohl die beste Garantie für ein erfolgreiches Erlernen dieser Übung. Später machte ich diese Piaffe an der Hand zur Einleitung meiner täglichen Arbeit, gleichsam zur Morgengymnastik, weil sich »Maestoso Flora« dabei viel rascher entspannte. Seine Hinterbeine kräftigten sich – man denke nur an die Muskelbildung bei tiefen Kniebeugen –, und er wurde bedeutend geschmeidiger. Das Erlernen der Piaffe unter dem Reiter und der Passage waren dann nur mehr der Schlußstein einer Ausbildung, in der ich ihm wohlüberlegt Zeit gelassen hatte, seine Kräfte zu entwickeln, mich zu verstehen und mir freudig zu gehorchen. Der Glanz in allen seinen Bewegungen bestätigte die Richtigkeit dieser Vorgangsweise.

Im Mai 1962 sollte sich »Maestoso Flora« anläßlich des Staatsbesuches der Königin Juliane von Holland besonders bewähren. Bei den Vorbesprechungen für diesen Besuch wurde der Wunsch geäußert, für die Prinzessinnen Beatrix und Irene einen Ausritt im ehemaligen kaiserlichen Revier, dem am Rande Wiens gelegenen Lainzer Tiergarten, zu arrangieren. Es war naheliegend, die Spanische Hofreitschule mit der Durchführung dieses Rittes zu betrauen, da sie das einzige staatliche Institut in Wien ist, das Pferde besitzt. Der Lainzer Tiergarten war mir von den Sommeraufenthalten der Spanischen Hofreitschule in den Jahren 1941 bis 1944 wohlvertraut, nicht aber meinen Hengsten, die nach ihrer Jugend im Gestüt Piber in die Stallburg inmitten der Stadt gekommen waren und diese auch kaum mehr verließen. Also hielt ich es für notwendig, die für diesen Ritt bestimmten Hengste – um die zahlreichen öffentlichen Vorführungen nicht zu stören, konnten wir nur junge in Betracht ziehen – vorher mindestens eine Woche lang ins Gelände zu reiten. Sie sollten täglich mit

Pferdetransportautos von der Stallung nach Lainz gebracht werden. Das regnerische Wetter durchkreuzte jedoch meinen Plan, ich mußte mich schließlich mit zwei Trainingsritten begnügen. Ich führte mit »Maestoso Flora« die fünf für diesen Zweck ausgewählten fünf- bis sechsjährigen Lipizzanerhengste an. Bergauf und bergab ging es durch das abwechslungsreiche Gelände, wir sprangen über kleine Gräben und wateten durch ein Wasser, und ich war angenehm überrascht vom Verhalten der Tiere. Begreiflicherweise waren sie alle im ersten Augenblick aufgeregt, denn sie befanden sich an einem ihnen vollkommen fremden Ort – und Pferde sind ausgesprochene Gewohnheitstiere –, außerdem sahen sie erstmals nach Jahren die Weite einer Landschaft wieder. Besonders in »Maestoso Flora« dürfte seine bereits in Vergessenheit geratene Schreckhaftigkeit wieder erwacht sein, es boten sich doch so viele verlockende Gelegenheiten, die er alle weidlich ausnützte. Aber bereits nach der ersten Viertelstunde siegte bei allen Hengsten der Gehorsam, den sie auf der Reitbahn gelernt hatten, über Aufregung und Schrecken, sodaß das zweimalige Geländetraining vollauf genügte. Schon während der Sommeraufenthalte der Spanischen Hofreitschule im Lainzer Tiergarten hatten die Lipizzanerhengste gezeigt, daß sie ausgezeichnete Geländepferde sind. Die ruhig im Gelände galoppierenden Schimmel, die nicht drängten und sich leicht von ihren Reitern führen ließen, boten mit ihren im Wind flatternden Schweifen immer einen schönen Anblick – ein Bild der Zufriedenheit und des Friedens. Als während des Kriegs einmal ein Sachbearbeiter für Angelegenheiten der Spanischen Hofreitschule im Oberkommando des Heeres, selbst ein Kavallerieoffizier, an einem solchen Ritt teilnahm und sich dafür einen Junghengst aussuchte, erklärte er sich von dem wunderbaren Gefühl, das ihm sein Pferd auf diesem Ritt vermittelte, sehr beeindruckt und verneinte nicht mehr die Eignung des Lipizzaners fürs Gelände.

Zu dem geplanten Ritt im Jahre 1962 kam Prinzessin Irene allein, da ihre Schwester Kronprinzessin Beatrix erkrankt war. Ich hatte einen Geländeritt mit kleinen natürlichen Hindernissen für die Dauer einer Stunde zusammengestellt, doch verlängerte ich ihn auf Wunsch der Reiterin auf fast zwei Stunden. Die Prinzessin sagte nach dem Absitzen, sie habe den Ritt durch die herrliche Landschaft des Lainzer Tiergartens auf einem Hengst, der sich nicht im geringsten auf den Zügel gelegt habe und so leicht zu führen gewesen sei, voll genossen – sehr im Gegensatz zu einem Ritt vor einiger Zeit in Mexiko, wo sich das Pferd so fest auf den Zügel legte, daß sie nachher die Arme schmerzten und sie den Ritt keineswegs in guter Erinnerung behielt.

»Maestoso Floras« Grundausbildung – den unscheinbaren und einfachen Übungen – hatte ich so viel Zeit gewidmet, daß bereits Stimmen laut wurden, ich käme mit der Ausbildung dieses Hengstes nie zu Ende. Doch auf dieser breiten und wohlfundierten Basis ließen sich die schwierigen Übungen der Hohen Schule in bemerkenswert kurzer Zeit erzielen, sodaß »Maestoso Flora« den ins Gestüt abgegangenen »Conversano Soja« in der Quadrille ersetzen konnte. Mit 10 Jahren war er der jüngste Hengst, der je die große Schulquadrille angeführt hat. Er erfüllte seine Aufgabe glänzend, nicht nur in Wien, sondern auch auf der zehnwöchigen Amerikatournee 1964, obwohl die Vorführungen in acht verschiedenen Städten, also in immer neuer Umgebung, stattfanden.

Es ist wohl begreiflich, daß mir der Abschied von »Maestoso Flora« beim Verlassen der Spanischen Hofreitschule sehr schmerzlich war. Ein Stück meines Lebens steckte in der Arbeit mit ihm, und nun, da die Zeit gekommen war, die Früchte zu ernten, mußten wir uns trennen.

Wie ich schon erwähnte, war mein überragender Lehrer an der Spanischen Hofreitschule Oberbereiter Polak, der mich unter anderem auch in die Arbeit der Pferde an der Hand einführte. Er war auf diesem Gebiet ein Genie. Was ich von ihm lernte, konnte ich nicht allein bei der Ausbildung meiner Dressurpferde sehr nützlich verwerten; es war mir auch eine große Hilfe bei der Ausbildung der Lipizzaner für die Schulen über der Erde, die Levaden, Kapriolen und Courbetten, also Übungen, bei denen das Pferd die Vorhand oder die Vor- und Hinterhand vom Boden erhebt. Diese Schulsprünge gehörten in der Blütezeit der klassischen Reitkunst, im 17. und 18. Jahrhundert, zur allgemeinen Ausbildung eines Schulpferdes und auch eines Reiters. Heute sind sie nur mehr an der Spanischen Hofreitschule zu sehen und werden nur von Lipizzanerhengsten ausgeführt. Als ich zum Leiter der Schule ernannt war, mußte ich nach dem Tod Oberbereiter Polaks versuchen, seine Arbeit auch auf diesem Gebiet fortzusetzen.

Die ersten Begriffe der Handarbeit lehrte er mich, als er mir half, meiner braven »Nora« die Piaffe beizubringen. Dabei wurde mir klar, daß die häufige Annahme, bei der Handarbeit führe man das ausgebundene Pferd an die Wand, stelle sich daneben, halte es mit dem Führzügel fest und fordere es mit der Gerte zum Treten auf, keineswegs zutrifft. In Wirklichkeit ist die Handarbeit eine mühselige Beschäftigung, vor allem für den Ausbilder, denn er muß sich dabei ziemlich viel bewegen. Das Ausbinden soll so erfolgen, daß das Pferd die Haltung annimmt, die ihm der Reiter bisher beigebracht hat. Das Pferd soll auch an der Wand bleiben und gerade gehen. Dann muß der Ausbilder, um es in Bewegung zu setzen, mit seinem Pferd laufen, im tiefen Sand der Reitbahn eine anstrengende Tätigkeit. Der leicht angestellte Führzügel, der in den Kappzaum eingeschnallt ist, reguliert langsam den Raumgewinn und bewirkt nach wochenlanger Arbeit auch das Verkürzen des Tempos, während die Gerte, in der Gurtenlage angelegt, den vorwärts treibenden Schenkel ersetzend, das Pferd antreibt und die Tritte lebhaft macht. Das Zusammenspiel dieser beiden so gegensätzlichen Hilfen wird das Pferd nach einiger Zeit veranlassen, einige lebhafte Tritte mit geringem Raumgewinn, eine tänzelnde Bewegung, auszuführen. So begann ich mit »Nora« die am

Anfang für den Reiter sehr ermüdende Arbeit, die ich jedoch auf 10 Minuten täglich beschränkte, da sie auch für das Pferd recht anstrengend ist. Oberbereiter Polak korrigierte mich, wenn es notwendig war, fand aber auch Worte des Lobes, wenn ich mich geschickt erwies. »Nora« lernte auf diese Weise sehr bald, piaffeartig zu treten. Erst wenn das Pferd die Übung an der Hand beherrscht und genügend gekräftigt ist, kann man es die Piaffe unter dem Reiter lehren, muß aber wieder ganz von vorn beginnen, also den verkürzten Trab so lange weiter verringern, bis das Pferd einige Tritte auf der Stelle ausführt.

Da sich dieser Unterricht in der Handarbeit meist auf der »Ameisenwiese« abspielte, einem offenen Reitplatz im Prater, wo sich ein eingezäuntes Dressurviereck befand, schauten uns auch andere Reiteroffiziere zu, die sich dann in der Kaserne bemühten, das Gesehene selbst zu üben, jedoch mit recht unterschiedlichem Erfolg. Einem dieser Offiziere versuchte Polak, bei der Ausbildung seines Dressurpferdes »Infant« zu helfen, gab es aber bald auf, da er sich keinen Erfolg versprach. Mir sagte er: »Dieses Pferd ist ein Tausendfüßler; es scheint unmöglich, sein ungeregeltes Trippeln in ein taktmäßiges Treten zu verwandeln.« Trotz dieses vernichtenden Urteils kam ich der Bitte meines Kameraden nach, ihm doch zu helfen. Diese Hilfsbereitschaft hat mich viel Schweiß gekostet, denn in den ersten zwei Wochen konnte ich nichts anderes tun, als während der 10 Minuten Handarbeit mit »Infant« die Reitbahn auf und ab zu laufen, bis er das eilige Zappeln vergaß und im Trab den richtigen Rhythmus fand. Dann erst konnte ich vorsichtig die Tritte verkürzen und erzielte nach einigen Wochen einen großen Erfolg. Denn »Infant« lernte tatsächlich auf diese Art die Piaffe, und sein Reiter konnte 1936 mit ihm nach Berlin gehen, um im großen Dressurpreis der Olympischen Spiele anzutreten. So hatte ich mit »Nora« und »Infant«, später auch mit »Nero« und »Otto« meine ersten Erfolge in der Handarbeit.

Dabei konnte ich viele Erfahrungen sammeln und meine Kenntnisse sehr bereichern. So bewies mir »Otto« deutlich, daß die Kapriole ein dem Pferd ganz natürlicher Sprung ist. Dabei schnellt sich das Pferd mit allen vier Beinen hoch und schlägt mit den Hinterbeinen kräftig aus, während sein Körper waagrecht in der Luft schwebt. Dann soll es wieder auf derselben Stelle landen, von der es hochgesprungen ist. Übermütige Fohlen führen oft auf der Weide eine Art Kapriole aus. In der Arbeit an der Hand forderte ich »Otto« zum vermehrten Untertreten der Hinterbeine auf, um ihn mehr zu setzen, und verhinderte dabei mit dem Führzügel ein Forteilen. Temperamentvoll wie er war, schnellte er sich plötzlich mit allen vier Beinen in die Höhe und schlug mit beiden Hinterbeinen aus. Es war eine ganz korrekte Kapriole, die ich ihn nie gelehrt hatte noch jemals lehren wollte.

Auch bei »Rokoko« konnte ich später eine ähnliche Beobachtung machen. Ich forderte sie ebenfalls in der Handarbeit mit den beschriebenen Hilfen zum vermehrten Untertreten auf, sie bemühte sich redlich, meiner Forderung nachzukommen, trat dabei mit den Hinterbeinen so weit unter den Körper, daß diese das ganze Gewicht übernahmen und sich die Vorhand zu einer regelrechten Levade erhob. Sie war eben ruhiger veranlagt und reagierte nicht so rebellisch wie »Otto«, der sich bei seinem viel lebhafteren Temperament durch diesen Schulsprung jeder weiteren Anstrengung entziehen wollte.

Ich hatte noch öfter Gelegenheit, derartige improvisierte und von den betroffenen Reitern gar nicht sehr geschätzte Sprünge mitzuerleben. Bei den Europameisterschaften der Dressur in Kopenhagen im Jahre 1963 herrschte ein abscheuliches Wetter; es goß in Strömen, und das Dressurviereck verwandelte sich in einen Sumpf. Ich war froh, nicht als Dressurreiter, sondern als Dressurrichter der Intermédiaire und der Kür teilzunehmen. Das Reiten war wirklich kein Vergnügen, immerhin aber waren die Bedingungen für alle Reiter gleich schlecht. Im großen Dressurpreis geschah es, daß das Pferd eines Schweizer Reiters ausrutschte und erschrocken statt eines Haltens eine regelrechte Kapriole vollführte. Daß der Schweizer trotz dieses Ungehorsams seines Pferdes die Prüfung gewann, war einer der mir unerklärlichen Richtersprüche. Da wurde einst ein Wachtmeister des österreichischen Bundesheeres schon viel strenger beurteilt, der aus Eitelkeit bei seinem Pferd eine levade-artige Erhebung geduldet hatte. Als sein Pferd im Jahre 1933 in einer Dressurprüfung bei einem Halt diese unverlangte Übung produzierte, wurde er sogleich eliminiert.

In Dressurprüfungen haben also die Levaden und Kapriolen keinen Platz, doch an der Spanischen Hofreitschule werden sie als Schulsprünge gepflegt. Allerdings besitzt nicht jeder Hengst die Kraft und das Talent für diese schweren Übungen. Als Oberbereiter Polak im Juni 1942 starb, hinterließ er unter seinen zahlreichen Schützlingen den elfjährigen »Siglavy Brezowica«, der nicht nur als hervorragender Schulhengst in den Vorführungen glänzte, sondern auch zur Ausbildung für Courbetten vorgesehen war. In dieser Übung erhebt sich der Hengst auf die Hinterbeine und springt mit beiden Füßen vorwärts. Er soll mehrere Sprünge ausführen, ohne mit der Vorhand den Boden zu berühren. Polak war es schon gelungen, »Siglavy Brezowica« zur Ausführung eines einzelnen Sprungs auf der Hinterhand zu bringen. Ich nahm mich des Pferdes nun besonders an, beaufsichtigte die Arbeit seines neuen Reiters sehr sorgfältig und setzte die von Polak begonnene Arbeit an der Hand fort. Es gelang mir, den Hengst allmählich zu immer mehr Sprüngen auf der Hinterhand zu bringen, ohne daß die Vorhand dazwischen den Boden berührte, bis er schließlich zum besten Courbetteur heranreifte, den die Spanische Hofreitschule seit vielen Jahrzehnten zu zeigen hatte. Er vollführte die Übung nicht nur besonders schön, indem er sich regelmäßig und federnd mit den Hinterbeinen abstieß und genauso landete, sondern erreichte zudem in seiner besten Zeit eine Anzahl von 8–10 Sprüngen hintereinander. Der Inspekteur des Reit- und Fahrwesens im Oberkommando des Heeres, Generalleutnant Weingart, der des öfteren zu Besichtigungen in die Wiener Schule kam – er nannte es Besuche –, war einmal Zeuge einer solchen Courbette und gab mir den Rat, sie unbedingt filmen zu lassen. Es würde einmal eine Zeit kommen, da niemand mehr dem Bericht davon Glauben schenken werde. Leider war es mir im Krieg aber nicht möglich, das nötige Filmmaterial aufzutreiben.

Von 1943 an führte »Siglavy Brezowica« die Courbette in gleicher Vollkommenheit, aber mit weniger Sprüngen auch unter dem Reiter aus. Obwohl das Gewicht des Reiters eine ungeheure Belastung bedeutet, gelangen ihm dennoch meistens 4–6 Sprünge, eine sehr schöne Leistung.

Im Jahr 1944 trat plötzlich ein Rückschlag ein, die Courbetten wollten nicht mehr so recht gelingen. Die Schwierigkeit ließ sich durch Handarbeit nicht beheben, deshalb entschloß ich mich, »Siglavy Brezowica« selbst zu reiten. Dabei stellte ich eine starke Versteifung des Hengstes auf der linken Seite fest und versuchte, sie durch Reiten von Volten, großen Touren und Tourenwechseln, also ganz einfachen Übungen zu lösen. Nachdem er richtig nachgegeben hatte, geschmeidiger geworden war und auf beiden Seiten die Zügel gleichmäßig annahm, versuchten wir mit seinem ständigen Bereiter eine Courbette, die er wieder im alten Glanz ausführte. Deutlicher konnte wohl der Zusammenhang zwischen der Grundausbildung und den Schulen über der Erde, also auch der Hohen Schule, nicht aufgezeigt werden. Ich half dann eine Zeitlang dem Bereiter durch auflockerndes Reiten, bis es ihm selber gelang und wir keine Versager mehr in den Schulen über der Erde erlebten.

»Siglavy Brezowica«, dieser wundervolle Hengst, wirkte 18 Jahre in den Vorführungen der Spanischen Hofreitschule mit und zeigte nicht weniger als 16 Jahre lang Courbetten mit und ohne Reiter.

Überdies war er wiederholt im Gestüt, um seinen Verpflichtungen der Lipizzanerrasse gegenüber nachzukommen. Trotz seiner vieljährigen Leistungen erreichte er ein Alter von 31 Jahren.

1943 begann ich die Handarbeit mit zwei Lipizzanerhengsten jugoslawischer Abstammung, die der damalige Außenminister von Ribbentrop vor Ausbruch des Krieges vom Prinzen Paul von Jugoslawien zum Geschenk erhalten hatte. Er hatte sie eine Zeitlang in einer Reitschule bei Berlin arbeiten lassen und wollte sie nun zur Ausbildung an die Spanische Hofreitschule geben, von deren Vorführungen er seit dem Besuch mit dem italienischen Außenminister Graf Ciano im April 1941 sehr begeistert war. Er mußte dem Heer das Futtergeld ersetzen, und angesichts der recht ungewissen Zukunft war ich froh, zwei Lipizzanerhengste mehr an der Schule zu haben, denn das Gestüt war ein halbes Jahr zuvor gegen meinen Willen in die Tschechoslowakei verlegt worden, und in meiner Sorge nahm ich jede Gelegenheit wahr, wenigstens den Hengstbestand zu vergrößern.

Die Rittigkeit dieser beiden Lipizzaner war unbedeutend, aber in der Arbeit an der Hand konnte ich bald bei »Favory Monteaura« eine Veranlagung für Kapriolen feststellen und förderte sie systematisch. Nach erstaunlich kurzer Zeit führte »Favory Monteaura« Kapriolen mit so viel Energie in abgeklärter Gelassenheit aus, daß ich auf den Gedanken kam, ihn in die Pilaren zu stellen. Dies sind zwei starke Holzsäulen, zwischen denen das Pferd angebunden wird, um verschiedene Übungen auf der Stelle, wie Piaffe, Levaden und Kapriolen, auszuführen. Die Pilaren wurden vom französischen Reitmeister Pluvinel (um 1600) für die Ausbildung seiner Pferde sehr bevorzugt. An der Spanischen Hofreitschule wird die Pilarenarbeit immer seltener praktiziert, weil sie viel Vertrauen vom Pferd und Verständnis und Geduld vom Reiter verlangt. Sind diese Eigenschaften nicht vorhanden, so kann man mit ihr mehr Schaden anrichten als Nutzen erzielen.

Ich war daher sehr erfreut, daß mir »Favory Monteaura« gleich eine Kapriole anbot, als ich ihn zum vermehrten Treten zwischen den Pilaren aufforderte. Denn die Kapriole in den Pilaren war zum letzten Mal gegen Ende des vorigen Jahrhunderts gezeigt und auf dem bekannten Gemälde von Julius von Blaas bei der Darstellung der Morgenarbeit im Jahre 1890 festgehalten worden. Die Fortschritte, die »Favory Monteaura« in der Handarbeit machte, waren so groß, daß er nach zwei Jahren in der Öffentlichkeit vorbildliche Kapriolen sowohl an der Hand und in den Pilaren als auch unter dem Reiter zeigte. Er nahm auch an allen Auslandstourneen der Spanischen Hofreitschule teil und wirkte bis Juli 1957 bei allen Vorführungen mit. Sein Können war vor allem deshalb wichtig, weil er die Kaprioleure ersetzte, die noch Oberbereiter Polak ausgebildet hatte und die nun mählich alt wurden. Polak war sehr produktiv gewesen, er hatte außer anderen vollausgebildeten Schulpferden vier Kaprioleure hinterlassen. Als »Favory Monteaura« die Kapriolen nach 12 Jahren schwerfielen, diente er noch als Longepferd für die jungen Eleven und versah treu seine Pflicht, bis ein rascher Tod in seinem 21. Lebensjahr seinem Dasein ein Ende bereitete.

Sein Halbbruder »Favory Brezia« hatte ein ruhigeres Wesen. Er verriet eine Vorliebe für Levaden, die ich ihn zunächst an der Hand lehrte. Als ich erfreut seine großen Fortschritte bemerkte, ließ ich ihn diese Übung auch in den Pilaren ausführen, wodurch er allmählich zum Ersatz für den einmaligen Levadeur, Oberbereiter Zrusts »Conversano Savona«, heranwuchs. »Favory Brezia« lehrte mich, den allmählichen Übergang von der Pesade zur Levade zu verlangen. Die Pesade ist eine Übung, die schon im alten Griechenland gepflegt wurde. Mit ihr paradierte der Feldherr vor seinen Truppen, um sein Können und seine Autorität zu demonstrieren. Sie diente als Vorbild für viele Reiterdenkmäler, so für das Prinz-Eugen-Denkmal vor der Hofburg in Wien. Das auf den gebeugten Hinterbeinen stehende Pferd hebt seine Vorhand so hoch, daß sein Körper einen Winkel von 45 Grad zum Boden bildet. Die Pesade darf nicht mit einem Steigen des Pferdes verwechselt werden, denn beim Steigen werden die Hinterbeine gar nicht gebeugt, und das Pferd steht viel steiler aufgerichtet. Hebt es die Vorderbeine weniger hoch, wobei die Hinterhand gleichzeitig vermehrt gesetzt wird, so spricht man von der Levade, eine Übung, die erst in der zweiten Hälfte des vorigen Jahrhunderts entwickelt wurde und wesentlich schwieriger ist als die Pesade. Aus diesem Grunde lehrte ich »Favory Brezia« zunächst die Pesade und dann erst allmählich die Levade. Als er die Levade beherrschte, konnte er sie sowohl in den Pilaren wie auch unter seinem Reiter ausführen und wurde ab 1947 ein ständiger Teilnehmer an den Vorführungen. Bis 1957 war er auch bei allen Auslandstourneen dabei, was immerhin 29 Reisen nach dem westlichen Europa und den Vereinigten Staaten von Amerika und Kanada bedeutete. Einen Monat nach seiner letzten Vorführung in Wien, am 7. Juli 1957, starb er im Alter von 20 Jahren. Er nahm im Zenit seiner Leistungen Abschied von der Spanischen Hofreitschule, verewigt in zahlreichen Bildern und Filmen.

Im herrlichen Sommeraufenthalt der Lipizzaner, dem Lainzer Tiergarten, begann ich, einen weiteren Hengst in Kapriolen an der Hand auszubilden, nicht sehr zur Freude seines Bereiters, der ruhigere Bewegungen vorgezogen hätte. »Pluto Presciana I« war erfolgreich zum Schulhengst herangebildet worden, er konnte auch schon an den Vorführungen mitwirken, war immer sehr lustig und zu jedem Schabernack aufgelegt. Sein Talent für Kapriolen war deutlich zu beobachten, und da zum Erfolg jeder Ausbildung auch Freude an der Arbeit gehört, wollte ich diese Vorliebe nutzbar machen und ihn, zunächst an der Hand, die Kapriole lehren. Er begriff sehr rasch, sprang hoch und schlug so kräftig mit beiden Hinterbeinen aus, als ob er sich in zwei Teile zerreißen wollte. Dank seiner guten Grundausbildung machte er so rasche Fortschritte, daß er zwei Jahre später bei der Vorführung für General Patton im Jahre 1945 durch seine Mitwirkung im Pas de Deux und die Ausführung von Kapriolen an der Hand dazu beitrug, den siegreichen Armeeführer für diese Art des Reitens zu interessieren und für die Rettung des Lipizzanergestüts geneigt zu machen.

In der Lipizzanerzucht spielte »Pluto Presciana I« eine noch wichtigere Rolle, da er den schwach gewordenen Plutostamm erhalten und daher immer wieder seine Arbeit an der Schule unterbrechen und seine Pflicht im Gestüt erfüllen mußte. Schließlich wurde er nur noch als Deckhengst verwendet. So blieb sein Wirken in den Vorführungen auf fünf Jahre beschränkt. Während dieser Zeit war er jedoch viel beschäftigt; er wirkte im Pas de Deux, in der Quadrille und in den Schulen über der Erde mit. Für die Amerikatournee 1950 mußte er sogar aus dem Gestüt geholt werden. Nach dieser Tournee ging er wieder dorthin zurück, schenkte uns wunderschöne Fohlen und überließ die Kapriolen endgültig den anderen. Höchstens hie und da, wenn ihm das Spazierengehen mit dem Pferdewärter zu langweilig wurde, machte er seiner Ungeduld durch eine Spezialkapriole Luft. Er blieb dann mit den Vorderbeinen auf dem Boden stehen und schlug nur mit den Hinterbeinen kräftig hoch.

Eine etwas verpatzte Karriere war »Pluto Basowizza« beschieden, der als Neunjähriger in die Heeres-Reit- und Fahrschule nach Krampnitz bei Potsdam überstellt wurde, von wo er 1942 an die Spanische Hofreitschule zurückkehrte. Der inzwischen 12 Jahre alt gewordene Lipizzaner war dadurch in der reiterlichen Ausbildung sehr zurückgeblieben, zeigte aber Anlagen für Courbetten, die ich in der Arbeit an der Hand fördern wollte. Die Anfangserfolge waren vielversprechend, denn sehr bald gelangen ihm drei bis vier Sprünge auf den Hinterbeinen, doch mußte er in diesem Stadium ins Gestüt nach Hostau, um am Wiederaufbau des Plutostammes mitzuwirken. Als er im Sommer 1944 wieder nach Wien zurückkam, war die allgemeine Lage sehr ernst geworden. Es war deutlich zu erkennen, welchem Ende der Krieg zusteuerte, und die Zukunft schien mehr als ungewiß. Es galt daher, die Schule noch vor dem völligen Chaos aus Wien herauszubringen, ein Unterfangen, das bei der ablehnenden Einstellung der maßgeblichen Personen – besonders nach dem mißglückten Attentat auf Hitler – schier aussichtslos erschien. Es ist verständlich, daß ich unter diesen Umständen keine Zeit finden konnte, mich mit »Pluto Basowizza« zu befassen und daß er Monate hindurch von seinem Reiter nur mehr oder weniger bewegt wurde.

Erst nach der glücklichen Rettung der Spanischen Hofreitschule im Frühjahr 1945 konnte ich »Pluto Basowizza« wieder in die Arbeit nehmen – soweit es die Sorgen um die Erhaltung der Reitschule und des heimgekehrten Lipizzanergestüts zuließen. Ohne Unterstützung der staatlichen Stellen, nur mit der tatkräftigen Hilfe der Amerikaner hatte ich allein für einen Stand von über 230 Pferden zu sorgen. Mit »Pluto Basowizza«, der inzwischen 15 Jahre alt geworden war, mußte ich wieder ganz von vorne anfangen, da es schien, als ob er alles vergessen hätte. Und kaum war er wieder so weit gefördert, daß ihm einige Sprünge gelangen, mußte er wieder als Deckhengst herangezogen werden. Ein Jahr darauf begann die Arbeit wieder von neuem, er führte an der Hand bis zu fünf Sprünge aus, aber mit dem Reiter auf seinem Rücken wollte ihm die Courbette nicht gelingen. Was Hänschen nicht gelernt hatte, konnte »Pluto Basowizza« eben als Hans nicht mehr lernen. Diese Episode zeigt beiläufig auch, welche Opfer die Reitschule im Interesse des Gestüts zu bringen hat, denn oft müssen für die Schule sehr geeignete Hengste zur Zucht abgegeben werden, wie es mit »Pluto Basowizza« geschah. Anderseits liegt es natürlich im Interesse der Reitschule, daß talentierte und schöne Hengste zur Zucht verwendet werden. Leider starb der hoffnungsvolle Lipizzanersproß in seinem 20. Lebensjahr, ohne an der Spanischen

Hofreitschule Bedeutendes geleistet zu haben; auch im Gestüt blieb ihm eine nachhaltige Wirkung versagt, da seine Nachkommen die auf ihnen ruhenden Erwartungen nicht erfüllten.

Zur ungeschriebenen Tradition der Spanischen Hofreitschule gehört es, daß sich ein brauner Hengst zwischen den weißen Abkömmlingen aus Lipizza befindet. Im 18. und 19. Jahrhundert wies die Lipizzanerrasse noch alle Färbungen auf, darunter auch Schecken und Isabellen, doch dann wurde die weiße Farbe herausgezüchtet, weil man am Kaiserlichen Hof Schimmel bevorzugte. Heute gibt es fast nur mehr weiße Lipizzaner – obwohl sie dunkel geboren werden und erst zwischen dem dritten und 10. Lebensjahr ihr silberweißes Fell bekommen. Nur gelegentlich behält ein Tier seine dunkle Farbe, eine Erinnerung an einen längst vergessenen Ahnherren. So ein »schwarzes Schaf« ist ein reinrassiger Lipizzaner und keineswegs das Produkt einer Mesalliance, wie die Gemahlin eines französischen Staatssekretärs annahm, als sie mit ihrem Mann nach einer Vorstellung die Stallung besuchte. Ein dunkler Lipizzaner hat es natürlich immer schwerer als die anderen Hengste, denn er soll nicht nur in der Farbe von seinen weißen Brüdern abstechen, sondern er muß auch etwas Besonderes leisten. Er paßt ja weder zum Pas de Deux noch in die Quadrille und muß also Levaden oder Kapriolen lernen. Eine solche Ausnahme stellte »Siglavy Ancona« dar, der noch von Oberbereiter Zrust in Levaden ausgebildet und seit 1941 von Oberbereiter Neumayer in den Vorführungen in dieser Übung gezeigt wurde. Auch nachdem Neumayer zur Weihnacht hatte einrücken müssen, erschien der Dunkle immer wieder unter verschiedenen anderen Bereitern.

Im November 1947 muß »Siglavy Ancona« einer Art Sinnesverwirrung verfallen sein, die vielleicht durch die knappe Futterration, insbesondere die spärliche Heuzuteilung, ausgelöst wurde. Um das ewige Knabbern an den Holzwänden einzudämmen, wurden die

Boxwände mit Karbolineum angestrichen. In einem unbewachten Augenblick stürzte sich »Siglavy Ancona« aus seiner Box auf den im Gang stehenden Eimer mit Karbolineum und trank die ätzende Flüssigkeit. Trotz sofortiger tierärztlicher Hilfe ging er in seinem 16. Lebensjahr an dieser Vergiftung ein. Seine Handlung blieb ein Rätsel für alle Fachleute, denn Versuche mit anderen Pferden haben ergeben, daß sie schon beim bloßen Geruch des Karbolineums in die äußerste Ecke der Box auswichen, auf keinen Fall zu bewegen waren, den Eimer auch nur zu beschnuppern.

Durch diesen ungewöhnlichen Vorfall war das ungeschriebene Gesetz durchbrochen; wir konnten in den Vorführungen keinen braunen Hengst zeigen. Erst im Jahr 1950 kam nach fast zwei Jahrzehnten wieder ein vierjähriger brauner Junghengst zur Reitschule. »Neapolitano Ancona« ahnte noch nicht, welche besondere Mission seiner harrte. Zunächst gefiel er sich darin, seinen Reiter fleißig abzuwerfen. Vielleicht wollte er seinen weißen Stammesbrüdern zeigen, daß auch er ein ganzer Kerl war. Durch dieses Verhalten angeregt, versuchte ich, ihn Kapriolen an der Hand zu lehren, denn wir brauchten in den Vorführungen dringend einen Ersatz für die vakant gewordene Stelle des Braunen. Dieser Versuch mißglückte aber kläglich, denn so feurig er sich unter seinem Reiter benahm, so wenig war er an der Hand zu Äußerungen des Übermuts zu bewegen. Ich beobachtete daraufhin sein Verhalten unter dem Reiter sehr genau und stellte fest, daß es die plötzlichen Seitensprünge waren, die so manchen in Sitznot brachten. Also versuchte ich es mit Pesaden und hatte damit mehr Glück, denn er erhob sich willig auf die Hinterbeine und blieb dabei sehr ruhig. Freilich war er anfangs im Körper und in den Sprunggelenken noch viel zu steil, sodaß die ersten Übungen mehr einem Steigen glichen. Während in der Regel ein Hengst die Schulen über der Erde erst dann lernt, wenn er die allgemeine Ausbildung der Schulpferde durchlaufen hat, mußte »Neapolitano Anconas« Arbeit aus den genannten Gründen etwas forciert werden. Er besaß daher noch nicht die erforderliche Geschmeidigkeit. Die Natur hatte ihm aber ein wunderbares Gleichgewicht geschenkt, und es gelang ihm, in der Arbeit an der Hand dieses Steigen nach und nach in Pesaden umzuformen. Durch vermehrtes Treiben mit der Gerte traten die Hinterbeine unter den Schwerpunkt seines Körpers und mußten sich dadurch allmählich auch mehr biegen. Durch die Gegenwirkung des Führzügels wurde das Höhernehmen der Vorderbeine beschränkt, bis der Körper sich in einem Winkel von 45 Grad zum Boden befand. »Neapolitano Ancona« stellte sich dabei so gelehrig an, daß er bereits ein Jahr später, im Frühjahr 1951, als Fünfeinhalbjähriger seine Premiere in einer Vorführung in der Abteilung »Arbeit an der Hand« erlebte. Er konnte besonders lang in der Levade verharren und setzte seine Vorderbeine dann so zierlich wieder auf, als ob ihn die Übung gar keine Anstrengung gekostet hätte.

Versuchsweise belastete ich ihn mit einem Reiter, und ich belohnte ihn reichlich, als er eine kurze Levade tadellos ausführte. Es ist ja ein großer Unterschied, ob ein Hengst nur sein eigenes Gewicht balancieren muß oder ob er noch einen Reiter zu tragen hat, dessen Verhalten ihn zusätzlich aus dem Gleichgewicht bringen kann. Nach zwei weiteren Jahren war »Neapolitano Ancona« so gefördert, daß er im Frühjahr 1953 als einer der weitaus jüngsten Lipizzanerhengste in der Vorführung Levaden unter dem Reiter zeigte. Damit soll aber keineswegs die Vorstellung erweckt werden, Lipizzaner seien schon viel früher vorführungsreif als üblicherweise Dressurpferde. Vielmehr ist das Gegenteil der Fall. »Neapolitano Anconas« Laufbahn stellt eine Ausnahme dar, die durch die hervorragende Konstitution dieses »Braunen« gegeben war und der Umstände wegen genutzt werden mußte. Sie hatte, wie sich bei seiner dressurmäßigen Weiterbildung herausstellte, auch ihre Kehrseite. Wenn er mit seinem Reiter nicht einverstanden war, setzte er sich einfach mit einer nicht verlangten

Levade zur Wehr, die durch sein langes Verharrungsvermögen in dieser Stellung für den Reiter nicht sehr erfreulich war.

»Neapolitano Ancona« reihte sich würdig in die Gruppe der großen vierbeinigen Akrobaten ein, jener Hengste also, die die Schulen über der Erde beherrschen. Er war so gut, daß er sogar gegen unsere Gepflogenheit bei der Amerikatournee der Spanischen Hofreitschule im Jahr 1964 mit von der Partie war. Bis dahin hatte ich es immer vermieden, einen braunen Hengst zu einem Gastspiel ins Ausland mitzunehmen, um die Illusion nicht zu zerstören, daß der Lipizzaner der Inbegriff des Schimmels sei.

In neuerer Zeit war »Neapolitano Santuzza« einer der prächtigsten Kaprioleure an der Spanischen Hofreitschule. Durch sein Auftreten in den Vorführungen und durch Bilder von seinen gewaltigen Sprüngen verbreitete sich sein Ruhm wohl am weitesten in der Welt. Es ist daher nicht uninteressant, einen Blick auf den Lebenslauf dieses vierbeinigen Künstlers zu werfen.

Geboren im Jahre 1936 im Lipizzanergestüt Piber in der grünen Steiermark, kam er im Herbst 1940 mit neun gleichaltrigen Stammesbrüdern nach Wien und erlebte hier gleich die erste Enttäuschung seines Lebens. Während seine Jahrgangskameraden von allen Bereitern ob ihrer Schönheit und ihres Ganges bewundert und entsprechend verwöhnt wurden, würdigte ihn niemand auch nur eines Blickes. Im Gegenteil, es wurden Stimmen laut, ihn doch nicht zu behalten, weil er keiner besseren Arbeit wert sei. Sicherlich kam er sich wie das häßliche Entlein vor. Er war etwas klein geraten und hatte einen für seine Statur etwas zu großen Kopf, der auch nicht das Feuer im Ausdruck zeigte, das man von einem Lipizzanerhengst erwartet. Seine Gänge waren mittelmäßig, aber sein Wesen war von unbeschreiblicher Sanftheit und Gutmütigkeit.

Ich will mich nicht mit falschen Federn schmücken und behaupten, ich hätte seinen Wert sofort erkannt und »Neapolitano Santuzza«

deshalb an der Reitschule behalten. Vielmehr ergab es die Situation, daß im Interesse des Ausbaues der Spanischen Hofreitschule in den ersten Jahren meiner Tätigkeit als Leiter grundsätzlich kein Hengst abgegeben wurde, wenn er gesund war. Ich gestehe auch, daß ich Mitleid mit dem kleinen Kerl hatte, der die Menschen so treuherzig anschauen konnte und von dessen Anwesenheit doch niemand Notiz nehmen wollte. Aus diesem anfänglichen Mitleid entwickelte sich langsam eine tiefe Zuneigung, die mich meine Hand schützend über ihn halten ließ. Für mich kam er wegen meines damaligen Reitverbots, aber auch wegen seiner geringen Körpergröße nicht in Frage, und die anderen ritten ihn nur mit Widerwillen. Er war eben kein Pferd, mit dem man Staat machen konnte. So gab ich ihn einem Bereiter, der sehr wenig von seinen Pferden verlangte und ihm daher am wenigsten schadete. In dieser Hinsicht traf er es also gut, aber seine Fortschritte waren infolgedessen so gering, daß er als Zwölfjähriger noch immer nicht in einer Vorführung auftreten konnte und daß wiederum der Vorschlag laut wurde, ihn abzustoßen. Bei meiner Vorliebe für ihn konnte ich mich zu diesem Entschluß nicht durchringen und wollte ihm noch eine Chance geben. Ich hatte wiederholt gesehen, wie er beim Versuch, ihn die Piaffe an der Hand zu lehren, seinem Bereiter wegsprang, und so entschloß ich mich im Jahre 1949, ihn selbst an der Hand zu arbeiten. Seinen Drang zum Wegspringen wollte ich für Kapriolen ausnützen und machte dabei eine sehr erfreuliche Entdeckung. Obwohl er ein ruhiges Temperament hatte, besaß er ein außergewöhnliches Talent für diesen wirkungsvollen Schulsprung. Es war erstaunlich, wie rasch er mich verstand, und ein Beweis mehr, wie sehr die gegenseitige Sympathie zum Erfolg einer gemeinsamen Arbeit beiträgt. Noch erstaunlicher war, wie hoch er sich vom Boden abschnellte – er schwebte in der Höhe meiner Schulter – , und wie ausdrucksvoll er dadurch mit den Hinterbeinen ausschlagen konnte – Streichen nennt es der Fachmann. Ein Jahr später, im Herbst 1950, hatte er sein Debut in »Arbeit an der Hand« bei der Vorführung am Volksfest in Wels in Oberösterreich, wo sich die Spanische Hofreitschule von 1946 bis 1955 im Exil befand, da sie erst nach dem Abzug der russischen Truppen nach Wien zurückkehren konnte. »Neapolitano Santuzzas« erstes Auftreten war ein großer Erfolg und der Auftakt zu vielumjubelten Leistungen. Ab 1951 gab es keine Vorführung mehr, an der »Neapolitano Santuzza« nicht teilnahm. Er wurde das »fliegende Pferd« genannt, und Bilder seiner Kapriole an der Hand gingen in die ganze Welt. Unser Verhältnis wurde immer inniger, nie ließ er mich im Stich, und es schien in all den Jahren, als ob ihm die Natur die ewige Jugend geschenkt hätte, so unverändert blieben seine Leistungen. Mit rührender Treue hing er an mir.

Als im Jahre 1960 der Schahin-Schah Mohammed Reza Pahlevi von Iran sich die Lipizzaner nach der Vorführung im Stall zeigen ließ und »Neapolitano Santuzza« wieherte, vermutete der hohe Gast ganz richtig: »Diese Begrüßung gilt aber nicht mir, sondern Ihnen, nicht wahr?«

Als die Spanische Hofreitschule im Jahre 1964 ihre zweite Tournee nach Amerika unternahm und die Lipizzaner das erste Mal in ihrer vielhundertjährigen Geschichte mit Flugzeugen transportiert wurden, wollte ich dem zwar ewig jungen, aber doch schon achtundzwanzigjährigen »Neapolitano Santuzza« die Strapazen der Tournee und das Abenteuer des Fluges ersparen und ließ ihn das erste Mal seit dem Beginn seiner Karriere als fliegendes Pferd zu Hause. Bei der letzten Vorführung in Wien vor unserer Abreise im März glänzte er noch durch seine unübertroffenen Kapriolen, bei meiner Rückkehr von Amerika im Juni aber fand ich einen Greis vor mir. Herausgerissen aus dem regelmäßigen Training war er in diesen zweieinhalb Monaten um Jahre gealtert, sodaß er nicht mehr auftreten konnte. Es war ihm ebenso ergangen wie einem Menschen, der aus voller Tätigkeit heraus zum Nichtstun verurteilt wird.

Dann verfiel er innerhalb weniger Monate vollends, magerte immer mehr ab, hatte Schwierigkeiten beim Fressen und mußte schließlich in die tierärztliche Hochschule überstellt werden. Mitte Dezember verständigte mich der Professor, daß die Uhr meines Freundes abgelaufen sei und er ihn einschläfern wolle. Ich bat um einen Tag Aufschub, um ihn noch einmal sehen zu können. Mein Pferdewärter warnte mich vor diesem Besuch, weil »Neapolitano Santuzza« ihn das letzte Mal schon nicht mehr erkannt hatte.

Traurig und niedergeschlagen betrat ich den Stall der Hochschule und sah meinen lieben, treuen Gefährten, dem ich über 14 Jahre verbunden gewesen war, abgemagert und teilnahmslos in seiner Box stehen. Ich war gefaßt, dasselbe zu erleben, was meinem Pferdepfleger vor einigen Tagen widerfahren war. Doch als ich Santuzza rief, drehte er sich langsam zu mir um und hob den rechten Vorderfuß, wie er es immer getan hatte, wenn er um Zucker bettelte, obwohl ich es ihn nie gelehrt hatte. Auch jetzt nahm er die dargereichte Süßigkeit, ließ sich zärtlich streicheln, um sich dann langsam wieder zur Wand zu kehren, als wollte er den Schmerz des Abschieds verkürzen.

So verließ »Neapolitano Santuzza« zwei Wochen vor mir die Spanische Hofreitschule, die Stätte unseres gemeinsamen Wirkens, an der wir beide mit ganzem Herzen hingen.

KAPITEL 7

Pferd und Mensch

In meinem Bericht habe ich bisher vornehmlich davon gesprochen, daß die Pferde den Menschen verstehen lernen müssen; jetzt möchte ich zeigen, wieviel Freude und Gewinn der Mensch finden kann, wenn er seinerseits lernt, das Pferd zu begreifen. Gibt er sich Mühe und sieht er im Pferd nicht nur ein gefügiges Werkzeug, dann wird er viele Beobachtungen klarer beurteilen und nicht über eine Antwort auf die Frage nachdenken müssen: »Sind Pferde dumm?«

Auf den ersten Blick mögen Pferde vielleicht manchmal wirklich dumm erscheinen, weil sie von Natur aus gutmütig sind und sich daher oft viel zuviel gefallen lassen. Aber jemand, der sie genau beobachtet, der sie studiert, wie man es oft bei Menschen tut, denen man enger verbunden sein möchte, wird nie diesem Urteil beipflichten. Im Gegenteil, er wird unter den Vierbeinern manche Persönlichkeit erkennen und eine ungeahnte Vielfalt von Charakteren entdecken. Da gibt es die ernsten und lernbegierigen vierbeinigen Schüler, die bestrebt sind, hingebungsvoll zu gehorchen und alles zu tun, um ihren Meister zufriedenzustellen. Die Arbeit mit solchen Tieren ist angenehm und führt rasch zu Erfolgen, erfordert aber viel kluge Überlegung, denn durch gedankenlose Behandlung wird auch das willigste Lebewesen entmutigt und schließlich abgestumpft. Dann gibt es Pferde, die sich wie richtige ungezogene Buben benehmen, immer einen Grund zur Ablenkung suchen und keinen Ernst für ihre Arbeit aufbringen. Andere hingegen trachten nur danach, sich ihre Arbeit zu erleichtern. Dem Reiter aber machen sie das Leben sauer, sei es durch ausgesprochene Faulheit oder weil sie Situationen herauszufinden wissen, in denen der Reiter machtlos ist, was sich für diesen noch schlimmer auswirkt. Denn Faulheit kann durch flottes Vorwärtsreiten überwunden werden, während wiederholte Schwierigkeiten zu dem Schluß verleiten können, das Pferd sei bösartig. Das muß aber absolut nicht der Fall sein, denn der Weg von der Ungezogenheit zur Bösartigkeit ist ziemlich lang, und im Grunde liegt der Fehler dann fast immer beim Menschen.

Unter den Pferden gibt es sowohl zärtlichkeitsbedürftige, dabei meistens sehr sensible Geschöpfe wie auch solche mit rein materialistischer Einstellung, die gerne auf Liebkosungen verzichten und sich nur für dargereichte Leckerbissen interessieren. Auch der Intelligenzgrad ist bei Pferden, wie bei allen Lebewesen, sehr verschieden, was vom Reiter nie übersehen werden darf. Intelligente Pferde versprechen – eine Parallele zum Menschen – mehr Erfolg, sie verlangen aber eine viel individuellere Behandlung als weniger intelligente. Beim Lipizzaner ist der »Intelligenzquotient« besonders hoch, wobei das Prinzip der Zuchtwahl eine Rolle spielt: Nur dem an der Spanischen Hofreitschule bewährten Hengst wird Gelegenheit gegeben, sich im Gestüt fortzupflanzen. Um aber an diesem Institut bestehen zu können, ist nicht nur guter Körperbau, sondern auch große Intelligenz erforderlich, die sich wiederum in der äußeren Erscheinung bemerkbar macht.

Als ich das erste Mal mit Generalfeldmarschall von Brauchitsch, einem begeisterten Reiter, durch die Stallungen der Spanischen Hofreitschule ging und ihm den ältesten Insassen, den dreiunddreißigjährigen »Maestoso Borina«, vorstellte, betrachtete er dieses Tier eine Weile ganz versunken und sagte dann zu mir: »Sehen Sie sich doch diesen Kopf mit den leuchtenden Augen an, der im Gegensatz zu dem eingefallenen Körper steht. Ist es nicht gerade so wie bei geistig hochstehenden Menschen, deren Antlitz immer noch leuchtet und den regen Geist widerspiegelt, obwohl der Körper verfällt?« Dieses Phänomen konnte ich immer wieder beobachten. »Neapolitano Santuzzas« Kopf behielt seinen edlen Ausdruck noch, als sein Körper schon ganz abgemagert und hinfällig war. »Pluto Theodorosta« hingegen erreichte sein hohes Alter in voller geistiger und körperlicher Gesundheit. Er sah nie wie ein altes Pferd aus und bewahrte seine Schönheit bis zu seinem Ende.

Allerdings kann auch ein Pferd, genau wie der Mensch, vergeßlich werden, wenn seine Aufnahmefähigkeit und geistige Beweglichkeit nachlassen. Einmal begegnete ich sogar einem ausgesprochen senil gewordenen Pferd. Nicht nur, daß es irrtümlich statt des Heus seinen eigenen Mist zu fressen begann; es erkannte plötzlich seinen Herrn nicht mehr. Zeit seines Lebens war dieses Pferd gegen alle Menschen mißtrauisch gewesen, ausgenommen seinen Reiter, mit dem es ein Herz und eine Seele war, und den Pferdepfleger, den es in seiner Nähe duldete. Den Reiter sehen und auf ihn zugehen war genauso eine Selbstverständlichkeit – gleichgültig ob im Stall, auf der Reitbahn oder der Koppel – wie das Meiden aller anderen Menschen. Als das Pferd aber älter wurde und das Gnadenbrot erhielt, fing es schließlich an, allen Leuten zu folgen, keineswegs etwa wegen schlechten Sehens, denn es verfehlte nie ein heruntergefallenes Stückchen Zucker oder Brot, sondern weil es offenbar die intellektuelle Fähigkeit verloren hatte, Menschen zu unterscheiden.

Ich möchte nochmals von dem wiederholt erwähnten ältesten Hengst der Spanischen Hofreitschule »Maestoso Borina« erzählen, der als jahrelanger Senior der Lipizzanerschar seine Stammbox hatte, von der aus er in den letzten Jahren seines Lebens alle Vorgänge im Stall aufmerksam beobachtete. In seiner Box, die er trotz der geöffneten Tür nie verließ, war er ganz zu Hause und wollte es einfach nicht verstehen, daß er eines Tages zur Absonderung von erkrankten Pferden in ein anderes Stallabteil verlegt wurde. Er gab dort nicht Ruhe, bis es ihm gelungen war, die verriegelte Tür seines neuen Domizils zu öffnen und in den alten Stall auf seinen angestammten Platz zurückzukehren. Wer sollte da noch den Entschluß aufbringen, den Willen des verdienstvollen Veteranen zu mißachten.

Einem anderen Lipizzaner behagte die Trennung von seinen Freunden trotz seiner Beförderung in eine gehobene Stellung mit allen ihren Vorzügen gar nicht. Vor über 30 Jahren wurde der von Oberbereiter Polak am langen Zügel ausgebildete »Neapolitano Africa« an den Maharadscha von Mysore verkauft, um bei den großen Festzügen in Indien als heiliges Pferd in prächtiger Drapierung in Erscheinung zu treten. Seiner Heiligkeit entsprechend bekam er zwei schön ausgestattete Boxen zugewiesen – eine für den Tag und die andere für die Nacht –, er erhielt ausgesuchtes Futter, und es wurden ihm alle nur vorstellbaren Bequemlichkeiten eingeräumt. Aber dem an ehrliche Arbeit gewöhnten Lipizzaner bekamen der Luxus und die Heiligkeit nicht gut, er verabschiedete sich bereits nach kurzer Zeit von seinem allzu üppigen irdischen Dasein.

Als Walt Disney in Wien seinen Film »Die Flucht der Weißen Hengste« drehte, bewährten sich die Lipizzaner wieder einmal als Filmstars. Sie hatten schon in mehreren Filmen mitgewirkt und ließen sich durch die riesigen Kameras, die gleißenden Scheinwerfer und das emsige Getriebe des Aufnahmeteams nicht aus der Ruhe bringen. Nun haben besonders die amerikanischen Filmleute die Gewohnheit, jede Szene mindestens zehnmal zu proben und ebensooft zu filmen, sodaß ein ungeheures Material entsteht, das dann erst zum endgültigen Film zusammengeschnitten wird. Die stoische Ruhe der weißen Hengste hatte indessen auch ihre negative Seite. Eine Szene zeigte, wie sie während eines Luftangriffs auf die Stallburg, deren Mauerwerk von den Decken auf sie herabbröckelte, in die Reitbahn hinübergebracht werden mußten. Um die Sache möglichst echt zu gestalten, wurde Staub in die Luft gewirbelt, Knallkörper wurden geworfen, und die Hengste reagierten darauf auch mit Wiehern, Zittern und Steigen. Doch nach der dritten Aufnahme wußten sie bereits, daß nichts Gefährliches hinter all dem Getue steckte, sie schüttelten nur den Staub aus den Ohren und hielten das Ganze sichtlich für ein neues Spiel. Am echtesten wirkten noch die Komparsen, die mit den Lipizzanern an der Hand über den schwach beleuchteten Hof zu laufen hatten und sich vor den starken Hengsten zu Tode fürchteten.

Während der echten Bombenangriffe verhielten sich die Lipizzaner übrigens sehr tapfer. Da die Luftangriffe auf Wien meistens am Vormittag begannen, konnten beim ersten Alarmsignal alle Bereiter in die gegenüber der Reithalle gelegene Stallburg eilen und den Pferdepflegern helfen, die Hengste in den für sie vorgesehenen »Luftschutzraum« zu verbringen. So waren die Lipizzaner also gerade während des Trubels und der Aufregung, die ein solcher Alarm mit sich brachte, von ihnen vertrauten Menschen umgeben: den Pferdewärtern, die sie pflegten und fütterten, und den Bereitern, die sie arbeiteten und sich um ihr Gedeihen sorgten. Wir haben gehört, daß das Vertrauen eine sehr große Rolle beim Umgang mit Pferden spielt. So folgten die Hengste willig diesen Leuten in den längs der Reithalle verlaufenden Pferdegang, dessen fast zwei Meter dicke Mauern ihnen die größte Sicherheit boten. Als die Angriffe immer häufiger wurden, waren die Hengste schon vorbereitet. Sie standen beim ersten Sirenengeheul an den Türen ihrer Boxen und warteten darauf, daß man ihnen die Halfter überstreifte. Während die Bomben rund um die Hofburg niederprasselten, verhielten sie sich ganz ruhig, obwohl sie vor Furcht zitterten. Sie duckten sich tief zu Boden, wenn die Erde bebte, und hoben langsam wieder die Köpfe, wenn das Ärgste vorbei war. Niemals verursachte ein Hengst eine Panik, während die Bomben fielen.

Die Klugheit der Pferde konnte ich sehr oft beobachten, manchmal auch deren Steigerung in Raffinement. Oft hatte ich von älteren Kameraden gehört, daß es Pferde gäbe, die Lahmheit vortäuschten, was ich nie so recht glauben wollte, bis ich es selbst bei meinem »Nero« erlebte. Er laborierte dauernd mit seinen brüchigen Hufen, die ihm Schmerzen verursachten und dann Lahmheit hervorriefen. Einmal dauerte diese Erscheinung besonders lange, obwohl die tierärztliche Untersuchung keine Anhaltspunkte mehr für den Zustand ergab. Während einer kurzen Trabprobe auf dem Hof ging »Nero« immer wieder stocklahm. Ich war verzweifelt und raffte mich zu einer mir grausam erscheinenden Entscheidung auf. Ich ließ ihn länger vortraben und stellte plötzlich fest, daß er auf einmal ganz vergnügt einherlief und fest mit allen vier Beinen auftrat. Wollte er also simulieren, weil er wußte, daß man ihn dann gleich wieder in den Stall bringen würde, oder hatte er seine Schmerzen so lebhaft in Erinnerung behalten, daß er vorbeugend den Fuß noch schonte, als er bereits gesund geworden war? Auf jeden Fall wohl hatte er sich dabei etwas gedacht. Im Interesse unserer Pferde muß ich aber hier betonen, daß man aus dieser Erfahrung keine Regel ableiten darf. Wenn man bei Lahmheit oft auch keine Ursache finden kann, soll man in Zweifelsfällen stets das Pferd lieber in den Stall führen, statt es für einen Simulanten zu halten und sich zu drastischen Mitteln zu entschließen. In meiner langen Arbeit mit Pferden habe ich einen solchen Fall nur dieses eine Mal erlebt.

Ich möchte aber mit dieser Erzählung nicht die Reputation meines braven und treuen »Nero« schmälern, sondern im Gegenteil seine Intelligenz beweisen. Überdies besaß er einen grundanständigen Charakter. Einmal, als ich mit langem Zügel in weit abschweifenden Gedanken dahinritt, schnellte er mich durch einen plötzlichen Seitensprung unversehens aus dem Sattel. Sofort blieb er unbeweglich am Platz seiner Missetat stehen und sah ganz betreten auf seinen am Boden liegenden Reiter hinab, als wollte er sagen: »Das hab ich aber wirklich nicht gewollt!«

Sein feines Gehör, aber auch seine Klugheit führte er mir eines Morgens vor, als ich nach einem längeren Urlaub den nur schwach beleuchteten Stall betrat, ohne von den dort arbeitenden Burschen bemerkt zu werden. Nur »Nero«, der gerade im Stallgang gepflegt wurde, entdeckte oder erkannte mich sofort an meinen Tritten, verließ seinen Pfleger und kam auf mich zu. Er hatte als erster von allen mein Eintreten wahrgenommen.

Bei genauer Beobachtung wird man auch bei den Pferden gegenseitige Sympathien und Antipathien feststellen können. Manche schließen eine so innige Freundschaft, daß sie unruhig werden, wenn der Partner fort ist, und dann seine Heimkehr stürmisch begrüßen. Mein braver »Neapolitano Africa« war gewöhnt, seine Box neben »Teja« zu haben, und besonders auf unseren Reisen nach London und St. Gallen waren die beiden Pferde unzertrennliche Kameraden. In den großen Stallungen der White City standen einige 100 Pferde, doch »Neapolitano Africa« würdigte selbst die Stuten in seiner Nähe nicht eines Blickes, schaute nur nach »Teja« aus und war erst zufrieden, wenn sein Freund sich wieder neben ihm befand.

Zusammengehörigkeitsgefühl unter Pferden ist keineswegs eine Seltenheit. So erzählten mir schon die alten Oberbereiter, daß die Lipizzaner auf den Auslandsreisen, die die Spanische Hofreitschule seit 1925 unternommen hatte, den ihrer Sippe eigenen Rassestolz immer wieder bewiesen haben. Sie standen inmitten der anderen

Turnierpferde, waren jedoch nur an ihren Stammesbrüdern interessiert und verpaßten keine Gelegenheit, sie zu beobachten. Ich konnte mich später davon überzeugen, daß diese alten Recken der Reiterei mir keineswegs ein Reiterlatein auftischen wollten, sondern daß ihre Behauptung auf Tatsachen beruhte. Ich selbst beobachtete, wie die Lipizzanerhengste in dem Getriebe der Reit- und Springturniere, an denen sie in Schaunummern mitwirkten, wirklich keinen Blick an die anderen Turnierpferde verschwendeten und immer nur gebannt in die Richtung schauten, wo sich gerade ihre Kameraden zeigten. Oft mußte ich daran denken, daß es fast wie in einem Theater zuging, wenn die Künstler, durch eine Kulisse verdeckt, die Stars ihres Ensembles bewundern. Auffallend war dabei, daß unter den Lipizzanern der Gastspieltourneen selbst Hengste, die schon wiederholte Deckzeiten im Gestüt verbracht hatten, jetzt die Turnierpferde keines Blickes würdigten, obwohl sich unter ihnen viele Stuten befanden und obwohl es hier viele Andersfarbige zu sehen gab, die auf die weißen Hengste aus Lipizza sonst anscheinend immer einen besonderen Eindruck machen.

Wie sehr dies der Fall ist, demonstrierte der Deckhengst »Siglavy Neapolitano« – eine Zeitlang wurde im Gestüt Piber im Doppelnamen nicht der Name der Mutter verwendet –, der nicht die geringste Lust zeigte, seine Gunst den weißen Lipizzanerdamen zu schenken. Sie interessierten ihn einfach gar nicht, sehr im Gegensatz zu den braunen Noniusstuten, die im gleichen Gestüt für die Halbblutzucht verwendet wurden und zu denen ihn seine Sehnsucht hinzog. Der Gestütsdirektor versuchte alles Denkbare, um den Stamm der Siglavylinie, die nur wenige Vertreter aufzuweisen hatte, zu erhalten. Ja, selbst der Versuch, die »Siglavy Neapolitano« zugedachte Stute mit übermangansaurem Kali zu färben, wie man es zu Beginn des Ersten Weltkrieges auch bei der Truppe mit Schimmeln gemacht hatte, blieb erfolglos, weil der kluge Hengst den Schwindel durchschaute und noch ablehnender wurde. Für Roßtäuscherei hatte er anscheinend gar nichts übrig. Der Gestütsdirektor war verzweifelt, bis er auf einen neuen Einfall kam. Er ließ eine rossige Noniusstute vor dem spröden Hengst auf und ab promenieren. Sie erweckte auch sofort seine Aufmerksamkeit und steigerte, da sie ihm unerreichbar blieb, sein Verlangen in so hohem Maß, daß er schließlich mit dem dargebotenen Ersatz, seiner für ihn vorgesehenen Lipizzanerbraut, vorliebnahm. Welch seltsame Rolle für die arme Noniusstute, als Animierdame ihren Hafer zu verdienen!

Während des Krieges kam ich nach Amersfort in Holland und sah auf dem Gelände der ehemaligen Kavallerieschule einige 1000 Pferde einer französischen Spahibrigade, lauter Berberhengste aus Nordafrika, die überwiegende Anzahl weiß. Sie bewegten sich immer zu zweien auf den großen Koppeln und Reitbahnen, der schwächere eines Paares hielt sich vorne und der stärkere blieb als sein Behüter hinten. Wurde der Schutzbedürftige angegriffen, so stürzte sich der hinter ihm Gehende gegen die Flanke des Angreifers, lenkte ihn von seinem Opfer ab und kam damit seinem Schützling zu Hilfe, was meist in einem Rudel raufender Pferde endete. Und raufen konnten diese Berber! Einmal griff ein Berberhengst, der kurze Zeit zur Erprobung an die Spanische Hofreitschule gekommen war, den Lipizzaner »Conversano Bonavista« an, den sein Reiter kaum zu schützen vermochte. Der ihm fremde Hengst erregte den Berber so sehr, daß er sich blitzschnell auf ihn stürzte, obwohl »Conversano Bonavista« viel größer war. Er begann, ihn mit Hufen und Zähnen zu bearbeiten, bis andere Reiter herbeieilten und den leichenblassen Oberbereiter Lindenbauer aus seiner mehr als unangenehmen Lage befreiten.

»Sultan« war der Name, den wir dem kleinen streitbaren Kerl gegeben hatten; er war zierlich, wie ein verkleinerter Lipizzaner anzusehen, und erinnerte daran, daß die Lipizzaner von Araber- und Berberhengsten abstammen, die mit andalusischen Mutterstuten gekreuzt wurden. Diese gaben dem Lipizzaner – vormals Spanier genannt, denn nur die in Lipizza nahe Triest geborenen Nachkommen erhielten den heutigen Namen – die Körpergröße und die Kraft, während die Intelligenz und die Anmut von den Berbern stammt. Ja, die Berberhengste glichen den Lipizzanern in solchem Maß, daß Oberbereiter Polak, der mich bei diesem Besuch in Amersfort begleitete, genau wie ich Ähnlichkeiten mit einzelnen unserer Lipizzaner in Wien herausfand und wir wie aus einem Munde den gleichen Namen des Wiener Hengstes nannten, an den uns ein Berber erinnerte.

Und dieser »Sultan« bewies mir die große Intelligenz der Berberrasse, deren Vertreter doch ganz anders ausgebildet wurden als unsere Lipizzaner. Sie kannten hauptsächlich die Gangarten Schritt und Galopp, der Trab unter dem Reiter war ihnen ungewohnt. Aber auch die Kopfhaltung und die Hilfen, wie sie jedem Dressurpferd und vor allem den Lipizzanern als ältesten Vertretern der klassischen Reitkunst vertraut sind, waren »Sultan« vollkommen fremd. Er war gewohnt, daß man ihm den Kopf mit den Zügeln hochnahm, wenn er galoppieren sollte, und er blieb in dieser Gangart so lange, bis man ihn den Kopf wieder tiefer nehmen ließ. Ich hatte nie mit der Möglichkeit gerechnet, daß dieser Hengst, dessen Alter nach den Zähnen auf 12 Jahre geschätzt werden konnte, sich nach vier Wochen Longearbeit bereits so vollkommen umstellen würde, daß er dann unter dem Reiter am Zügel stehend antrabte und angaloppierte, die unveränderte Kopfhaltung beibehielt und sich schließlich nur durch seine geringere Größe vom Lipizzaner unterschied.

Welch eine vorzügliche Pferderasse diese Berber sind, stellte sich später heraus, als sie im weiteren Verlauf des Krieges als Zugpferde an der russischen Front verwendet wurden und die in glühender Sonne Afrikas aufgewachsenen Pferde die Kälte und Strapazen des unseligen Feldzuges in Rußland besser überstanden als so manche Vertreter der europäischen Rassen.

Es erscheint mir unmöglich, von diesen schlichten Berberhengsten zu sprechen, ohne von ihrem vorbehaltlosen Vertrauen zu den Menschen zu berichten. Wie groß die Verbundenheit zwischen Reiter und Pferd war, führten sie bei der Musterung in Amersfort deutlich vor Augen. Diese Hengste erhielten als kümmerliche Tagesration ein halbes Kilogramm Hafer, und die abgegrasten, von der Sonne verbrannten Koppeln sollten als Ersatz für das Heu dienen, das einfach nicht zu beschaffen war. Sie waren also hungrig, den ganzen Tag hungrig, und darauf war vielleicht auch zum Teil ihre ständige Kampfbereitschaft zurückzuführen. Die Mittagsfütterung, bei der sie ihr halbes Kilogramm Hafer bekamen, ging täglich in wildem Streit vor sich. Jeder suchte den Nachbarn durch Schlagen und Beißen von dem im Stall durchlaufenden Barren, in den der Hafer eingeschüttet wurde, zu verdrängen, um seine Ration ein wenig zu vergrößern. Und doch ließen sich diese wild um sich schlagenden Tiere ruhig von einem Mann von der Krippe wegführen, um im Stallgang oder im Freien gemustert zu werden, obwohl sie wußten, daß sie bei ihrer Rückkehr in den Stall nicht ein Körnchen Hafer mehr vorfinden würden. So groß war ihr Vertrauen, nein ihre Freundschaft zu den Menschen – anderseits war sie ein gutes Zeugnis für ihre nordafrikanischen Reiter.

Dieses Kapitel der Freundschaft zwischen Pferden sowie zwischen Pferd und Reiter möchte ich mit einem Erlebnis abschließen, das mir mit »Nora« beschieden war. Die arme Stute mußte nach ihrem Unfall auf einer Jagd, als sie in ein Loch getreten war und sich eine schwere Verrenkung zugezogen hatte, eine lange und sehr schmerzhafte Behandlung über sich ergehen lassen. Sie wurde gebrannt und geblistert, eine Prozedur, die das Pferd besonders in den ersten Tagen verleitet, aus Schmerz mit dem Fuß zu stampfen und den Verband herunterzureißen. »Nora« gebärdete sich höchst nervös und war nur zu beruhigen, wenn der Pferdewärter oder ich zu ihr in den Stand traten und sie durch Streicheln zu beschwichtigen und zu trösten versuchten. Dann verhielt sie sich ganz still im Gefühl unserer Anteilnahme und ließ sich damit über die ersten schweren Tage hinweghelfen: eine Freundschaft zu dritt, die sich bewährte; ein Pferd und zwei Menschen, die sich in ihrer freiwillig übernommenen Pflicht ablösten.

Freundschaft zu einem löst aber nur allzuleicht die Eifersucht eines anderen aus, und Eifersucht ist nicht nur häßlich und unbequem, sondern sehr häufig auch folgenschwer. »Maestoso Alea« konnte es nicht vertragen, wenn ich »Maestoso Mercurio« schmeichelte oder ihm gar Zucker verabreichte. Obwohl »Maestoso Aleas« Box der von »Maestoso Mercurio« gegenüberlag, beobachtete jener genauestens jeden Vorgang um seinen Rivalen und reagierte sofort durch Klopfen gegen die Tür seiner Box, wenn er sich benachteiligt fühlte. Zuerst war es nur ein mahnendes Pochen, um die Aufmerksamkeit auf sich zu lenken, das sich aber beim Ausbleiben des Erfolges zu einem Trommelwirbel steigerte und nur allzuleicht zu Verletzungen oder längerer Lahmheit führen konnte, weil er gegen die Eisenbeschläge der Boxtüre schlug. Jede Polsterung riß er sofort zornig herunter, denn er wollte sich ja durch den Lärm Beachtung verschaffen. Ich ließ ihm dann Lederschuhe für seine Hufe anfertigen, und diese »Patschen«, die er während des Tages in seiner Stube zu tragen hatte, brachten einen vollen Erfolg. Als er gegen die Wand schlug, erzeugte er kein Geräusch mehr, sah die Zwecklosigkeit seiner Klopferei bald ein und gab auf. Wäre »Maestoso Alea« unmittelbar neben »Maestoso Mercurio« gestanden, so hätte er sich mit dem Klopfen allein nicht begnügt, und es wäre sicherlich zu Raufereien gekommen. Liegen doch Eifersucht und Feindschaft an derselben Straße.

Was Feindschaft zwischen Pferden bedeutet, konnte ich als Reiter unmittelbar miterleben und dabei feststellen, wie ungemütlich es sich auf einem Hengst sitzt, der angegriffen wird oder selbst zum Angriff ansetzt. Es passierte im österreichischen Militär-Reitlehrerinstitut in

Schloßhof, einem wunderschönen Schloß nahe der tschechischen Grenze, das einst dem Prinzen Eugen gehörte. Die Flußlandschaft der March rund um Schloßhof war ein vorzügliches und abwechslungsreiches Reitgelände. Einmal befanden sich in unserer Abteilung zwei Furiosohengste, die einander so spinnefeind waren, daß sie nie nebeneinander geritten werden durften. Sie mußten mindestens durch die Breite der Straße voneinander getrennt bleiben. In dieser Respektdistanz ritt ich einmal mit einem Kameraden aus, doch vertieften wir uns derart ins Gespräch, daß wir zu spät wahrnahmen, wie unsere Hengste langsam gegen die Mitte der Straße rückten. Kaum waren sich die beiden Kampfhähne nahegekommen, stürzte sich mein Hengst hochaufsteigend auf den anderen und war durch keine Hilfen und Strafen mehr zur Raison zu bringen. Er warf mich schließlich herunter, drückte meinen Kameraden mit den Vorderbeinen aus dem Sattel, zerfetzte das Reitzeug seines Gegners und bearbeitete ihn mit Hufen und Zähnen. Natürlich wehrte sich der andere aus Leibeskräften, und es dauerte eine Weile, bis mein Kamerad und ich die beiden Berserker trennen konnten. Zerschunden wie Raubritter, mit zerrissenem Sattelzeug, vorsichtig voneinander Abstand haltend, gelangten wir nach einem tüchtigen Fußmarsch ins Schloß; wir Reiter ließen zerknirscht das Donnerwetter über uns ergehen, das auf uns herniederprasselte, während die Hengste sich befriedigt ihrem Hafer widmeten.

Viele Jahre später konnte ich an der Spanischen Hofreitschule eine ähnliche Beobachtung machen. Zwei friedlich nebeneinanderstehende Hengste, die immer die besten Freunde zu sein schienen, hatten eines Nachts eine Auseinandersetzung, die die Stallwache kaum zu schlichten vermochte; der Unterlegene zeigte tags darauf sehr deutliche Spuren des nächtlichen Gefechts. Ich brachte die feindlichen Brüder sofort möglichst weit voneinander entfernt im Stall unter, um einer Wiederholung vorzubeugen und ihnen Zeit zu geben, den

Vorfall zu vergessen. Diese Lösung schien sich zu bewähren, denn es vergingen Wochen ohne die geringste Störung. Aber der Schein trog; eines Nachts gelang es dem Besiegten, sich loszumachen. (Die jungen Hengste stehen aus Gründen der Raumersparnis in Ständen, nicht in Boxen, und es ist erstaunlich, welche Geschicklichkeit ein Pferd entwickeln kann, wenn es seinen Stand verlassen möchte.) Er eilte in die andere Ecke, um es seinem zum Gegner gewordenen Freund ordentlich heimzuzahlen. Der mit Stallhalfter und Kette an der Wand festgehaltene Hengst konnte sich natürlich nicht gut gegen den Freigewordenen wehren, und bis die Stallwache ihm zu Hilfe kam, war er bereits so zugerichtet, wie es vor Wochen seinem Widersacher ergangen war. Diese Feindschaft war also so eingefleischt, daß ich die beiden von nun an in zwei verschiedenen Stallabteilen unterbringen mußte, um eine Wiederholung endgültig zu verhindern. Manchmal kamen Hengste zur Spanischen Hofreitschule, die schon vom Gestüt her aus allerlei Jugenderinnerungen so erbitterte Feinde waren, daß sie im Stall möglichst weit voneinander entfernt untergebracht werden mußten.

So zeigen oft auch Pferde recht menschliche Eigenschaften; nur fehlt ihnen die Tücke, deren sich die Menschen bedienen. Sie treten sich im Kampf mit offenem Visier gegenüber, nicht mit freundlicher Miene und dem Dolch im Gewande. Sie machen aus ihrer Abneigung kein Hehl und kündigen ihren Angriff durch ihr Verhalten an.

Mit zurückgelegten Ohren wandten sich die Mutterstuten zur Verteidigung ihrer Fohlen gegen meinen Dackel »Lumpi«, der sie aus Eifersucht über die Zärtlichkeit, die ich ihnen entgegenbrachte, ankläffte, worauf sie ihn einzukreisen versuchten und mit ausholendem Vorderbein zum Schweigen zu bringen trachteten. Sobald ich jedoch »Lumpi« aufhob und er zu bellen aufhörte, näherten sie sich uns ganz friedlich und beschnupperten den Kleinen, der sich jetzt zwar geborgen wußte, aber seine Konkurrentinnen doch weiterhin mit Argwohn betrachtete. Es gibt aber auch Freundschaften zwischen verschiedenen Haustieren. In den Ställen der Wilhelmskaserne in Wien war es eine Katze, welche die Pferde nicht nur in ihren Boxen duldeten, sondern auch auf ihren Rücken herumkriechen und sich von ihr tyrannisieren ließen.

Die Klugheit der Pferde trat mir bei den verschiedensten Gelegenheiten im Zuge ihrer Ausbildung immer wieder entgegen. Meine Geduld beim Verstehenlernen ihres Wesens lohnten sie mir ebenso, wie sie mir ihren Unwillen gegen unbillige, meist zu früh gestellte Forderungen oder gegen Ungerechtigkeiten kundtaten. Immer war es in solchen Fällen angebracht, die richtige Konsequenz zu ziehen und sich im gegebenen Augenblick auch schuldbewußt an die Brust zu klopfen.

All diese Erfahrungen konnte ich noch durch eine Unzahl anderer Beobachtungen ergänzen und erweitern. So ist es nur ihrer Intelligenz zuzuschreiben, daß die feurigen Lipizzanerhengste, die doch sprühende Vitalität und gewaltige Körperkraft besitzen, sich willig den Anforderungen der Menschen unterordnen und deren Handlungsweise zu verstehen suchen. Wie sehr sie im Menschen den Freund fühlen, geht aus dem Verhalten des vierjährigen »Conversano Soja« hervor, der sich im Spiel mit seinem Nachbarn die Zunge derart einriß, daß ein daumengroßes Stück weghing und entfernt werden mußte. Obwohl der Tierarzt den Lappen, ohne viel Umstände zu machen, mit einer Spezialzange einfach abzwickte – immerhin eine sehr schmerzhafte Prozedur –, ließ sich »Conversano Soja« kurz darauf von dem gleichen Mann im weißen Mantel am Kopf streicheln. Jedes weniger kluge Pferd wäre nach einem solchen Eingriff für längere Zeit kopfscheu geblieben und hätte sich keineswegs so vernünftig verhalten.

Mein kleiner Dackel »Strolchi« jedoch hatte den Onkel Doktor im weißen Mantel anscheinend in so schlechter Erinnerung, daß er den Chirurgen jedesmal bitterböse verbellte, der zur Visite zu mir ins Krankenzimmer kam, in dem ich mit einer Phlegmone der Hand lag. Da der Kleine nur ausnahmsweise im Krankenhaus geduldet wurde und niemand von seiner Anwesenheit erfahren sollte, war sein Verhalten recht undiplomatisch.

Die besondere Gabe, sich in allen Lebenslagen zu bewähren, bewiesen die 16 Hengste der Spanischen Hofreitschule, als sie nach der erfolgreichen Amerikatournee während ihrer Rückreise im Dezember 1950 auf See in einen heftigen, tagelang anhaltenden Sturm gerieten. Auf dem »American Importer«, einem Frachtschiff mittlerer Größe, waren die Boxen in einem großen rechteckigen Raum unter Deck in zwei Reihen aufgestellt, sodaß sich die Hengste sehen konnten und ein schmaler Gang zum Führen der Pferde frei blieb, in dessen Mitte Gepäck und Futter aufgeschichtet war. Die Boxen waren lang und breit genug, daß sich die Pferde niederlegen konnten, aber selbstverständlich nicht so geräumig wie in den Stallungen in Wien, wo sie sich nach Herzenslust drehen und wenden können. Dieses absichtlich verkleinerte Maß sollte sich ausgezeichnet bewähren, denn als der Sturm über dem Ozean einsetzte, fielen die Hengste zuerst der Reihe nach in ihren Boxen um, konnten aber in dem sich ständig aufbäumenden und in die Tiefe stampfenden Schiff nicht so hin und her geschleudert werden, wie es bei größeren Boxen der Fall gewesen wäre.

Die Lipizzaner fanden sich aber in kürzester Zeit zurecht. Sie stellten sich breitbeinig wie echte alte Seebären in ihren Behausungen auf und lehnten sich mit einer Körperhälfte gegen die Boxwand, um vermehrte Standfestigkeit zu gewinnen. Sie entwickelten instinktiv eine besondere Technik, um bei den schaukelnden Bewegungen ihre Balance zu bewahren. Hob sich die Seite der Box, aus der sie heraussehen konnten, so machten sie den Hals lang und streckten den Kopf in den Gang hinaus, um die tiefer stehende Hinterhand zu entlasten.

Schaukelte das Schiff nach der anderen Seite zurück, sodaß die Hinterhand in die Höhe und Hals und Kopf tief herunter kamen, so stemmten sie sich auf die Vorderbeine, um das vermehrte Gewicht tragen zu können, und zogen den Hals so weit wie möglich in die Box zurück. Betrat man ihren Schiffsteil, so bot sich dieses Bild: Im Rhythmus des Wellenganges kamen auf der einen Seite die langgestreckten weißen Hälse weit in den Mittelgang heraus, um dann wieder hinter den Brettern der Boxwände zu verschwinden, während nun die Hälse aus der gegenüberliegenden Boxreihe auftauchten.

Bis auf einen besonders Widerstandsfähigen lag das gesamte Begleitpersonal längst seekrank in den Kajüten, und dieser letzte suchte die Hengste notdürftig zu versorgen. Beim Anblick der auf und ab wogenden weißen Pferdeleiber wurde auch ihm ganz seltsam zumute, alles schien sich um ihn zu drehen, er verließ fluchtartig den stickigen Raum und stöhnte wankend: »Mein Gott, das kann ja kein Mensch mit ansehen, jetzt wird mir auch noch schlecht!« Damit war der letzte schachmatt gesetzt, und die Lipizzaner waren die einzigen Mitglieder der Spanischen Hofreitschule, die den Sturm auf hoher See heil überstanden.

Nicht minder ungewöhnlich war die zweite Reise nach Amerika im Jahre 1964, die diesmal nicht zwei Wochen, sondern nur knapp 24 Stunden dauerte. Es war ein aufregendes Unternehmen, erhoben sich die Lipizzaner doch das erste Mal in ihrer vielhundertjährigen Geschichte in die Lüfte. Es wurden zwar alle denkbaren Vorkehrungen getroffen, um die 21 Hengste in zwei viermotorigen Flugmaschinen der KLM heil von Wien nach Baltimore zu bringen, doch blieb die Frage offen, wie die vierbeinigen Künstler die ganze Prozedur über sich ergehen lassen würden. Von irgendwelchen Beruhigungsmitteln wurde Abstand genommen, da nach Meinung der Experten der tierärztlichen Hochschule in Wien derartige Injektionen unbedingt vorher auf ihre individuelle Wirkung hin geprüft werden sollten, wofür wegen der vorher noch in Wien stattfindenden Vorführungen die Zeit fehlte. So wurden die Hengste nur drei Tage vor dem Abflug mählich auf eine geringere Futterration gesetzt und das konzentrierte Training eingeschränkt.

Im Flugzeug standen sie in ganz schmalen Boxen, in die Flugrichtung schauend, eng nebeneinander; in der einen Maschine waren 12, in der anderen neun Pferde mit den dazugehörigen Bereitern und Pflegern sowie der Ausrüstung und dem Gepäck untergebracht. Es sah aber keineswegs sehr geheuer aus, als die Lipizzaner in den Abendstunden der letzten Märztage 1964 am Flugplatz Wien-Schwechat über eine ziemlich steile, durch hohe Seitenwände eingeengte Rampe einzeln in den Bauch des riesigen Vogels geladen wurden. Als erste wurden die ruhigsten und mutigsten Hengste in das Flugzeug geführt, um den unten auf die Einladung wartenden anderen Lipizzanern ein gutes Beispiel zu geben. Auch die Reihenfolge war genau festgelegt; die befreundeten Tiere wurden nebeneinander gestellt, damit sich die »Spezis« gegenseitig sehen, beruhigen oder vielleicht auch Trost zusprechen konnten, denn ein Platzwechsel im Flugzeug war nicht mehr möglich.

Die Verladung ging wider Erwarten ohne die geringste Störung vor sich, die später das Flugzeug betretenden Hengste wurden mit einem wiehernden Hallo von den bereits in den zusammengeschraubten Boxen festgemachten Lipizzanern begrüßt, und es herrschte sofort beste Stimmung, da sie sich freudig an ihre bis zu diesem Moment zurückgehaltene Heuration heranmachten. Das Heu spielte hier wohl dieselbe Rolle wie bei uns Menschen der Kaugummi oder das Bonbon, mit dem beim Aufsteigen der Maschine der Druck in den Ohren und das Knacken beim Höhersteigen ausgeschaltet wird. Während des ganzen Fluges herrschte absolute Ruhe, die gleich nach dem etwas nervösen Gehaben beim Start eintrat. Sowohl beim Start als auch bei der Landung wurden die Hengste von den ihnen vertrauten Bereitern und Pferdewärtern am Halfter gehalten und durch Streicheln und freundliches Zureden mit Erfolg beruhigt. Auch das Aufsetzen der Maschine bei der Zwischenlandung in Amsterdam behagte den Hengsten nicht ganz, doch waren sie beim zweiten Start ihres Lebens schon viel ruhiger und landeten in Baltimore wie Reisende, die es gewöhnt sind, alle Strecken im Flugzeug zurückzulegen. Die ersten Worte, die der Flugkapitän nach der glücklichen Landung auf amerikanischem Boden an mich richtete, waren daher: »Was sind das doch wundervolle Tiere, mit solchen Pferden möchte ich um die ganze Welt fliegen!«

Und wer Gelegenheit hatte, die Lipizzaner 10 Wochen später vor ihrem Heimflug am Flughafen in Montreal zu sehen, der kam aus dem Staunen nicht heraus. Geduldig ließen sie sich stundenlang am Flugplatz auf einer großen Tour führen; den alle 30 Sekunden mit tosendem Lärm aufsteigenden Düsenflugzeugen schenkten sie nicht die geringste Aufmerksamkeit, und als sie dann einer nach dem anderen drankamen, kletterten sie nicht nur ohne zu zögern, sondern sogar eilig die steile Rampe hinauf, als wollten sie sagen: »Na, endlich können wir einsteigen!«

Aus allen diesen Episoden und Erlebnissen lernte ich in einem Zeitraum, der die Dauer eines halben Jahrhunderts übersteigt, die Pferde kennen und verstehen, ihre Qualitäten schätzen, ihre Schwächen aber tolerieren oder übersehen, da sie doch so verschwindend klein sind gegenüber ihrer Anständigkeit und Anhänglichkeit, dem guten Willen und der Treue, gepaart mit jenem guten Maß Klugheit, die manche Menschen in Abrede stellen wollen. Mir waren die Pferde nicht nur Lehrmeister im Reiten, sondern auch im Erfassen mancher Weisheiten des Lebens.

Ein weiter Bogen spannt sich von dem Schaukelpferd, das der stolzeste Besitz des Dreijährigen war, über die gutmütige »Olga« zu den Springpferden, mit denen ich die ersten Turniererfolge erringen konnte, über »Nora« und »Nero«, die mir internationalen Lorbeer eintrugen, bis zu den Lipizzanern, den »blendend weißen Rossen Hispaniens«, die mir halfen, die Dankesschuld meiner Heimat an die amerikanische Nation abzustatten.

Das Schicksal hat mir mit meinen vierbeinigen Lehrmeistern einen überreichen Schatz an Freundschaft und Treue geschenkt; so werde ich dereinst mit dem Dichterwort sagen können, »… daß mir eines Rosses Ehre mangle nicht im Geisterheere …«

Zum Weiterlesen

Heuschmann, Dr. med. vet. Gerd / von Ziegner, Kurd Albrecht: **Die kommentierte H.Dv.12**; Edition WuWei bei KOSMOS 2017
Die Heeres-Dienstvorschrift von 1912 ist der Ursprung der heutigen Richtlinien für das Reiten und Fahren. Oberst a. D. Kurd Albrecht von Ziegner und Dr. Gerd Heuschmann ergänzen das Regelwerk der Reitkultur mit neuesten Erkenntnissen und ihrem Erfahrungsschatz. 15 Filmaufnahmen von Gesprächen der beiden namhaften Autoren bilden eine aufschlussreiche und wertvolle Ergänzung zu diesem unentbehrlichen Werk.

Jones, Janet: **Horse Brain, Human Brain**; Erkenntnisse aus der Neurowissenschaft - Wie Pferd und Mensch denken, fühlen, handeln; KOSMOS 2022
Das Gehirn steuert das Verhalten – beim Pferd ebenso wie beim Menschen. Die Neurowissenschaftlerin und erfolgreiche Trainerin Janet Jones erklärt leicht verständlich die Gemeinsamkeiten und Unterschiede zwischen den Gehirnen von Mensch und Pferd und zeigt, wie man dieses Wissen anwendet, um Ausbildung, Training und Umgang effizient und lösungsorientiert zu gestalten.

Klimke, Ingrid / Klimke, Reiner: **Cavaletti – Dressur und Springen**; KOSMOS 2018
Ein wichtiger Grundstein für den Erfolg von Ingrid Klimke ist die Cavaletti-Arbeit. Dieser Ratgeber zeigt die Cavaletti-Arbeit an der Longe, liefert wertvolle neue Anregungen für die Dressurarbeit sowie zahlreiche aktualisierte Aufbauskizzen für die Springgym-

nastik. Neben der Gymnastizierung des Pferdes und der damit verbundenen Verbesserung der Gangarten bringt Cavaletti-Arbeit Spaß und Abwechslung in den Trainingsalltag.

Klimke, Ingrid / Klimke, Reiner: **Grundausbildung des jungen Reitpferdes**, Dressur, Springen, Gelände; KOSMOS 2019
Der Name Klimke steht für eine pferdegerechte und vielseitige Ausbildung. Die ersten Monate und Jahre unter dem Sattel legen den Grundstein für die Zukunft eines Reitpferdes. Jedes Pferd, ob es im Sport eingesetzt oder in der Freizeit geritten wird, braucht eine solide und fundierte Grundausbildung, damit es seine Aufgaben unter dem Reiter zuverlässig, motiviert und bei bester Gesundheit erfüllen kann. Kein Buch beschreibt die Grundausbildung junger Reitpferde so fundiert wie dieser Klassiker.

Klimke, Ingrid: **Reite zu Deiner Freude**, Grundsätze meiner Pferdeausbildung; KOSMOS 2021
Bei Ingrid Klimke haben Pferd und Mensch Freude am Training. Kernpunkte ihrer pferdefreundlichen Trainingsphilosophe sind Cavaletti-Arbeit, Dressur, Springen und Reiten im Gelände. Am Beispiel ihrer eigenen Pferde gibt sie wertvolle Tipps zur Förderung des jeweiligen Pferdecharakters.

Von Neindorff, Egon: **Die reine Lehre der klassischen Reitkunst**; KOSMOS 2021
Das Vermächtnis des großen Reitmeisters: Egon von Neindorff folgte sein Leben lang seiner Berufung, der klassischen Reitkunst treu zu bleiben und sie an seine Schüler weiterzugeben. Mit diesem Buch hinterlässt der große Reitmeister das Grundwissen der naturgemäßen Pferdeausbildung, so wie er es zu Lebzeiten in seinem Reitinstitut in Karlsruhe gelehrt hat.

Impressum

Umschlaggestaltung von GRAMISCI Editorial Design, Isabelle Fischer, München unter Verwendung eines Farbfotos von getty images (ullstein bild Dtl.). Das Titelbild zeigt Alois Podhajsky im Jahr 1958.

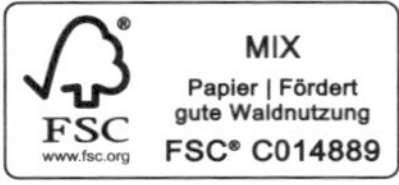

Gedruckt auf chlorfrei gebleichtem Papier

ISBN 978-3-440-17413-5
Redaktion: Alexandra Haungs
Produktion: Claudia Frank
Gestaltung und Satz: DOPPELPUNKT, Stuttgart
Druck und Bindung: Friedrich Pustet GmbH & Co.KG, Regensburg
Printed in Germany / Imprimé en Allemagne

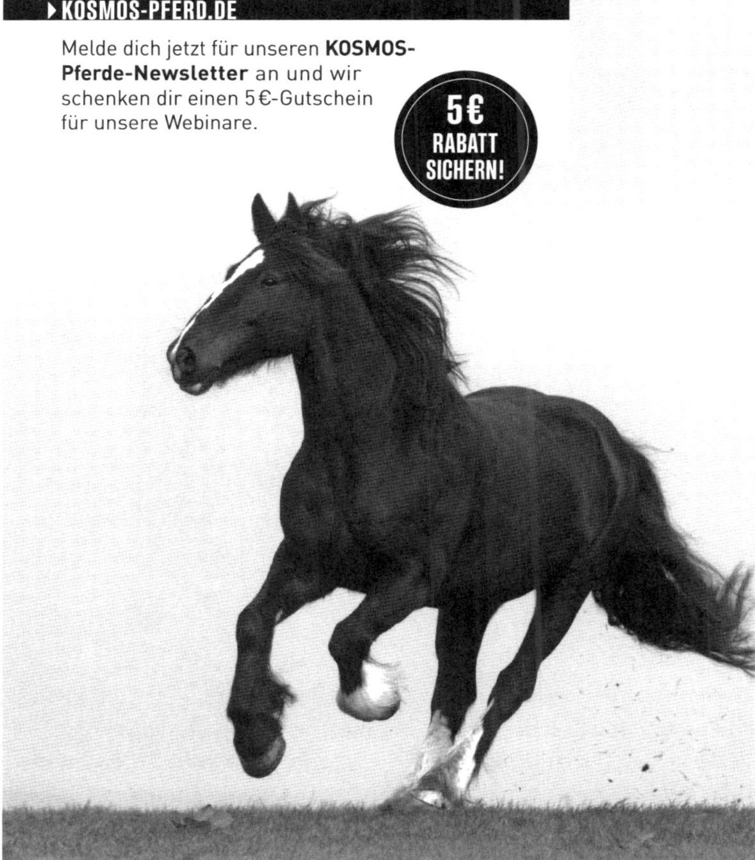